TELEKOLLEG MULTIMEDIAL

Geschichte

Dr. Karlheinz Wagner

TELEKOLLEG MULTIMEDIAL

TELEKOLLEG MULTIMEDIAL wird veranstaltet von den Bildungs- bzw. Kultusministerien von Bayern, Brandenburg und Rheinland-Pfalz sowie vom Bayerischen Rundfunk (BR).

> Nähere Informationen zu TELEKOLLEG MULTIMEDIAL:
> www.telekolleg-info.de
> www.telekolleg.de

Dieser Band enthält das Arbeitsmaterial zu den vom Bayerischen Rundfunk produzierten Lehrsendungen.

2., unveränderte Auflage 2013
© 2013 BRmedia Service GmbH
Alle Rechte vorbehalten
Lektorat: Markus Ambrosch/Gabriele Rieth-Winterherbst, München
Layout/Satz: Ursula Hilbert, München
Umschlag (Konzeption): Daniela Eisenreich, München
Gesamtherstellung: Auer Buch + Medien GmbH, Donauwörth
ISBN 978-3-941282-51-3

Inhalt

Einführung 4

✓ 1 Der Versailler Friede und seine Folgen 5

✓ 2 Von Weimar nach Potsdam – Deutschland zwischen 1918 und 1945 14

3 Das geteilte Deutschland 32

4 Die Wiedervereinigung der Deutschen 48

5 Der lange und beschwerliche Weg zu einem vereinten Europa .... nicht 61

6 Verbrechen gegen die Menschlichkeit – die Schande des Zeitalters 73

7 Der Kalte Krieg 87

8 Vom Völkerbund zur UNO – Vision und Wirklichkeit einer friedlichen Welt . nicht . 100

9 Pulverfass Naher Osten 113

10 Wandlungen des Krieges – vom Krieg der Nationen zu terroristischer Gewalt . nicht 124

11 Giganten in Fernost .... nicht 137

12 Die unaufhaltsame Globalisierung 149

13 Der geschundene Planet im 20. Jahrhundert 161

Lösungsvorschläge 172
Register 184
Bildnachweis 191

Einführung

Dieses Lehrbuch möchte den globalen Ausweitungen der Geschehnisse des 20. Jahrhunderts gerecht werden und die Vergangenheit des eigenen Landes sowie des gesamten Kontinents in größere Zusammenhänge eingebunden darstellen. Daher tritt die sonst übliche, primär deutsche und europäische Perspektive in den Hintergrund.

Der Verlauf der verzahnten Geschichte dieses Zeitalters war gewiss reich an Unheil. Nichtsdestotrotz gilt es, den Stoff gestrafft wiederzugeben. Um ein besseres Verständnis davon zu vermitteln, wie nahe die historischen Wurzeln der neuesten Geschichte unserer Gegenwart sind, geht jede der Lektionen in einem kurzen einführenden Statement von aktuellen politischen, ökonomischen und ethnischen Gegebenheiten und Ereignissen aus.
Geschichtsepochen lassen sich zeitlich nicht exakt eingrenzen; das gilt auch für die hier behandelte. Wann soll das 20. Jahrhundert anfangen? Es kann nur der Punkt sein, an dem das lange 19. Jahrhundert sich überlebt hatte und, ungeachtet der kalendarischen Grenze, etwas gänzlich Neues begann.
Die „Urkatastrophe" Erster Weltkrieg war die zeitliche Wendemarke, und während seines Verlaufs betraten 1917 zwei junge Staatswesen die machtpolitische Szene: die USA – lange hatten sie als Zuschauer aus ihrer Isolation die Weltgeschichte an sich vorbeiziehen lassen – und die zur Weltrevolution aufbrechende UdSSR.
Als die USA mit ihrem Eingreifen den europäischen Krieg zum Weltkrieg erweiterten, brach das „amerikanische Zeitalter" an. Das marxistische Geschichtsverständnis sah die Zeitenwende in der Oktoberrevolution, dem Signal zur Vereinigung der „Proletarier aller Länder". Die Weltmächte des alten Europa hatten ausgespielt. In der zweiten Jahrhunderthälfte bestimmten die Antipoden Russland und Amerika die Geschicke nicht nur Europas, sondern der ganzen Welt.

In 13 Lektionen behandelt das Buch wesentliche Wegmarken des 20. Jahrhunderts. Auf einige nicht weniger wichtige musste verzichtet werden. Jeder Lektion ist zur datenmäßigen Orientierung eine Zeittafel vorangestellt. Unter der Überschrift „Auf einen Blick" erscheint eine knappe Zusammenfassung der in ihr vermittelten Lerninhalte. Abbildungen und Karten veranschaulichen Zusammenhänge, um die Geschehnisse gegenständlich nachvollziehbar werden zu lassen. Ein Sachregister verhilft dem Nachschlagenden zu schneller Orientierung.
Der für den Lernerfolg wichtige Aufgabenteil, durch authentische Quellen bereichert, gibt Ihnen zu den gestellten Arbeitsaufträgen Anleitungen, um das für Prüfungen nötige Wissen erarbeiten zu können.

Dr. Karlheinz Wagner

1. Der Versailler Friede und seine Folgen

Die Kriege im zerstrittenen und zerfallenden Jugoslawien zwischen 1991 und 1995 und deren politische, ethnische und religiöse Ursachen riefen die problematische Staatenbildung von 1919 wieder ins Gedächtnis. Da war durch die Friedensschlüsse von Versailles künstlich ein Staatsgebilde entstanden, dessen Bevölkerung sich untereinander fremd blieb. Die Tito-Herrschaft konnte mit Zwang zusammenhalten, was nicht zusammengehörte.

1917	*Februarrevolution in Russland (12.03.), Abdankung Zar Nikolaus' II. (15.03.); Balfour Declaration der brit. Regierung an die Zionisten (02.11.); Russische Oktoberrevolution (06./07.11.)*
1918	*Verkündung der „Vierzehn Punkte" durch US-Präsident Wilson (08.01.); Beginn des russischen Bürgerkrieges (21.02.); Friede von Brest-Litowsk zwischen UdSSR und Deutschland (03.03.); Ausrufung der Tschechoslowakischen Republik in Prag; Präsident: Masaryk, Außenminister: Beneš (28.10.); Aufstand der Matrosen in Kiel (03.11.); Revolution in München und Ausrufung der Räterepublik in Bayern (07.11.); Revolution in Berlin, Ausrufung der Republik durch Scheidemann (09.11.)*
1919	*Annahme der Völkerbundsatzung (20.04.); Pariser Friedensverträge: Deutschland: Versailles (28.06.), Österreich: St. Germain (10.09.); Bulgarien: Neuilly (27.11.)*
1920	*Erster Zusammentritt des Völkerbundes (16.01.); Abschaffung des Sultanats durch Kemal Pascha Atatürk (23.04.); Beginn eines türkischen Befreiungskrieges*
1921	*Ende des russisch-polnischen Krieges mit dem Frieden von Riga (18.03.)*
1922	*„Marsch auf Rom", Ergreifung der Macht in Italien durch Mussolini (27./28.10.)*
1923	*Errichtung einer Militärdiktatur in Spanien durch General Primo de Rivera (13.09.); Kemal Pascha Atatürk wird Präsident der Türkei (29.10.); Bierkellerputsch und „Marsch zur Feldherrnhalle" in München – der gescheiterte Versuch Hitlers, die Macht in Deutschland an sich zu reißen (08./09.11.)*
1924	*Tod Lenins; Nachfolger wird Stalin (21.01.)*
1926	*Deutschlands Aufnahme in den Völkerbund (08.09.)*
1929	*Staatsstreich in Jugoslawien – König Alexander wird Diktator (25.01.)*
1930	*Heinrich Brüning wird Reichskanzler eines Präsidialkabinetts (30.03.)*
1932	*Franz von Papen wird Reichskanzler eines Präsidialkabinetts (01.06.); Kurt von Schleicher wird Reichskanzler eines Präsidialkabinetts (03.12.)*
1933	*Hitler wird deutscher Reichskanzler (30.01.); Errichtung der austrofaschistischen Diktatur durch Engelbert Dollfuß (07.03.); Austritt Deutschlands aus dem Völkerbund (14.10.)*
1934	*Nationalsozialistischer Putsch in Wien, Ermordung Dollfuß' (25.07.)*
1935	*Einfall Italiens in Äthiopien (03.10.)*
1936	*Angriff der Falangisten auf die spanische Republik unter General Franco, blutiger und verlustreicher Bürgerkrieg bis 1939 (ab 18.07.)*

1.1 Bilanz des Krieges 1914 – 1918

Auf beiden Seiten hatte man 65 Mio. Soldaten mobilisiert. Insgesamt lag die **Zahl der Gefallenen** bei 8,5 Mio. Über 30 Mio. Soldaten waren verwundet worden, gerieten in Kriegsgefangenschaft oder galten als vermisst. Besonders schwere Schäden hatten Frankreich und Belgien durch verlustreiche Stellungskriege davongetragen. Ganze Landschaften waren von Granaten umgepflügt, Dörfer und Städte dem Erdboden gleichgemacht und unersetzliche Kulturgüter vernichtet worden. Auch Polens Bevölkerung und die des westlichen Russland hatten schlimme Zeiten erlebt. In Deutschland, das durch die Blockade der Alliierten von jeder Lebensmittelzufuhr abgeschnitten war, grassierten vor allem in den Großstädten durch Hungersnöte verursachte Krankheiten und Epidemien.

Besonders nachhaltig zeigten sich seelische Schäden. Die vier Jahre des Tötens und der Angst, getötet zu werden, waren an der Generation der Frontsoldaten nicht spurlos vorübergegangen. Im Grunde waren es „verlorene Söhne", die in ihre Vaterländer zurückkehrten, ohne Beruf, ohne Lebensperspektiven. Sie hatten nur das Waffenhandwerk gelernt und so suchten sie in ihm wieder ihre Erfüllung, die Deutschen als „Freikorps-Kämpfer" 1918/20 gegen die Rote Armee und zur Niederschlagung polnischer Aufstände in Ost-Oberschlesien. In den Ländern, die den Krieg verloren hatten, verbreitete sich eine **Revanche-Mentalität** – geistige Vorbereitung eines neuen Krieges.

1.2 Die Pariser Vorortverträge

Der Name „**Vorortverträge**" kommt daher, weil jeder der alliierten Kriegsgegner in einem anderen Vorort von Paris seinen Vertrag ausgehändigt bekam. Über die Friedensverträge verhandelten die Repräsentanten der vier Siegermächte unter sich in geheimen Beratungen. Die Verhandlungen führte **Frankreichs** Ministerpräsident Clemenceau, **Großbritannien** war durch Premierminister Lloyd George vertreten, die **USA** durch Präsident Wilson, und die Interessen **Italiens** nahm der Regierungschef Orlando wahr. Den ehemaligen Feindstaaten stand ein Teilnahmerecht nicht zu. Ihnen wurde der fertige Vertragstext übergeben. Die Verträge hießen nach dem Ort ihrer Übergabe.

Das Deutsche Reich bekam den **Versailler Vertrag**. Die Türkei erhielt ihren Vertrag in Sèvres. Der für Österreich bestimmte trug den Namen **Vertrag von St. Germain**. Bulgarien war zur Entgegennahme nach Neuilly und Ungarn nach Trianon bestellt worden. Das Ganze dauerte von Juni 1919 bis Juni 1920.

Grundsätzlich verlangten die großen Vier von den Besiegten Entschädigungen. Sie sollten aus Gebietsabtretungen und Reparationen in Geld- und Sachwerten bestehen. Die abgetretenen Territorien erhielten Staaten, die sich gerade im Entstehen befanden.

Die **Versailler Mächte**, so wurden die Vier genannt, verfolgten unterschiedliche Absichten:
- **Frankreich** wollte auf Dauer vor deutscher Revanche sicher sein. Unter Ludwig XIV. und Napoleon I. war es der bedeutendste und mächtigste Militärstaat des Kontinents. Vom östlichen Nachbarn 1871 besiegt und gedemütigt, musste es vier Jahrzehnte später wieder gegen Deutschland Krieg führen. Nur der Beistand Amerikas hatte es vor der Niederlage bewahrt. Und der Feind war immer noch stark, er verfügte weiterhin über eine größere Bevölkerung – trotz der Kriegsverluste. Militärisch, wirtschaftlich und industriell war das unzerstörte Deutschland imstande, in kurzer Zeit wieder zu den Waffen zu greifen. Darum gebot es Frankreichs Selbsterhaltungswille, dass Deutschlands Armee bis auf ein Berufsheer von 100.000 Mann ohne Artillerie, Panzer und Flugzeuge abgerüstet wurde. Eine Kriegsmarine mit geringem Schiffsbestand durfte 15.000 Ma-

trosen haben. Alliierte Kontrollkommissionen sollten **Entmilitarisierung, Waffenverschrottung** und das **Rüstungsverbot** überwachen. Die an Frankreich abzuführenden Reparationen wurden der deutschen Montanindustrie sowie der Eisen- und Stahlproduktion entnommen.
Um den starken Staat in Europas Mitte in Schach zu halten, konstruierte Clemenceau Kleinstaaten als „Wächter" rings um Deutschland. 1920/21 entstand daraus auf Initiative des damaligen tschechischen Außenministers Beneš die **Kleine Entente**, ein Defensivbündnis zwischen der CSR, Jugoslawien, Rumänien und Frankreich, dem Land, dem die Kleinen ihre Existenz zu verdanken hatten.

- **Großbritannien** verstand seine außenpolitische Aufgabe wie schon im 19. Jahrhundert in der Erhaltung des europäischen Gleichgewichts, beziehungsweise seiner Wiederherstellung. Dem britischen Premier konnte also weniger daran gelegen sein, durch nachhaltige Schwächung Deutschlands ein Machtvakuum entstehen zu lassen. Wer sollte künftig den vermeintlichen „Großmachtgelüsten" Frankreichs noch etwas entgegensetzen? So verfolgte der englische Regierungschef das Ziel, nicht zuzulassen, dass Deutschland übermäßig geschwächt würde.

- **Die Vereinigten Staaten:** US-Präsident Wilson war in Paris mit Idealvorstellungen von einer dauerhaften Friedenssicherung erschienen, die sich prinzipiell von denen des Ministerpräsidenten Clemenceau unterschieden. Er wollte durch die supranationale Schiedsrichter-Institution des Völkerbundes bewirken, dass auftretende Konflikte zwischen Staaten guten Willens auf dem Verhandlungsweg aus der Welt geschafft würden. Da erwartete der US-Präsident aber zu viel von Frankreich. Es konnte sich nach all den Opfern, die es gebracht hatte, nicht damit zufrieden geben, nun seine Sicherheit einem Debattierclub anzuvertrauen, denn nichts anderes war der Völkerbund in Clemenceaus Augen. Der französische Ministerpräsident sah den Völkerbund lediglich dafür geschaffen, von den darin versammelten Staaten militärische Hilfe zu bekommen, sollte Frankreich bedroht werden. Wilson erkannte, dass seine Idealvorstellung von einem die Völker der Welt einenden Bund am Realitätssinn der Franzosen scheitern würde.

- **Italien**, zu den Gewinnern gehörig, erwartete reichen Lohn in Form von Gebietszuwächsen. Zwar hatte es keine hervorragenden Siege errungen, doch in den Isonzo-Schlachten und denen an der Alpenfront 650.000 Mann verloren. Außerdem befand sich Italiens Staatshaushalt kriegsbedingt auf einer ruinösen Talfahrt. Die Kriegskosten dreier Jahre beliefen sich auf das Doppelte der Staatsausgaben von 50 Vorkriegsjahren. Demzufolge hätte die Friedenskonferenz Verständnis für Roms Wunsch nach Gebietsgewinnen aufbringen können. Doch die anderen drei empfanden das Auftreten Orlandos als plumpe Habgier. So erhielt Italien weit weniger als das, was es verlangte: die österreichischen Regionen Tirols südlich der Brennergrenze und die Provinz Trient. Der Anspruch auf die Hafenstadt Fiume und ihr Umland wurde abgewiesen. Auch bei der Verteilung der deutschen Kolonien ging Italien leer aus.

1.3 Die veränderte Landkarte

Vor dem Ersten Weltkrieg stellte **Österreich-Ungarn** eine Großmacht dar, ein Riesenland, dessen Hauptstadt Wien eine europäische Metropole war. Es gab zwei weitere Hauptstädte: Budapest und Prag. Von Karlsbad bis Lemberg, von Kronstadt bis vor die Mauern Belgrads, die Adria-Küste entlang bis Triest, von Innsbruck nach Trient – das alles war Österreich. Der Vertrag von Saint Germain trennte Ungarn von Österreich ab und ließ dem Vielvölkerstaat nur noch seine deutschsprachigen Gebiete. Der Wunsch der Österreicher, sich mit dem Deutschen Reich zu vereinen wurde ebenso abgelehnt wie der, sich „Deutsch-Österreich" nennen zu dürfen. Teile Kärntens, der Steiermark und Südtirols bekam Italien, Böhmen und Mähren wurde tschechisch, Galizien war schon 1918 polnisch geworden und Österreichs Besitz an der Adria wurde zwischen Italien und Jugoslawien geteilt.

Der **Landverlust** des **Deutschen Reiches** war vor allem im Osten groß. Es musste die preußische Provinz Posen, fast ganz Westpreußen, Teile Pommerns und das südliche Ostpreußen abtreten. Den Gebietsstreifen zwischen Pommern und der Weichsel nahm der „Polnische Korridor" ein. Danzig wurde als „Freie Stadt" dem Völkerbund unterstellt. Das Memelland kam unter alliierte Verwaltung und wurde später litauische Provinz. Große Teile des Kohle- und Industrireviers Oberschlesiens wurden an Polen abgetreten. Dieser Verlust der Kohle- und Erzbecken war ein spürbarer Aderlass an der deutschen Wirtschaft. Elsass-Lothringen ging wieder an Frankreich. Gegen Ende des 17. Jahrhunderts war es französisch geworden und nach 1871 deutsch, nun wieder französisch. Der westlich von Aachen gelegene Kreis Eupen-Malmedy wurde belgisch, das Saarland sollte 15 Jahre unter der Obhut des Völkerbundes stehen, und Dänemark erhielt Nordschleswig.

Ungarn: Aus dem ehemals österreich-ungarischen Staatsverband herausgerissen und zerstückelt, war es von 320.000 Quadratkilometern auf 90.000 geschrumpft. Den Zugang zum Meer an den ehemaligen ungarischen Küstengebieten und Häfen der Adria hatte es verloren. Teile des Banats waren an Jugoslawien gefallen, Slawonien, Siebenbürgen und weite Gebiete der ungarischen Tiefebene an Jugoslawien und Rumänien.

Bulgarien bezahlte seine Mitwirkung am Krieg mit Gebietsverlusten zugunsten Jugoslawiens und Griechenlands.

Aus der Konkursmasse der Kaiserreiche, der alten Donaumonarchie, der osmanischen Sultanatsherrschaft und dem Deutschen Reich waren neue Staaten entstanden.
Das 1918 neu geschaffene **Polen** musste bis 1921 um sein Staatsterritorium kämpfen. Mit dem Hafen Gdingen hatte es einen Zugang zur Ostsee erhalten. Der endgültige Verbleib der abgetretenen deutschen Gebiete hing noch vom Ausgang vorgesehener Volksabstimmungen ab. Fielen sie für Polen nicht günstig aus, führte das zu Aufständen der Unterlegenen. Streit gab es auch mit den Tschechen um die Stadt und den Bezirk Teschen und den Grenzverlauf in der Hohen Tatra. Die polnische Ostgrenze, **Curzon-Linie** genannt, zwischen Wilna und Brest wollte man in Warschau nicht hinnehmen. Polens Armee überschritt sie und stieß mit seinen Truppen bis Kiew vor. Das löste den polnisch-russischen Krieg aus. Im Gegenstoß kam die Rote Armee bis an die Weichsel vor Warschau und Thorn. Die Strategie des Marschalls Pilsudski rettete Polen. Im **Frieden von Riga** (März 1921) schob es seine Ostgrenze beträchtlich vor, bis 200 km östlich der Curzon-Linie. Mit Ausnahme Rumäniens hatte das Land mit all seinen Nachbarstaaten schwere anhaltende Grenzkonflikte.

Die baltischen Staaten **Estland**, **Lettland** und **Litauen** wurden nach 1918 selbständig. Auf verschiedene Weise versuchte die UdSSR sie sich einzuverleiben, durch Unterwanderung (Estland) oder direkte militärische Aktionen (Lettland und Litauen). Mithilfe antisowjetischer Freiwilligenverbände konnten die Angriffe abgewehrt werden. Auch Frankreich unterstützte die drei Staaten gegen die ideologisch wie militärisch aggressive Sowjetunion durch ein Bündnissystem, dem sich Finnland, Polen und Rumänien anschlossen. Es wurde **Cordon sanitaire** genannt.

Die **Tschechoslowakei** vereinte in sich die ehemals österreichischen Länder Böhmen, Mähren und Teile Schlesiens, die Slowakei sowie das einstige Karpato-Russland. Von den neu geschaffenen Staaten kooperierte sie besonders mit Frankreich. Ihre zentralistische Verfassung entsprach dem

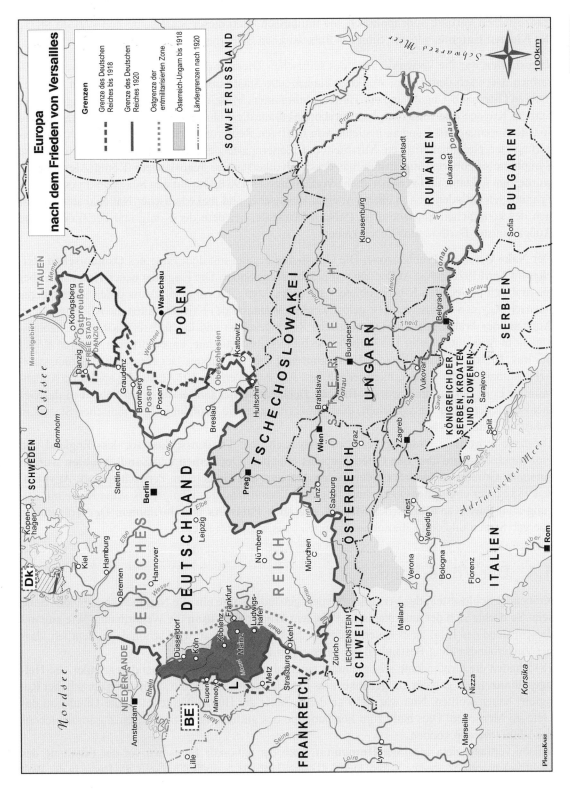

Abb. 1.1 Europa nach dem Frieden von Versailles

französischen Vorbild; außenpolitisch wie militärisch blieb dieser Staat lange Zeit stärkste Stütze der **Kleinen Entente**, ganz im Sinn des französischen Sicherheitsbedürfnisses.

Jugoslawien war die Verwirklichung des serbischen Traumes der Zeit vor 1914 von einem Großserbien. Der nach dem Ersten Weltkrieg entstandene Staat umschloss **15 Nationalitäten**, die vormals zu Österreich-Ungarn und der Türkei gehört hatten. Im seit 1918 existierenden Königreich der Serben, Kroaten und Slowenen beanspruchte Serbien die Führungsrolle. Ständige ethnische und soziale Auseinandersetzungen, begleitet von häufigen Regierungskrisen und Neuwahlen, Verweigerung der parlamentarischen Mitarbeit der Bauernpartei, Staatsnotstandsgesetze und andere Symptome offenbarten die Instabilität des Vielvölkerstaates. Jugoslawiens König Alexander I. wurde zum Diktator und verschärfte die Verfassung von 1931. Die auf den Siedepunkt gestiegenen Spannungen entluden sich in einem Attentat kroatischer und makedonischer Nationalisten anlässlich des königlichen Staatsbesuchs 1934 in Marseille, bei dem der König und der französische Außenminister Barthou ums Leben kamen.

Der **Nahe Osten** als Problemzone: Die Geschichte begann mit dem Ende des **Osmanischen Reiches** im April 1920. Seine Aufteilung war beschlossene Sache. Die Frage der neuen Herrschaft über die arabisch besiedelten Küstengebiete – sie erstreckten sich vom Nordostrand des Mittelmeeres bis nach Ägypten – musste zuerst gelöst werden. Während des Krieges hatten die Alliierten einen Aufstand der Araber gegen das Osmanische Reich geschürt und ihnen dafür staatliche Unabhängigkeit in Aussicht gestellt. 1917 erhoben sich die Wüstenstämme, angeführt vom späteren König des Irak, Feisal I. Sie verhalfen den Briten zum Sieg über die Türken. Der versprochene Lohn, staatliche Autonomie der Araber, blieb jedoch aus. Am 2. November 1917 hatte der englische Außenminister Lord Balfour in einem als **Balfour Declaration** bekannt gewordenen Schreiben der Gemeinschaft der Zionisten versichert, dass Großbritannien die Gründung eines jüdischen Staates in Palästina fördern wolle.
Die neue territoriale Ordnung gestaltete sich nach dem Friedensschluss so, dass England und Frankreich Mandate über den Osten Arabiens erhielten. Der **Jemen** und **Saudi-Arabien** wurden autonom. Großbritannien bekam den Süden Arabiens und Gebiete am Persischen Golf. **Ägypten**, seit 1882 unter englischer Oberhoheit, wurde 1922 selbständiges Königreich, seine Küste mit Zugang zum Suez-Kanal britisches Mandat, wie auch **Palästina** und **Jordanien**. Der Völkerbund übergab **Syrien** und den **Libanon** an Frankreich als Mandatsgebiete.

1.4 Der Völkerbund

Krönender Schlussstein des Versailler Friedensgebäudes sollte ein alle Nationen vereinender Bund sein. So dachte sich der amerikanische Präsident **Woodrow Wilson** die Weltordnung. Wie eng mit diesem Bund das Ideal eines dauerhaften Friedens verknüpft war, wird schon daran deutlich, dass die Völkerbundsatzung Bestandteil der Pariser Verträge war.
1815 hatten die Großmächte schon einmal einen idealistischen Friedensbund gegründet, die **Heilige Allianz**. In ihr galt der Leitgedanke, dass ihre Herrscher sich an die „Prinzipien christlicher Religion" halten wollten. Nun war 1919 an deren Stelle die Humanität getreten, der Glaube an das Gute im Menschen. Dies hätte zum Fundament eines gütlichen und friedlichen Zusammenlebens der Völker werden können.
Wilson vertraute dem Ideal der **Humanität**, nach der nationale Egoismen vor der Erhaltung des Weltfriedens zurückzutreten hätten. Der Völkerbund müsste deshalb fähig sein, die Heere in der Welt

zu kontrollierter Abrüstung zu zwingen. Wenn dennoch jemand mit Krieg drohe, wäre das ein Angriff auf alle Völkerbundstaaten. Sie hätten, um den Frieden zu erhalten, zunächst dem Friedensstörer Boykott und Sanktionen anzudrohen. Ließe sich der Krieg dennoch nicht abwenden, müsste die Völkergemeinschaft militärisch eingreifen.

Die Wirklichkeit bewies das Illusionäre solcher Erwartungen. Allein schon in der Tatsache, dass die Mitgliedschaft im Bund nicht allen Staaten offen stand, bewies, wie schwach das Humanitäre in ihm war. Zu Recht sah man den Ausschluss missliebiger Nationen als Testfall für die herrschende Gesinnung. Ausgesperrt von der Gemeinschaft des Völkerbundes waren Deutschland, die Verlierer-Nation, und die aus der Revolution hervorgegangene Sowjetrepublik. Da ließ sich die Frage nicht umgehen, ob diese Gesellschaft humanitärer Idealisten vielleicht doch nur ein exklusiver Club der Sieger war.

Abb. 1.2 Woodrow Wilson

Als es um die Annahme des Artikel 10 der Satzung ging, der eine internationale Eingreiftruppe gegen Friedensstörer vorsah, befürchtete manch Amerikaner, sein Land könne „ungefragt" in einen Krieg verwickelt und seine Söhne wieder auf überseeische Schlachtfelder geschickt werden. Sie ratifizierten den Versailler Vertrag nicht und versagten sich auch dem Völkerbund. Das amerikanische Fernbleiben entwertete die Weltgemeinschaft nun gänzlich.

1.5 Entwurzelte Völker

Die **Minderheitenfrage** belastete die Völker Europas die folgenden 20 Jahre hindurch. Besonders die Nachfolgestaaten Österreich-Ungarns trugen schon bei ihrer Gründung den Keim der Auflösung in sich, weil die stark voneinander abweichenden ethnischen, konfessionellen und sprachlichen Eigenheiten der Bevölkerungsgruppen zu Feindseligkeit zwischen ihnen führen mussten. Der Völkerbund, die kommenden Probleme voraussehend, maß daher dem **Minderheitenschutz** eine besondere Bedeutung bei.

Wie fragwürdig jedoch Wilsons Ideal des **Selbstbestimmungsrechtes der Völker** war, zeigte sich in **Jugoslawien**. Die Konstrukteure dieser Staatsschöpfung hatten historisch verankerte Trennlinien in dem sich aus 15 Nationen zusammensetzenden Staatsvolk nicht zur Kenntnis nehmen wollen. Seit jeher stießen auf dem Balkan unvereinbare Kulturkreise aus west- und oströmischen Wurzeln zusammen. Die Prägung durch die osmanische Geschichte tat ihr Übriges. Daraus ergab sich die religiöse Vielfalt römisch-katholischer und byzantinischer Christen neben türkischstämmigen Muslimen. Auch die gesprochenen Sprachen waren verschieden, die Schriften lateinisch und kyrillisch. Die Bürger Jugoslawiens waren ein Volk, das keine gemeinsame Geschichte einte. Und das äußerte sich auf vielerlei Weise, von der Hochkultur bis zu Brauchtum, Kleidung und vielen anderen Dingen des täglichen Lebens.

Ähnliche Umstände fanden sich in der **Tschechoslowakei**. Das 15-Millionen-Volk bestand in seiner Mehrheit aus Tschechen. Dazu kamen Slowaken, Sudetendeutsche, Polen, Ungarn, Ukrainer sowie Sinti und Roma. Die Tschechen, die ohnehin den überwiegenden Bevölkerungsanteil ausmachten, dominierten auch politisch. In historisch verfestigter konfessioneller Distanz standen die katholischen Slowaken den reformierten Tschechen gegenüber. Die Sudetendeutschen, die vor 1920 in Böhmen Habsburgs Monarchie repräsentierten, waren in der neuen Tschechoslowakei auf einen zweiten Platz verwiesen. Noch benachteiligter kamen sich die ungarischen Volksgruppen, die Polen und Karpato-Ukrainer vor. Die bei der Staatsgründung versprochene Autonomie blieb ihnen verweigert.

Die **Siebenbürger Sachsen**: Seit dem 12. Jahrhundert saßen sie auf ihrem Siedlungsland in Ungarn unter der Krone Habsburgs. Nach 1918 wurden die deutschen Siebenbürger der Herrschaft des rumänischen Staates unterstellt. Der willkürliche Umgang mit ihnen bedeutete für jede Familie leidvolle Schicksale, waren sie doch früher im Habsburger-Staat ebenso verwurzelt gewesen wie in ihrem ererbten lutherischen Glauben.

Neben diesen Beispielen gab es in der Geschichte der Friedensordnung nach 1918 noch viele vergleichbare Vorgänge. Der aktuelle Nahostkonflikt geht ebenfalls auf die nach 1918 in dieser Region vorgenommenen territorialen Teilungen zurück.

1.6 Instabile Regierungen

Politisches Fazit des Krieges: Die Völker waren seelisch und materiell erschöpft, alte Herrschaftsformen und Eliten verschwunden. Die bürokratischen und militaristischen Ordnungsmächte der autoritären Staaten erwiesen sich für Demokratie unbrauchbar und andere gab es nicht. Hier, aber auch in den westlichen Demokratien griff nach den entsetzlichen vier Jahren, in denen der Staat alle Arten von Opfern gefordert hatte, eine Verweigerungshaltung um sich. Die durch immense Kriegskosten, Reparationen und Kriegsopfer-Renten hoch verschuldeten Staatshaushalte waren bei Siegern und Verlierern gleichermaßen ruiniert.

Dem bürgerlichen Zeitalter hatte der große „Gleichmacher" Krieg ein Ende bereitet. Dazu kam mit der russischen Oktoberrevolution von 1917 die Kommunistenfurcht. Der Ruf nach der „Diktatur des Proletariats" und der „Weltrevolution" beunruhigte das Bürgertum. Kommunistische Revolutionen und Aufstände, Räterepubliken in Bayern und Sachsen, der Staatsstreich 1919 in Ungarn und die blutige Diktatur Béla Kuns, Revanchedenken und Kommunistenhass – all das bereitete den Boden für rechte Agitation.

Den Massenbewegungen links und rechts gemeinsam war der **Individualitätsverlust**. Man suchte Anschluss an das „große Ganze". Damit kam das Zeitalter der Persönlichkeiten als Voraussetzung gedeihlicher Demokratie an ihr Ende.

Als Herrschaftsmächte der Zukunft traten Kommunismus und Faschismus an. Die faschistischen Repräsentanten – Führer, Duce, Caudillo – hatten ihre Staaten und Völker wie Armeen organisiert und führten sie entsprechend. Der Weltkommunismus gehorchte dem stalinistischen Apparatschik, einem gesichtslosen Parteifunktionär.

Die erste Jahrhunderthälfte gehörte den faschistischen Diktatoren Hitler, Mussolini und Franco, die zweite den Politbüros der „Volksdemokratien" im östlichen Teil Europas – aber auch den modernen Demokratien des Westens. Ihnen ist vor allem als große Leistung anzurechnen, dass sie die tiefen Zerwürfnisse, die zum fragwürdigen Frieden von Versailles und dessen Folgen führten, durch Vernunft und Verständnisbereitschaft überwanden. 60 Jahre friedlichen Miteinanders wurden so zur Realität.

Auf einen Blick

- **65 Mio. Soldaten** hatte die Welt im Ersten Weltkrieg mobilisiert, **8,5 Mio.** waren gefallen, weite Landschaften in **Frankreich**, **Belgien**, **Polen**, dem **westlichen Russland** und auf dem **Balkan** zerstört. Ungeheuer große **Werte** gingen **verloren**.
- **Friedensverträge** mit **Deutschland** (Versailles), **Österreich** (St. Germain), **Ungarn**, **Bulgarien** und der **Türkei** wurden geschlossen.
- Die Aufteilung und Verkleinerung des **österreichisch-ungarischen Staatsgebietes** bildet die Basis ethnischer Konflikte.
- Die wesentlichsten **Gebietsveränderungen Deutschlands: Verlust von Ostgebieten**, so dass der **Polnische Korridor** entstand, die Kohle- und Erzvorkommen in Ost-Oberschlesien gehen an Polen, **Danzig** wird Freie Stadt, Elsass-Lothringen fällt zu Frankreich, **zwei Landkreise** zu Belgien, ein **kleines Gebiet Nordschleswigs** zu Dänemark.
- **Neue Staaten**: die baltischen Länder **Estland**, **Lettland** und **Litauen**, der Mehrvölkerstaat **Tschechoslowakei**, der Vielvölkerstaat **Jugoslawien**, eine große Neuordnung der Länder des **Nahen Ostens**.
- **Woodrow Wilsons** Vision eines **Völkerbundes** beinhaltet die kontrollierte Abrüstung, Kriegsächtung und Erzwingung von Frieden durch Boykott und andere Sanktionen.
- Das **Selbstbestimmungsrecht** der Völker bringt **Minderheitenproblem** hervor, besonders davon betroffen sind **Polen**, die **Tschechoslowakei**, **Rumänien** und **Jugoslawien**.
- Die labil gewordene **bürgerliche Welt** fürchtet die **Revolution von links** (z.B. Bayerische Räterepublik) und öffnet sich dem **Faschismus**.

Aufgaben zur Lernkontrolle

Aus: Klaus Hildebrand, Das vergangene Reich – Deutsche Außenpolitik von Bismarck bis Hitler, Stuttgart 1995, S. 384

Vom Gefühl der Rache beseelt, hatten vor allem die Franzosen nur den einen Gedanken, (…) den Deutschen den „Knockout-Schlag" zu versetzen. (…) Ernüchtert mussten die Sieger inzwischen einsehen, dass es zwar gelungen war, den Krieg zu gewinnen, aber beileibe nicht den Frieden. Zu gegensätzlich waren die Bilder, die sich die erfolgreichen Alliierten in ihrem nahezu unverträglichen Nebeneinander von diesem Frieden machten. Zu gewaltig lastete die Aufgabe auf der (…) Konferenz, eine zertrümmerte Welt neu zu fügen.
Außer über die Zukunft des besiegten Deutschland musste über das Schicksal des revolutionären Russland entschieden werden. Als gesellschaftlicher Fremdkörper in der sich neu formierenden Staatenwelt war es gleichfalls nicht vertreten. (…) Mit dem russischen Problem verbunden, stellte sich zudem die Frage, was aus seinen (…) Randregionen werden sollte. Die vielfältigen Schwierigkeiten, die mit der verwirrenden Existenz der auf dem Territorium der (…) Habsburger-Monarchie entstandenen Nachfolgestaaten zu tun hatten, erschwerten die ohnehin komplizierte Konstellation noch einmal beträchtlich. Was schließlich die Fragen betraf, die sich im Zusammenhang mit der türkischen Erbschaft in Südosteuropa stellten, waren auch sie nicht eben schlüssig und leicht zu beantworten.

1. Um welche Konferenz handelt es sich in dem Text?

2. Welche Aufgaben stellten sich der Friedenskonferenz und worin bestand die Hauptschwierigkeit?

3. Aus welchen Verfahrens- und Sachfragen ergab sich das „russische Problem"?

4. Das komplizierte Verfahren der territorialen Neuordnung zeigte Schwerpunkte. Wo? Welche Lösungen wurden gefunden? Welche bis in die Gegenwart fortdauernden Probleme entstanden daraus?

2. Von Weimar nach Potsdam – Deutschland zwischen 1918 und 1945

„Bonn ist nicht Weimar" – ein in der alten Bundesrepublik oft gehörter Ausspruch. Dass es nie „Weimar" wurde, war Amerika und England zu verdanken, die angesichts der sowjetischen Bedrohung zu helfen bereit waren und die entstehende Demokratie politisch und wirtschaftlich unterstützten. Auch hatten die Deutschen aus ihrer Geschichte gelernt. Sie gaben ihrem Staat eine Verfassung, die das bewies und wurden Demokraten. Wer den schweren Weg deutscher Staatswerdung aus Trümmerstädten unter Besatzungsmächten zum souveränen Land des Wohlstands nachvollzieht, kann verstehen, warum der Weimarer Republik ein solches Gedeihen nicht beschieden war.

1918	Revolution in Berlin, Ausrufung der Republik (09.11.); Waffenstillstand (11.11.)
1919	Zusammentritt der Nationalversammlung in Weimar (06.02.); Unterzeichnung der Weimarer Verfassung (11.08.)
1920	Versailler Vertrag (01.01.)
1923	Französische Besetzung des Ruhrgebiets (11.01.)
1925	Tod des Reichspräsidenten Friedrich Ebert (28.02.); Nachfolger wird Hindenburg; Verständigung mit Frankreich durch Locarno-Vertrag (01.12.)
1926	Aufnahme Deutschlands in den Völkerbund (08.09.)
1929	Tod Stresemanns (03.10.); Wirtschaftskrise in den USA (25.10.)
1933	Hitler wird Reichskanzler (30.01.); Reichstagsbrand (27.02.); Ermächtigungsgesetz (23.03.); Austritt Deutschlands aus dem Völkerbund (14.10.)
1934	Als „Röhm-Putsch" bezeichnete Mordaktion Hitlers gegen die SA (30.06.); Tod Hindenburgs, Selbsternennung Hitlers zum Führer (02.08.)
1935	Einführung der allgemeinen Wehrpflicht (16.03.); Nürnberger Gesetze (15.09.)
1936	Einmarsch ins Rheinland (07.03.)
1938	Einmarsch deutscher Truppen nach Österreich (12.03.); Münchner Konferenz (22.–24.09.)
1939	Zerschlagung der Tschechoslowakei (15.03.); Nichtangriffs- und Freundschaftsvertrag zwischen der UdSSR und dem Deutschen Reich (23.08.); Deutschland im Krieg mit Polen, England und Frankreich (01.–03.09.)
1941	Kriegserklärung des Deutschen Reiches an die USA (11.12.)
1943	Konferenz von Casablanca (14.–26.01.); Kapitulation der 6. deutschen Armee in Stalingrad (02.02.); Landung der Alliierten in Italien (03.09.)
1944	Landung der Alliierten in der Normandie (06.06.); Attentat auf Hitler, Aufstandsversuch des deutschen Widerstands (20.07.)
1945	Konferenz von Jalta (04.–11.02.); Hitlers Selbstmord (30.04.); deutsche Kapitulation (07.–09.05.); Potsdamer Konferenz (17.07.–02.08.)

2.1 Vom Kaiserstaat zur Republik

Der **Erste Weltkrieg** war im November 1918 verloren. Die Roten Fahnen der Revolution wehten über München und Berlin. Bayern wurde eine Räterepublik der Ultralinken. In Berlin übergab der Reichskanzler Max von Baden die Kanzlerschaft dem SPD-Vorsitzenden Friedrich Ebert, dessen Parteifreund Philipp Scheidemann am 9. November die Republik ausrief. Karl Liebknecht, Führer des kommunistischen Spartakusbundes, dem radikal linken Rand der SPD, proklamierte eine sozialistische Republik nach sowjetischem Muster und löste den **Spartakusaufstand** aus. Am 6. Januar 1919 war Berlin in den Händen der Spartakisten. Die Regierung floh. Auf ihren Hilferuf schickte die Oberste Heeresleitung Truppen, verstärkt durch Freikorpsverbände. Sie gingen grausam gegen die Aufständischen vor. Rosa Luxemburg und Karl Liebknecht, die Führer der Spartakisten, wurden ermordet. Das Bündnis demokratischer Politiker mit den Offizieren der alten Armee sollte sich noch als eine schwere politische Hypothek erweisen.

2.2 Weimar – die erste deutsche Demokratie

Die erste deutsche Republik erhielt mit der Reichsverfassung im August 1919 ihr staatsrechtliches Fundament. Um die Geschichte der Weimarer Republik verstehen zu können, bedarf es der Kenntnis ihrer wichtigsten Parteien.
Deutschnationale Volkspartei (DNVP) nannten sich die Konservativen. Sie hielten an alten Vorstellungen über die Gesellschaftsordnung mit den Eliten von Adel und Offizierskorps fest. Die **Deutsche Volkspartei** (DVP) sah sich als Sammelbecken des Besitz- und Bildungsbürgertums. Das **Zentrum**, die katholische Weltanschauungspartei, war in einem überwiegend protestantischen Land Anwalt der deutschen Katholiken. Einen bayerischen Sonderweg ging eine zweite katholische Fraktion im Reichstag, die **Bayerische Volkspartei** (BVP). Die **Deutsche Demokratische Partei** (DDP) war eine Neuauflage der Fortschrittspartei aus der Kaiserzeit. Mit den **Sozialdemokraten** war die älteste Gruppierung in der deutschen Parteienlandschaft erhalten geblieben. Ganz links stand die **Kommunistische Partei** (KPD), hervorgegangen aus dem Spartakusbund.
Im Januar 1919 war die Wahl zur Nationalversammlung. Ihre erste Sitzung konnte in dem vom Bürgerkrieg verunsicherten Berlin nicht stattfinden. Sie konstituierte sich am 6. Februar 1919 in Weimar. Reichspräsident wurde **Friedrich Ebert**, Philipp Scheidemann übernahm das Kanzleramt einer Regierungskoalition aus SPD und DDP.
Danach stand die Nationalversammlung vor der Aufgabe, dem Staat eine Verfassung zu geben und über Annahme oder Ablehnung des Versailler Vertrages zu entscheiden. Die Alliierten hatten im Mai der Regierung ihre Bedingungen überreicht. Bei Nichtannahme drohten sie mit Fortsetzung des Krieges. Eine Welle der Empörung über die Friedensbedingungen ergriff das Volk. Nichtsdestotrotz wurde der Vertrag unterzeichnet. Die Regierung wurde durch die Umstände dazu gezwungen. Der Vorwurf ihrer nationalistischen Gegner, aus einer „vaterlandslosen Gesinnung" unterschrieben zu haben, war schreiende Ungerechtigkeit.
Die Weimarer **Reichsverfassung** wurde vom Willen getragen, die deutsche Republik auf dem besten Fundament zu bauen und in ihr „so viel Freiheit und Demokratie wie möglich" zu verwirklichen. Es gab die Gleichheit aller Wähler, also auch ein Frauenwahlrecht. Die Legislative lag bei zwei Kammern, dem **Reichstag** und dem **Reichsrat**, der Länder-Vertretung. Die große Errungenschaft dieser ersten demokratischen Verfassung Deutschlands waren die **Grundrechte**, die Seele der Rechtsstaatlichkeit dieser Republik.

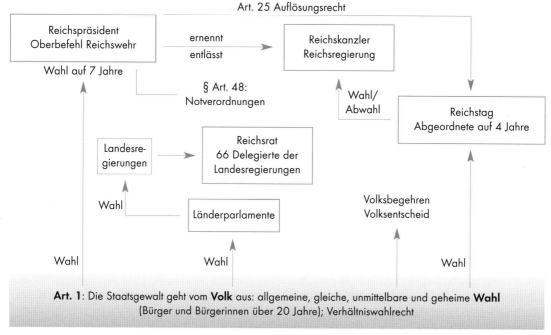

Abb. 2.1 Weimarer Verfassung

2.3 Der schwere Weg der ersten Jahre

Einer ersten Belastungsprobe waren Staat und Regierung im März 1920 ausgesetzt. Den bedrohlichen Aktionen von links folgten jetzt rechte Umsturzversuche. Der Versailler Vertrag verlangte, irreguläre Truppenverbände aufzulösen. Die Freikorpsverbände wollten dem Auflösungsdekret der Regierung nicht folgen und wagten den Staatsstreich, für den sich **Wolfgang Kapp**, der Gründer einer rechtsextremen Partei, als Gallionsfigur zur Verfügung stellte. Vor den gewaltbereiten Putschisten flohen die Regierungsmitglieder aus Berlin. Die Gewerkschaften riefen den Generalstreik aus. Dem selbst ernannten Kanzler Kapp versagte sich das Volk.

Am 8. und 9. November 1923 unternahmen rechte politische Gruppen nach dem Vorbild von Mussolinis „Marsch auf Rom" von München aus einen Marsch auf Berlin, um eine nationale Regierung auszurufen. Anführer war der in München als Bierhallendemagoge bekannte **Adolf Hitler**, ein zugewanderter Österreicher. Diese „Nationale Erhebung" vom **9. November 1923** begann am Vorabend mit Hitlers Auftritt vor völkischem Publikum im Münchner Bürgerbräukeller. Beim **Marsch zur Feldherrnhalle** am 9. November kam das blutige Ende im Feuer der Bayerischen Landespolizei. Das gescheiterte Unternehmen brachte Hitler nur Positives. Es bescherte seiner „Bewegung" einen Gründungsmythos. Außerdem verschaffte der Putsch dem unbekannten Demagogen einen über Bayern hinausgehenden Bekanntheitsgrad. Und die bayerische Justiz gab ihm Gelegenheit, seine Verteidigung mit Propagandareden zu führen. Danach saß er eine bequeme Festungshaft ab und wurde vorzeitig entlassen. Dabei schrieb er sein Buch *Mein Kampf*.

Den politisch schweren Weg der deutschen Demokratie belastete zusätzlich die wirtschaftliche Lage. Seit 1920 unterlag das Geld einer galoppierenden **Inflation**. Stand der Dollarkurs vor dem

Krieg bei 4,2 Goldmark, so kletterte der Kurs bis Mitte November 1923 auf eine Billion Papiermark, was einer realen Kaufkraft von zehn Millionen Mark für den Gegenwert eines Pfennigs entsprach. Die sozialen Folgen waren verheerend. Renten und Sparvermögen als Altersrücklagen lösten sich auf. Als 1923 Franzosen und Belgier das **Ruhrgebiet** besetzten, die Regierung den passiven Widerstand ausrief und jede Arbeit zum Erliegen kam, gewann der Währungsverfall an Tempo und Brisanz. Damit wuchs die Staatsverdrossenheit.

Für die Lasten, die der verlorene Krieg gebracht hatte, suchte das ratlose Volk Schuldige. Die Revolution, der „hinterhältige Mord" an der kämpfenden und niemals zu besiegenden Armee habe die Niederlage herbeigeführt. Eine **Dolchstoßlegende** war geboren. Ins Visier der „Rächer" gerieten Politiker, die in der Stunde der Niederlage das undankbare Geschäft der Verhandlungen mit dem Feind übernehmen mussten – Zivilisten, nicht die gescheiterten Generäle. Wer damals mit den unerbittlichen Alliierten verhandeln musste, galt als **Erfüllungspolitiker** und wurde als „**Novemberverbrecher**" von 1918 diffamiert. Zur Ermordung dieser Männer ergingen öffentlich Aufrufe. Zu den Opfern gehörten Finanzminister Matthias Erzberger (ermordet 1921) und Außenminister Walther Rathenau (ermordet 1922). So konnte innerhalb der deutschen Bevölkerung weder ein demokratisches Selbstbewusstsein noch ein republikanischer Patriotismus entstehen.

2.4 Hoffnungen, Enttäuschungen, Scheitern. Durch Intrigen in die Diktatur

Zur Jahreswende 1923/24 stabilisierte sich das Geldwesen. Seit 1926 erlebte die deutsche **Wirtschaft** einen **Aufschwung**, der sich auch im stetigen Anstieg der Reallöhne und des Lebensstandards äußerte. Die hochtourig produzierende Industrie bekam Geld auf den internationalen Kapitalmärkten.

Auch die Außenpolitik des Reiches gestaltete sich erfolgreich dank geduldigen Verhandelns. 1922 hatte Außenminister Walther Rathenau mit dem **Rapallo-Vertrag** das Verhältnis zur international isolierten Sowjetunion normalisiert und so den ersten Schritt getan, die eigene internationale Ausgrenzung zu überwinden. Im **Locarno-Pakt** von 1925 erreichte Gustav Stresemann die Verständigung mit Frankreich, Belgien, Polen und der Tschechoslowakei. Seine Politik zielte in einem ersten Schritt auf eine Revision des Versailler Vertrages und in weiteren behutsamen Schritten darauf, die deutsche Großmachtposition ohne militärisches Drohpotential wieder herzustellen. Die Welt erkannte den Friedenswillen an, indem sie Deutschland im September 1926 in den **Völkerbund** aufnahm. Deutschland trat zudem am 27. August 1928 dem **Kellog-Pakt** bei, einem Kriegsächtungsabkommen.

Der frühe Tod Friedrich Eberts im Februar 1925 riss eine für das weitere Gedeihen der Demokratie unersetzbare Lücke. Das Volk wählte als seinen Nachfolger den 78-jährigen Generalfeldmarschall **Paul von Hindenburg**.

Es schien gegen Ende dieses Jahrzehnts, dass Deutschland die Heimsuchungen der Vergangenheit überwunden hätte. Die Deutschen lebten in relativem Wohlstand und friedlich mit ihren Nachbarn. Im Herbst 1929 verdüsterte sich die Lage. Am 3. Oktober starb Gustav Stresemann, der Garant für das Vertrauen der Welt. Am 25. Oktober kam der **Schwarze Freitag** über die New Yorker Börse und brachte den Wohlstand zum Erliegen. Der Zusammenbruch des US-Geldmarktes riss das weltweit vernetzte Finanz- und Wirtschaftssystem mit in den Abgrund. Auch Deutschland wurde 1931 von der Pleitewelle erfasst.

Ergebnisse der Reichtagswahlen 1919-33

Stimmenanteil in Prozent; Zahl der Abgeordneten in Klammern

Datum	KPD	SPD	Zentrum	BVP	DDP	DVP	DNVP	NSDAP	Sonstige
19.1.1919	7,6 (22)	37,9 (165)	19,7 (91)		18,6 (75)	4,4 (19)	10,3 (44)		1,5 (7)
6.6.1920	20,0 (88)	21,6 (102)	13,6 (64)	4,2 (21)	8,4 (39)	14,0 (65)	15,1 (71)		3,1 (9)
4.5.1924	12,6 (62)	20,5 (100)	13,4 (65)	3,2 (16)	5,7 (28)	9,2 (45)	19,5 (95)	6,6 (32)	9,3 (29)
7.11.1924	9,0 (45)	26,0 (131)	13,7 (69)	3,7 (19)	6,3 (32)	10,1 (51)	20,5 (103)	3,0 (14)	7,8 (29)
20.5.1928	10,6 (54)	29,8 (153)	12,1 (62)	3,1 (16)	4,9 (25)	8,7 (45)	14,2 (73)	2,6 (12)	14,0 (51)
14.9.1930	13,1 (77)	24,5 (143)	11,8 (68)	3,0 (19)	3,8 (20)	4,5 (30)	7,0 (41)	18,3 (107)	14,0 (72)
31.7.1932	14,6 (89)	21,6 (133)	12,5 (75)	3,2 (22)	1,0 (4)	1,2 (7)	5,9 (37)	37,4 (230)	2,6 (11)
6.11.1932	16,9 (100)	20,4 (121)	11,9 (70)	3,1 (20)	1,0 (2)	1,9 (11)	8,8 (52)	33,1 (196)	2,9 (12)
5.3.1933	12,3 (81)	18,3 (120)	11,3 (73)	2,7 (19)	0,9 (5)	1,1 (2)	8,0 (52)	43,9 (288)	

Abb. 2.2 Ergebnisse der Reichtagswahlen 1919–33

Aus Sorge um ihre deponierten Gelder stürmten zahlreiche Menschen die Banken. Vom Abfluss der Auslandskredite ohnehin schon geschwächt, schlossen sie die Schalter. Die Regierung musste mit den Reserven der Reichsbank bürgen. Bald bildete sich ein Heer ruinierter Mittelständler, und die Zahl der **Arbeitslosen** stieg dramatisch an. Das verhieß eine politisch gefahrvolle Entwicklung.
In der Großen Koalition von SPD und Zentrum stritt man um ein halbes Prozent erhöhten Beitragssatzes zur Arbeitslosenversicherung. Darüber zerbrach am 30. März 1930 die Große Koalition. Eine neue regierungsfähige Mehrheit kam nicht zustande; und das zu einer Zeit, in der Ruhe und Ordnung nicht mehr gewährleistet waren.
Schon ein Jahr vor der Krise lag die Zahl der Erwerbslosen bei zwei Millionen. Die politische Auseinandersetzung verlagerte sich immer mehr auf die Straße und nahm bürgerkriegsähnliche Züge an. Da eine parlamentarisch legitimierte Regierung nicht zu bilden war, musste der Reichspräsident den Artikel 48 der Verfassung anwenden, der es ihm „bei Störung von Sicherheit und Ordnung" erlaubte, Maßnahmen per **Notverordnungen** zu ergreifen. Er bat **Heinrich Brüning**, den Fraktionsführer des Zentrums, ein Minderheitenkabinett zu bilden und mit Notverordnungen zu regieren.
Es begann eine Zeit, die beherrscht war von Tumulten und Dauerhysterie der Aufmärsche und Großkundgebungen. Im Herbst 1930 wurde ein neuer Reichstag gewählt. Das Ergebnis vom **14. September 1930** wirkte schockartig auf jene, die in Hitler eine tödliche Gefahr für Frieden und Freiheit sahen. Die bisher im Reichstag nur mit zwölf Sitzen vertretene NSDAP zog mit 107 Abgeordneten ins Parlament ein. Im Braunhemd der SA betraten sie den Plenarsaal.

Im Wahlerfolg der Radikalen spiegelte sich nicht bloß Unzufriedenheit; gewählt hatten Verzweifelte, die täglich stundenlang für ihr karges Stempelgeld vor den Arbeitsämtern anstanden. In den Massenversammlungen der NSDAP und der KPD war ihre Wut auf die bürgerliche Demokratie angeheizt und ihrer Hoffnung auf bessere Zeiten neue Nahrung gegeben worden.

Hindenburgs Amtszeit endete 1932. Der 85-Jährige kandidierte noch einmal. Hitler war sein chancenreichster Gegner. Als Österreicher aber war ihm die Kandidatur zum höchsten Staatsamt verbaut. Erst musste eine Koalitionsregierung des Landes Braunschweig, wo die NSDAP mitregierte, ihm den Weg zur Staatsbürgerschaft ebnen. Im zweiten Wahlgang wurde Hindenburg dennoch Reichspräsident.

Durch Intrigen in die Diktatur

Brünings Plan einer Landhilfe-Aktion, als kleiner Schritt zum Abbau der Arbeitslosigkeit gedacht, gab einer Clique adliger Großgrundbesitzer Gelegenheit, ihn beim Reichspräsidenten als „Agrarbolschewisten" zu verdächtigen. Am 30. Mai 1932 entließ Hindenburg seinen Kanzler und betraute den Kopf der Intrige, **Franz von Papen**, mit der Regierung.

Der neue Reichskanzler traf sofort drei verhängnisvolle Entscheidungen. Um sich Hitler genehm zu machen, hob er das von Brüning erlassene **SA-Verbot** auf. Dem paramilitärischen, mit Schusswaffen ausgerüsteten Kampfverband gehörte wieder die Straße.

Als Zweites führte er den **Preußenschlag**, einen Staatsstreich gegen das größte Land im Reich. Er enthob die solide sozialdemokratische Regierung ihres Amtes und übernahm als Reichsstatthalter die Regierungsgewalt und damit den Befehl über die letzte verfassungstreue Polizei im Reich.

Zum Dritten schrieb von Papen **Neuwahlen** aus, da er seine Kanzlerschaft nicht allein von Hindenburg abhängig machen wollte und glaubte, eine konservative Mehrheit zustande zu bringen. Der Wahlkampf wurde zur Jagd der Nazis auf Juden und Marxisten. Innerhalb von sechs Wochen forderte er allein in Preußen 99 Tote sowie 1.125 Verwundete und Verletzte.

Am Abend des 31. Juli 1932 war die NSDAP wieder stärkste Partei mit 230 Sitzen. Auch die Kommunisten hatten mit 89 Sitzen 12 mehr als 1930. Von Papen wollte aber unbedingt eine demokratisch legitimierte Regierung. Wieder sollten Neuwahlen das bewirken. Nachdem auch diese nicht wunschgemäß ausfielen, trat von Papen zurück.

Nun erschien General **Kurt von Schleicher**. Er hatte zum Sturz Brünings beigetragen und von Papens Kanzlerschaft gefördert. Am 3. Dezember übernahm er selbst die Regierung, die kürzeste eines deutschen Kanzlers.

Eine Koalition der Rechten ohne NSDAP kam nicht zustande, weil Hitler auf der Kanzlerschaft bestand. Von Schleichers Versuch, die Nazipartei zu spalten, schlug fehl. Nun strebte er eine Regierung unter Hitler an, die sich durch von Papen und **Alfred Hugenberg**, den Vorsitzenden der DNVP, gängeln lassen sollte. Sie boten dem NS-Führer das Kanzleramt an mit von Papen als Vizekanzler und Hugenberg als Wirtschaftsminister.

Der einzige, der den Griff Hitlers nach der Macht noch hätte verhindern können, war der Reichspräsident. Er hatte den Österreicher bisher beharrlich abgelehnt; nun gab er auf Zureden von Papens und von Schleichers nach und beauftragte ihn am 30. Januar 1933 mit der Bildung einer deutschen Reichsregierung.

Diese Entscheidung traf bei Erich Ludendorff, dem General, der mit dem Staatsoberhaupt im Ersten Weltkrieg an der Spitze der Obersten Heeresleitung gestanden hatte, auf blankes Entsetzen. Ludendorff kannte Hitler als den Abenteurer vom 9. November 1923.

Am Tag nach dessen Amtsantritt schrieb er an Hindenburg: *Sie haben durch die Ernennung Hitlers zum Reichskanzler unser heiliges deutsches Vaterland einem der größten Demagogen aller Zeiten ausgeliefert. Ich prophezeie Ihnen feierlich, dass dieser unselige Mann unser Reich in den Abgrund stürzen und unsere Nation in unfassbares Elend bringen wird. Kommende Geschlechter werden Sie wegen dieser Handlung in Ihrem Grabe verfluchen.*

Ein Führerwille regiert

Hitler wurde am 30. Januar 1933 Reichskanzler. Schon am Abend des Tages der **Machtergreifung** – so nannten er und seine Anhänger den Regierungswechsel – füllten sich die SA-Gefängnisse mit Juden, Marxisten und anderen Nazigegnern. Am 5. März sollten Neuwahlen Hitler die absolute Mehrheit bringen.

Ein kurzer Wahlkampf musste die beim Volk entfachte Begeisterung noch steigern, jede Opposition im Keim ersticken und den gefährlichsten Gegner, die Kommunisten, ein für allemal ausschalten. Darum brauchte Hitler weitere Notverordnungen des Präsidenten.

Am 4. Februar erschien die **Notverordnung „Zum Schutze des deutschen Volkes"**. Sie schränkte Presse- und Versammlungsfreiheit ein. Am 21. Februar stürmten SA und Polizei die Zentrale der KPD und fanden Umsturzpläne, so als hätte die KP-Führung sie zur Einsichtnahme für die Hitler-Regierung bereitgelegt.

Am 27. Februar um 21 Uhr brannte der Reichstag. Es war der Abend vor jenem Wochenende, das der Woche des Wahltages vorausging. Im brennenden Gebäude stöberte die Polizei den Holländer Marinus van der Lubbe auf, der sofort die Täterschaft zugab, doch beharrlich leugnete, Hintermänner zu haben. Die Regierung beschuldigte die Kommunisten der Brandstiftung. Sie hätten mit dem **Reichstagsbrand** das Fanal zum Bürgerkrieg gesetzt. Noch in der gleichen Nacht wurden 4.000 Funktionäre der KPD im ganzen Land festgenommen. Damit war der entscheidende Schritt in den Polizeistaat getan.

Kommunistenfurcht schreckte die Bürger, und so nahmen sie die zweite Notverordnung hin, die **Verordnung zum Schutz von Volk und Staat** (Reichtagsbrandnotverordnung). Sie setzte die Grundrechte außer Kraft und blieb Rechtsbasis des Terror-Regimes und seiner Todesurteile bis 1945. Jetzt füllten sich die schnell errichteten Konzentrationslager mit Nazigegnern und politischen Repräsentanten der Republik, die auf den schwarzen Listen der NS-Partei standen.

Trotz massiver Behinderung der Parteien im Wahlkampf, trotz Haft und Folterung politischer Feinde und einer dauernden NS-Propaganda brachte der 5. März Hitler nicht den erwarteten Erfolg. Hitler hatte mit mehr als 50% gerechnet, mit 43,9% verfehlte er aber die absolute Mehrheit. Die Wahlbeteiligung von 88,7%, also auch 11,3% Nichtwähler, relativierten das „überwältigende Bekenntnis zum Führer".

Die Deutschen kannten ihn als tobenden Agitator. Nun sollten die Bürger und ihr Präsident den anderen Hitler kennen lernen, den, der vaterländische Traditionen und ihre religiösen Wurzeln ehrte. Am 21. März fand in Potsdams Garnisonkirche ein Staatsakt statt, um den Anbruch des neuen Zeitalters festlich zu begehen. Dabei sollte der **Geist von Weimar** begraben werden, und der **Geist von Potsdam** auferstehen.

Wenn die Nazis „Potsdam" sagten, meinten sie nicht Rechtstreue, Pflichterfüllung und Toleranz, nicht das Preußen Friedrich des Großen. Ihr „militärischer Geist" war die Dumpfheit von SA-Schlägern, Gesetzlosigkeit, Rowdytum und Mord. Mit den Trägern solchen Geistes feierten nun Hindenburg und die höchsten Repräsentanten der Armee des Kaisers den Gottesdienst in der Garnisonkirche.

Als das Parlament am 23. März in der Berliner Krolloper zu seiner ersten Sitzung zusammentrat, legte der Kanzler das **Ermächtigungsgesetz** vor, das „Gesetz zur Behebung der Not von Volk und Reich". Es sollte ihn ermächtigen, vier Jahre lang ohne parlamentarische Kontrolle zu regieren. Widerspruch auf diese Zumutung kam von den Volksvertretern zögerlich und in gewundenen Entgegnungen. Die meisten hier hatten Angst. Nur Otto Wels (SPD) lehnte die Vorlage ab. Er hielt Hitler die Verbrechen sowie die Rechts- und Verfassungsbrüche vor und beschwor den Reichstag, den Blankoscheck zu verweigern. Das Gesetz wurde mit der nötigen Zweidrittelmehrheit angenommen. Deutschland war eine Diktatur.

Das gleichgeschaltete Volk – Voraussetzung des NS-Staates

Die Diktatur benötigte einen zentralistisch zu lenkenden Staat. **Gleichschaltungsgesetze** ermöglichen es. Das Gesetz zur Gleichschaltung der Länder vom 31. März 1933 löste den Föderalismus auf. Das Gesetz zur Wiederherstellung des Berufsbeamtentums wurde Grundstein eines gleichgeschalteten Beamtenapparates. Für Unternehmen, Arbeiter und Angestellte bestand der Zwang, der **Deutschen Arbeitsfront** (DAF) beizutreten. Eine **Reichskulturkammer** kontrollierte die Künstler.

Auch die Privatsphäre genoss keinen Schutz mehr. Post- und Fernmeldegeheimnis waren aufgehoben. Schnüffelei, Bevormundung und Denunziation vergifteten die zwischenmenschlichen Beziehungen. Die Urteile gegen Oppositionelle und Kritiker verschärften sich, die Todesstrafen nahmen zu. Sehr bald hatten sich die Parteien selbst aufgelöst oder waren verboten worden. Am 12. November 1933 fand die letzte Wahl statt. Sie sah nur das eine Votum vor, Hitler zu bestätigen. Mit 92% bekam er die erwartete Mehrheit. Per Gesetz wurde die NSDAP am 1. Dezember zur einzigen Partei, jede andere politische Gruppierung war fortan illegal.

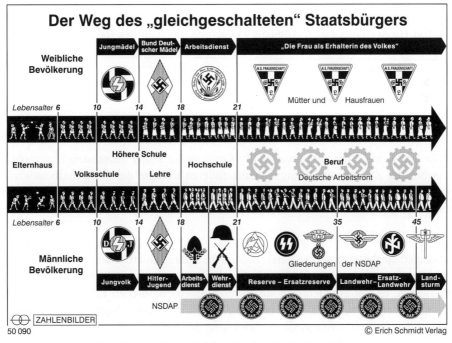

Abb. 2.3 Das Herrschaftssystem des Nationalsozialismus

Röhm-Putsch

Auf Hitlers Weg zur Alleinherrschaft wurde seine Privatarmee, die **SA**, zum Problem. Sie hatte ihm die Macht erkämpft; viele ihrer Männer hatten sich dabei zum Krüppel schlagen lassen, waren im Rechtsstaat straffällig geworden und wegen ihrer SA-Zugehörigkeit beruflich gescheitert. Nun wartete der einfache SA-Mann auf Belohnung. Er und seine Kameraden verlangten von ihrem Stabschef **Ernst Röhm** die „zweite Revolution", die nun endlich auch die sozialistische Gesellschaft bringen sollte. Röhm wollte Hitler dafür gewinnen, die SA zu einer Volksarmee umzuformen, mit der Reichswehr als dem „grauen Fels in der braunen Flut". Das war nun keinesfalls im Sinn der Armeeführung. Hitler stieß hier auf Widerstand. Um der Generäle willen entledigte er sich seiner „alten Kämpfer" durch Mord.

Angebliche Putschpläne und Röhms Homosexualität sollten die Mordaktionen in Bad Wiessee, München und Berlin am 30. Juni 1934 und an den zwei folgenden Tagen rechtfertigen. Heinrich Himmlers Schutzstaffel (SS) führte das blutige Geschäft aus. Außer Röhm und den Führern der SA wurden noch einige weitere Regimegegner aus dem Weg geräumt, auch völlig Unbeteiligte. Insgesamt wurden 922 Personen ermordet. In allen Fällen ermittelten Staatsanwaltschaften. Sie schlossen die unerledigten Mordakten, als ein Gesetz nachträglich die Kapitalverbrechen legalisierte. Es lautete:

Die Reichsregierung hat das folgende Gesetz beschlossen, das hiermit verkündet wird:
Einziger Artikel.
Die zur Niederschlagung hoch- und landesverräterischer Angriffe am 30. Juni, 1. und 2. Juli 1934 vollzogenen Maßnahmen sind als Staatsnotwehr rechtens.
Berlin, den 3. Juli 1934   Der Reichskanzler: Adolf Hitler

Mit diesem Gesetz hatten sich die Deutschen aus der Gemeinschaft zivilisierter Völker endgültig entfernt.

Nach dem Tod Hindenburgs am 2. August 1934 wurde das Amt des Reichspräsidenten nicht neu besetzt. Vielmehr ließ Hitler sich per Volksabstimmung zum Führer küren und in allen Garnisonen die Offiziere und Mannschaften einen Eid auf seine Person ableisten. Der Bann dieser Bindung wich erst mit seinem Selbstmord am 30. April 1945.

2.6   Zweiter Weltkrieg – Weltanschauungs- und Wirtschaftskrieg

Hitler wollte den Krieg. Zum einen war es die Konsequenz seiner anormalen Biographie und der sie beherrschenden Zwangsvorstellungen; zum anderen drängte die Wirtschaftsentwicklung ihn dazu, zwanzig Jahre nach dem Ersten einen Zweiten Weltkrieg zu beginnen, den Weltanschauungs- und Wirtschaftskrieg.

Der Weltanschauungskrieg

Aus Jugendtagen begleiteten den späteren deutschen Führer abstruse Ideen, die als geistige Ausstattung für den Regierungschef einer modernen Industrienation mit 80 Mio. Einwohnern höchst ungeeignet waren; es war ein Gemisch aus pseudowissenschaftlichen Erkenntnissen und Vorstellungen erregter Phantasien, die in Wien um die Jahrhundertwende umgingen: das Dogma von der Überlegenheit der deutschen Rasse, die Verteufelung der Juden als Weltfeinde und ein fanatischer Antimarxismus. Hier verband sich Sozialdarwinismus – Leben ist Kampf ums Dasein – mit der

Rassenlehre des 19. Jahrhunderts – höhere Rassen müssen minderwertige ausrotten. In seinem 1925 erschienenen Buch hatte Hitler bekannt: *Die Herrschaft über die Erde fällt dem Volk zu, das seine rassische Substanz schützt.*

Hier wird der den Krieg antreibende Wille sichtbar, und diese Weltanschauung soll ihn rechtfertigen: Eine arische **Herrenrasse**, zur Weltmacht berufen, kämpft gegen Weltjudentum und bolschewistische Untermenschen. Mit dem Überfall auf die Sowjetunion im Sommer 1941 begann Hitler seinen Weltanschauungskrieg mit der Massenvernichtung von Rassen und Volksgruppen, um „Lebensraum" zu gewinnen.

Der Wirtschaftskrieg

Nach der verheerenden wirtschaftlichen Situation am Ende der Weimarer Republik lief die Konjunktur nach 1933 an. Sie basierte zunächst auf Großaufträgen an die Bauwirtschaft, die Fabriken, Kasernen und Autobahnen erstellte. Ab 1935 brachte die **allgemeine Wehrpflicht** auf Kosten der Staatskasse viele Arbeitslose unter. Die dicken Auftragsbücher der **Rüstungsindustrie** belegten, wie stark auch auf diesem Sektor der Staatshaushalt belastet war. Eine wirtschaftliche Effektivität dieser Rieseninvestitionen war nicht in Sicht, solange die Soldaten in den Kasernen blieben und die Flugzeuge in ihren Hangars.

Deutschland war kein Agrarland mehr. Ab 1936 traten in der Lebensmittelversorgung Engpässe auf. Der Staat griff regulierend und rationierend ein. In den Augen Hitlers musste dem „Volk ohne Raum" Land als Ernährungsbasis erobert werden.

Grundzüge deutscher Außenpolitik 1933–1939

Das Verhältnis zu den Versailler Mächten war beim Regierungsantritt Hitlers unbelastet. Deutschland brauchte, wenn es den friedlichen Kurs beibehielt, Unfreundlichkeiten von Seiten der westlichen Nachbarn nicht zu befürchten. Doch Hitler wollte eine von kollektiven Bindungen unbelastete Außenpolitik. So trat Deutschland aus dem Völkerbund aus und verließ auch die Genfer Abrüstungskonferenz.

In Frankreich herrschte Misstrauen gegenüber dem aggressiven Nachbarn. Die Deutschen wollten die Revision des Versailler Vertrages. **Großbritanniens** Verhältnis zum Deutschen Reich hatte sich entspannt. Die **Sowjetunion** war weder innenpolitisch noch militärisch so gefestigt, um auf Hitlers Antikommunismus zu reagieren. Sie gewährte den Emigranten der KPD Asyl. Die Außenpolitik blieb davon unberührt. Für die deutsch-polnischen Beziehungen fand der Hitler-Staat eine gemeinsame Basis, die einen Nichtangriffs- und Freundschaftsvertrag ermöglichte.

Die NS-Machtergreifung in Deutschland erweckte unter Österreichs Nazis Anschlussgelüste. Ein im Sommer 1934 erfolgter Staatsstreich, bei dem der österreichische Bundeskanzler Dollfuß ermordet wurde, sollte die Vereinigung der beiden Länder gewaltsam herbeiführen. Der Putsch misslang.

Im März 1935 hatte Hitler unter Bruch des Versailler Vertrages die allgemeine Wehrpflicht eingeführt. Dennoch verhandelte England mit ihm über Deutschlands Wiederaufrüstung zur See, was mit dem Abschluss eines **deutsch-britischen Flottenabkommens** endete.

Schon im darauf folgenden Frühjahr (7. März 1936) marschierten deutsche Truppen, wieder den Vertrag von Versailles missachtend, über den Rhein in die entmilitarisierte Zone. Das dagegen sich formierende französische Heer erbat vergebens die Hilfe der Briten – London schwieg und auch aus Rom kam keine Reaktion.

Mussolinis Schweigen wird durch die Tatsache erklärt, dass das deutsch-italienische Verhältnis sich wesentlich verbessert hatte. Italien war in Äthiopien eingefallen, was zu Sanktionen des Völkerbundes führte. Das international isolierte Land konnte mit Deutschlands Sympathie und Hilfe rechnen. Es war der Beginn der deutsch-italienischen Freundschaft, die sich im **Spanischen Bürgerkrieg** zur Waffenbrüderschaft entwickelte und später zur **Achse Berlin-Rom** wurde. Der Abschluss des **Antikomintern-Paktes*** mit Japan, erweitert durch den Beitritt Italiens, verschaffte der Achse einen Partner in Fernost.

Im November 1937 stellte Hitler die Weichen auf Krieg und wollte Klarheit über die Bereitschaft des Außenministers und der Armeeführung, den unvermeidlichen Krieg zu akzeptieren. Deren erschrockene Reaktion veranlasste ihn, sofort einen personellen Wechsel in der Führung vorzunehmen. Den Oberbefehl über die Wehrmacht übernahm Hitler selbst. Nun bestand Klarheit darüber, dass der große Krieg beginnen musste. Ein „blitzartiges Vorgehen" gegen Österreich und die Tschechoslowakei sollte das Vorspiel sein.

Der Anschluss Österreichs

Der Nachfolger des 1934 ermordeten Kanzlers Dollfuß, **Kurt von Schuschnigg**, suchte die Verständigung mit der deutschen NS-Regierung und schloss 1936 mit Deutschland einen Pakt. Dessen ungeachtet betrieb der NS-Staat eine Hetzkampagne gegen Österreichs christlich-soziale Regierung. Hitler bestellte Schuschnigg nach Berchtesgaden. Unter massiven psychischen Druck gab Schuschnigg seiner Forderung nach, die auf eine Annexion Österreichs hinauslief. Wieder in Wien, versuchte er die Unabhängigkeit seines Landes durch eine Volksabstimmung zu retten. Während das Plebiszit organisiert wurde, marschierten aber schon deutsche Truppen nach Wien.

Die sudetendeutsche Frage und ihre Lösung

Im deutschen Sprachgebiet der Tschechoslowakei lebten 3,7 Mio. Deutsche, die schon seit langem Autonomierechte forderten. Hitlers Revisionspolitik erweckte bei ihnen neue Hoffnungen, und die Vorgänge im benachbarten Österreich verstärkten sie. Jetzt verlangten die Sudetendeutschen nicht mehr nur Autonomierechte, sondern sie wollten „heim ins Reich". Briten und Franzosen versuchten Berlin und Prag zu bewegen, zu einer friedlichen Konfliktlösung zu kommen. Die Sudetendeutschen erhöhten mit der moralischen und materiellen Unterstützung Deutschlands den Druck auf Prag. Auf deutsche Truppenkonzentrationen am 20. Mai 1938 reagierte die CSR mit der Mobilisierung ihrer Armee.

Am 30. Mai erging Hitlers Weisung an die Wehrmacht: *Es ist mein unabänderlicher Entschluss, die Tschechoslowakei in absehbarer Zeit zu zerschlagen.*

In London und Paris war man für einen neuerlichen Krieg nicht gerüstet. Englands Premierminister, der 70-jährige Neville Chamberlain reiste mehrmals zu Hitler und versuchte, ihn auf die Linie seiner **Appeasement-Politik** zu bekommen. Er versprach, sich für die Abtretung des Sudetenlandes an Deutschland einzusetzen. Prag lehnte ab. Am 26. September sprach Hitler im Berliner Sportpalast, erneuerte seinen Anspruch und beteuerte, dass das Sudetenland seine „letzte territoriale Forderung" sei. Zugleich erging das Ultimatum an Prag, das Sudetenland bis zum 1. Oktober abzutreten, um den Krieg zu vermeiden.

---

* Vertragswerk zur Bekämpfung der Kommunistischen Internationale, daher auch Antikomintern-Pakt.

Die britische Regierung bat Mussolini um Vermittlung. Am 29. September fand die **Münchner Konferenz** statt. Beteiligt waren England, Frankreich, Italien und Deutschland, nicht die Tschechoslowakei, und auch nicht die Sowjetunion. Das Ergebnis: Der Wunsch der Sudetendeutschen wurde nun erfüllt. Mit dem Münchner Abkommen hatte die CSR einen Landverlust von 28.700 km² mit einer Bevölkerung von 3,7 Mio. Menschen zu verzeichnen. Deutschland hingegen hatte in einem halben Jahr mit 7,5 Mio. Österreichern und den 3,7 Mio. Sudetendeutschen mehr als zehn Millionen Menschen dazu gewonnen.

Der Griff nach Prag

Trotz dieses Abkommens war klar, was Hitler wollte: Der tschechische Staat sollte von der Karte verschwinden. Dazu bot sich insofern Gelegenheit, als seit Oktober auch die Slowakei autonom war, und ihre Regierung, von Deutschland bestärkt, sich vom Gesamtstaat löste.

In der Nacht auf den 16. März 1939 fand jene erpresserische Unterredung zwischen Hitler und dem tschechischen Staatspräsidenten Hacha statt, in welcher der Diktator damit drohte, Prag zu bombardieren, wenn die CSR weiter auf Autonomie beharre. Hacha legte daraufhin das Schicksal des tschechischen Volkes in die Hände des Führers.

Am nächsten Morgen schon marschierten die Deutschen in Prag ein. Chamberlain sah seine Appeasement-Politik als gescheitert an und hielt eine militärische Auseinandersetzung für unumgänglich. Nun gaben Großbritannien und Frankreich an die von den Achsenmächten potentiell bedrohten Staaten Polen, Griechenland, Rumänien und Türkei Garantieerklärungen ab.

Hitler hatte jetzt den Bogen seiner „Heimholungspolitik" weit überspannt. Der Außenpolitik des Dritten Reiches war mit dem Bruch des Münchner Abkommens die Vertrauensbasis entzogen.

Ausbruch und Verlauf des Krieges

Noch vor der britisch-französischen Garantieerklärung an Polen vom 31. März 1939 forderte Hitler von der Warschauer Regierung Danzig und einen exterritorialen Zugang nach Ostpreußen. Er kündigte das Flottenabkommen mit England sowie den deutsch-polnischen Nichtangriffspakt. Am 22. Mai schloss Italien den **Stahlpakt**, das Militärbündnis der Achse Berlin-Rom.

Presse und Rundfunk in Deutschland brachten täglich Meldungen über einen sich steigernden Terror gegen Volksdeutsche in Polen. Das gegenseitige Verhältnis hatte sich zusehends verschlechtert. Vor 1939 hatten schon eine Million Deutsche das Land verlassen. Jetzt explodierte der Hass. Ausschreitungen steigerten sich zu Blutvergießen. Damit wurde Hitler in seinen Kriegsrechtfertigungsgründen gestärkt. Doch ging es ihm nicht um den Schutz von Volksdeutschen. Seinen wahren Kriegsgrund bekannte er vor Offizieren im Mai 1939: Danzig ist nicht das Objekt. Es handelt sich um die Erweiterung des Lebensraumes im Osten und Sicherstellung der Ernährung.

Die Räder der Diplomatie liefen in diesem Sommer auf Hochtouren. Immer noch gab es Hoffnungen, den Krieg zu vermeiden. Am 23. August wurde die Weltöffentlichkeit von Meldungen aus Moskau und Berlin überrascht. Die Sowjetunion und Deutschland hatten einen Nichtangriffspakt abgeschlossen, die ideologischen Feinde KPdSU und NSDAP sich als Kriegsverbündete die Hände gereicht.

Der **Hitler-Stalin-Pakt** enthielt das so genannte **Geheime Zusatzprotokoll**, in dem eine deutsch-russische Teilung Polens und Interessensphären der beiden Mächte in Osteuropa festgelegt wurden. Dafür bekam Hitler Rückenfreiheit für seinen Krieg.

Das war auf beiden Seiten ein doppeltes Spiel. Stalin brauchte Zeit, bis er sich militärisch mit dem alten ideologischen Feind anlegen konnte. Inzwischen sollten sich die kapitalistisch-imperialistischen Mächte bis zur Erschöpfung bekämpfen. Zudem bekam er die Gelegenheit des Vorstoßes nach Westen. Hitler brauchte Ruhe im Osten, um die westlichen Demokratien schnell zu besiegen. Dann konnte der Vernichtungskrieg gegen den Marxismus und die Eroberungen weiten Lebensraumes beginnen.

Am **1. September 1939** eröffnete Deutschland mit seinem Angriff auf Polen den **Zweiten Weltkrieg**. Am 17. September marschierte die Rote Armee in Polen ein. Die Deutschen annektierten den ganzen polnischen Siedlungsraum. Viele Polen wurden Opfer des Rassekriegs mit Ausrottung und Zwangsdeportationen als Arbeitssklaven. Die östlichen Gebiete der Ukrainer und Weißruthenen mit ihren 13,5 Mio. Einwohnern kamen zur Sowjetunion. Über eine Million von ihnen wurde 1940/41 nach Sibirien und Zentralasien verschleppt.

Anfang April 1940 besetzten deutsche Truppen die neutralen Länder **Dänemark** und **Norwegen** zur Sicherung der Erzlieferungen aus Schweden.

Am 10. Mai begann der **Krieg im Westen**. Auch dieser Feldzug wurde zum „Blitzkrieg". Nach sechs Wochen waren Frankreich, Luxemburg, Holland und Belgien besiegt. Doch dem englischen Korps war es gelungen, von Dünkirchen aus die rettende Insel zu erreichen und die Verteidigung fortzuführen. Eine Invasion scheute Hitler. Um des verbliebenen Feindes Widerstandskraft zu brechen, wollte er die Lufthoheit über England erringen. Die **Luftschlacht um England** blieb aber erfolglos und wurde eingestellt.

Das bis dato inaktive Italien griff das unter britischer Herrschaft stehende Ägypten an und führte Kriege gegen Albanien und Griechenland. Die glücklosen italienischen Aktivitäten auf dem Balkan ließen jedoch Hitler befürchten, Jugoslawien könnte sich den Gegnern anschließen. Er kam dem zuvor, indem er zur Unterstützung der Italiener **Jugoslawien** und **Griechenland** angriff. Bis April 1941 eroberten deutsche Truppen die Balkanhalbinsel. Rumänien und Bulgarien verbanden sich mit Deutschland.

Auch in **Nordafrika** griffen die Deutschen zugunsten Italiens ein. Das Afrika-Korps drang über die ägyptische Grenze vor, den Suezkanal, Englands Verbindung nach Indien, im Visier. Die italienischen Abenteuer hatten Deutschlands Krieg nach Südosten abgelenkt.

Am **22. Juni 1941** fiel die **deutsche Wehrmacht in die Sowjetunion** ein, zur völligen Überraschung Stalins, der seinen mit Deutschland vereinbarten Wirtschaftsvertrag stets erfüllt hatte. Der von Blitzsiegen verwöhnte Hitler glaubte, auch hier wieder leichtes Spiel zu haben. In großen Kesselschlachten und mit der Überlegenheit ihrer Panzerkräfte brachte die Wehrmacht den Gegner ins Wanken. Hitler selbst führte strategisch diesen Krieg. Der vielen Risiken war er sich nicht bewusst, wie die der maßlosen Überdehnung der Fronten und Nachschubwege. Auch wandte sich die russische Bevölkerung gegen die Aggressoren, als die Einsatzgruppen von SD (Sicherheitsdienst), SS und Wehrmacht begannen, den **Ausrottungskrieg** in die Tat umzusetzen. Eine hinter den deutschen Linien operierende Partisanenbewegung wuchs zu einer schweren Bedrohung heran.

Nach riesigen Raumgewinnen standen die deutschen Armeen vor Leningrad und Moskau. Da setzte schon Mitte Oktober der harte russische Winter ein und traf eine völlig unvorbereitete Wehrmacht in der Tiefe Russlands, festgehalten von der Natur, und einem Feind gegenüber, der das für sich zu nutzen verstand. Die Deutschen waren zwar mit Waffen gut versorgt, aber mit warmer Uniformierung nur unzulänglich ausgerüstet. Die belagerten Leningrader hielten stand. Moskau eröffnete eine Gegenoffensive. Stalin erhielt inzwischen Hilfslieferungen von Waffen und Munition aus den USA. Dort gab es ein **Leih- und Pachtgesetz** für die Anti-Hitler-Koalition. (Vgl. Lektion 7.1)

Nach Ausbruch des Krieges zwischen Japan und den USA erklärte Deutschland den **Vereinigten Staaten** den Krieg (Dezember 1941). Diesen Feind bekam es bald zu spüren, an den Fronten und im Reichsgebiet. Gemeinsam mit der Royal Air Force flogen die US-Bomberflotten verheerende

Angriffe auf deutsche Städte. Bald war das Reich eine Trümmerwüste. Im Sommer 1942 drangen die Deutschen bis zum Kaukasus vor. Ende August erreichte die 6. Armee mit rund 280.000 Mann die Wolga. Vor ihnen lag Stalingrad. Nazi-Deutschland stand im Zenit seiner Macht. Es beherrschte den Kontinent von Spaniens Grenze bis vor Leningrad und Moskau, von Narvik bis Nordafrika. Seine U-Boote verunsicherten die Weltmeere.

Zur Jahreswende 1942/43 ging die Initiative an die Gegner über. Während der zweiten Januarhälfte fand die **Casablanca-Konferenz** statt. Sie schrieb den verbindlichen Grundsatz fest: Für Deutschland keinen Waffenstillstand, nur bedingungslose Kapitulation.

Die bisher unbesiegte deutsche Wehrmacht hatte die Grenzen ihrer Siege erreicht. Die 6. Armee, im Besitz des größten Teils von **Stalingrad**, erlebte eine sowjetische Großoffensive. Ende November waren die Deutschen eingekesselt. Hitler verweigerte den Ausbruch, ließ aber auch Kapitulation nicht zu. Am 2. Februar 1943 streckte der Rest der 6. Armee die Waffen. 147.000 Mann waren gefallen, 90.000 gingen in eine lange, qualvolle Gefangenschaft. Mit Stalingrad war die entscheidende Wende des Krieges eingetreten.

Nach der Landung der Alliierten in Marokko im November 1942 führte das deutsche Afrika-Korps einen Zweifrontenkrieg. Der gescheiterte Durchbruchsversuch bei El Alamein brachte im Mai 1943 dort das Ende. Im Juli landeten Briten und Amerikaner auf Sizilien. Der italienische König kapitulierte. Im September betraten die Alliierten in Kalabrien und am Golf von Salerno den Kontinent. Mitte 1943 verlor auch der U-Boot-Krieg seine Wirkung. Dank überlegener Technik auf der Gegenseite und der Entschlüsselung des deutschen Navigationssystems wurden die deutschen U-Boote reihenweise versenkt. Von den 39.000 Mann Besatzung kehrten 27.000 nicht mehr zurück. Der englische Luftmarschall Arthur Harris („Bomber Harris") führte einen unmenschlichen Bombenkrieg gegen die Zivilbevölkerung. Das zur Luftabwehr unfähige Land lag ungeschützt unter den Bombenteppichen der Tausenden von „fliegenden Festungen".

Im Januar 1944 überschritt die Rote Armee die polnisch-russische Vorkriegsgrenze. Am 1. Juni begannen verstärkt amerikanisch-britische Bombardierungen von Verkehrszielen und Küstenanlagen in Belgien und Nordfrankreich. Der **6. Juni** brachte das erwartete **Landungsunternehmen** „Overlord" an der **Normandieküste** (D-Day). Deutsche Gegenangriffe scheiterten.

Die russische Sommeroffensive begann am 22. Juni gegen die Heeresgruppe Mitte. Der Zusammenbruch der deutschen Front war vollständig. Nach vier Wochen hatte die Wehrmacht allein hier 350.000 Mann verloren. 160.000 davon waren in sowjetische Gefangenschaft geraten.

Während im Westen die Verbündeten auf Paris marschierten, an der Südfront Rom in ihre Hände fiel und sie gegen die Alpen vorrückten, hatten deutsche Offiziere sich entschlossen, mit der gewaltsamen Beseitigung des Diktators dem Krieg ein schnelles Ende zu bereiten. Attentatspläne und Vorbereitungen dazu gab es seit der Sudetenkrise von 1938. Sie waren immer wieder gescheitert. Am **20. Juli** führte Oberst Graf Stauffenberg in Hitlers Hauptquartier das **Attentat** aus. Das Scheitern des Staatsstreichs forderte nicht nur die Opfer 200 Beteiligter. Vielmehr kosteten die noch kommenden neun Monate des Krieges mehr Menschenleben als die fünf vorangegangenen Jahre.

Von Ost und West vorrückend, war das gesamte Reichsgebiet in der Hand der Sieger. In Torgau an der Elbe trafen die vorrückenden Amerikaner auf ihre russischen Verbündeten. Am 25. April kam die Einschließung der Reichshauptstadt zum Abschluss.

Der Führer und Reichskanzler des Deutschen Reiches und Oberbefehlshaber der Wehrmacht starb durch Selbsttötung am Nachmittag des 30. April. Am 2. Mai kapitulierten die Verteidiger von Berlin, am 8. und 9. Mai vollzog die Wehrmachtsführung die **Gesamtkapitulation**.

2.7 Holocaust – Die unauslöschliche Schande

Judenhass als Parteiprogramm

Der **Antisemitismus** in Deutschland war keine Erfindung Hitlers und seiner NSDAP. Aus religiösen Motiven gab es ihn hier schon lange. In den christlichen Kirchen hatte er einen missionarischen Hintergrund, und Verfolgung endete mit Bekehrung. Anders der rassisch begründete Judenhass des ausgehenden 19. Jahrhunderts, wie er in Wien eine Rolle spielte. Hier lernte Hitler den Antisemitismus kennen und hing ihm bis in die letzte Stunde seines Lebens an.

1919 kam Hitler nach München und fand Anschluss an die **Thule-Gesellschaft**, eine „nordische" Gemeinschaft, in der Germanenkult sich mit antisemitischer Agitation verband. Die Mitglieder versammelten sich unter dem Zeichen des Hakenkreuzes. Ihr Feindbild war „der Jude". Hitlers Frühzeit bildete den „systematischen Antisemitismus" bei ihm aus, der den „gefühlsmäßigen hinsichtlich der Härte und Konsequenz weit übersteige", wie er sich in einem Brief äußerte. Darin nannte er als Ziel des systematischen Antisemitismus die „Entfernung der Juden überhaupt".
Judenhass war der Kitt, der das ganze Herrschaftsgebäude des Nazismus zusammenhielt. Alle Energie, die sich in dieser „Bewegung" sammelte, diente der Judenvernichtung. Schon in der von ihnen als „Kampfzeit" bezeichneten Epoche der Partei vor 1933 musste jeder angesichts ihrer extremen Judenfeindschaft überzeugt sein, dass das Ziel des Nationalsozialismus die physische Vernichtung der Juden sei.

Judenverfolgung durch den Staat

Nach dem 30. Januar 1933 wurde dieses Ziel Aufgabe des Staates. Die antijüdischen Maßnahmen im NS-Staat durchliefen mehrere Phasen, die sich in ihrer Härte steigerten. Die erste ging bis zum Herbst 1935. Sensationslust veranlasste manchen, an dem zum **Boykott-Tag** ausgerufenen 1. April 1933 dabeizustehen, als die SA Schaufenster jüdischer Warenhäuser einwarf, ungehindert jüdische Geschäfte mit Hassparolen beschmierte und Kunden am Betreten hinderte. Sie brüllte in die Menge: *Deutscher wehr dich / mach dich frei / von der Judentyrannei!*
Das war der Auftakt für die nächsten Maßnahmen: Juden wurden aus Beamtenpositionen und freien Berufen verdrängt, der gemeinsame Unterricht von nichtjüdischen mit jüdischen Kindern untersagt. An den Universitäten bekamen Juden keine Studienplätze mehr. Der bisher gut gelittene, freundliche Nachbar starb den bürgerlichen Tod. Man ging ihm aus dem Weg; und auch den Kindern war verboten, mit den „Judenkindern" zu spielen.

Die Nürnberger Gesetze

Die gesteigerte Ausgrenzung der Juden aus der Gemeinschaft begann mit den **Nürnberger Gesetzen** vom September 1935. Es war eine Sammlung von Vorschriften, die – ausgehend von der Aberkennung ihrer deutschen Staatsangehörigkeit – die Juden Deutschlands durch rigorose Verbote in eine Zone des Geächtetseins stieß.
Das Blutschutzgesetz verbot Eheschließungen mit „Staatsangehörigen deutschen oder artverwandten Blutes". Außereheliche Beziehungen waren als „Rassenschande" mit schwersten Strafen, sogar der Todesstrafe, bedroht. Die Ächtung reichte bis in die alltäglichen Angelegenheiten. Dem deutschen Vornamen musste ein alttestamentlicher vorangestellt werden.
Reisepässe und Ausweise wiesen, mit einem großen „J" gekennzeichnet, seinen Inhaber als Juden aus. Das Betreten von Parkanlagen und Gaststätten war Juden ebenso verboten wie Hunde und Kat-

zen zu halten oder Kino- und Theaterbesuche zu unternehmen. Sie wurden wie Aussätzige behandelt. Aus allem Leben, das sie einmal umgab, waren sie ausgeschlossen worden.

Nach Erlass dieser Gesetze suchten 8.000 deutsche Juden den Freitod, 75.000 emigrierten. Draußen erwartete sie zwar oft ein sehr notvolles, dafür aber ein von Angst und Erniedrigungen freies Leben.

Eine noch relative Duldung in der Wirtschaft verdankten die deutschen Juden ihren internationalen Beziehungen, auf die der Außenhandel des zum Krieg rüstenden Reiches nicht verzichten wollte.

Die Reichskristallnacht

Die Lage verschärfte sich mit dem Pogrom vom **9./10. November 1938**. Ein junger Jude hatte in Paris einen deutschen Botschaftsangehörigen ermordet. Daraufhin inszenierte Goebbels den „spontanen Aufstand des empörten Volkes zur Abrechnung mit den Juden". In der Nacht des 9. November wurden die Synagogen in Brand gesteckt, jüdische Geschäfte, Häuser und Wohnungen barbarisch heimgesucht und Juden misshandelt. Nach den ersten Berichten des Sicherheitsdienstes der SS standen mehr als 250 jüdische Gotteshäuser in Flammen, die meisten davon waren total zerstört worden. Die Zahl der Inhaftierten lag bei 20.000. Mindestens 40 Juden fanden den Tod. Die Sachschäden beliefen sich auf mehrere Millionen Reichsmark. Alle angerichteten Verwüstungen mussten die Heimgesuchten selbst beheben; außerdem hatten sie über eine Milliarde Reichsmark Bußgeld zu zahlen. Die Versicherungsleistungen kassierte der Staat. Auf diese – zynisch **Reichskristallnacht** genannte – Aktion folgte eine Reihe weiterer zerstörerischer Maßnahmen. Das ging von der **Arisierung**, der unter Zwang erfolgten Eigentumsübertragung an „Arier", bis zur Deportation.

Zu diesem Zeitpunkt lebten in Deutschland von den ursprünglich 500.000 Juden noch 375.000. Nur einem Viertel war die Auswanderung geglückt. Die anderen hatten keinen Beruf mehr und vegetierten als Zwangsarbeiter dahin. Was Hitler ihnen für ein Schicksal zugedacht hatte, prophezeite er in seiner Reichstagsrede vom 30. Januar 1939: die Vernichtung der jüdischen Rasse in Europa.

Judenverfolgung in Europa – der Weg in die Gaskammern

Zwei Monate später dehnte sich die Verfolgung auch auf die annektierte Tschechoslowakei aus. Und bei Kriegsausbruch wurden die Juden Polens zum Freiwild. Nach dem Ende des Feldzuges wurden dort **Ghettos** errichtet, auch für Juden aus Österreich und der Tschechoslowakei. Noch viele europäische Juden sollten ihnen folgen. Das größte Ghetto, hermetisch verriegelt und überfüllt, entstand in Warschau.

Abb. 2.4
Massengrab im Konzentrationslager Bergen-Belsen

Der Krieg gegen die Sowjetunion heizte den Willen der Nazis weiter an, die „Untermenschen" zu vernichten. In Polen trugen die Juden seit 1940 den gelben **Judenstern**. Später wurde er auch im Reich eingeführt.

Die Einsatzgruppen des SD begannen mit der systematischen Ausrottung. Im Herbst 1941 kamen die ersten Deportationszüge aus Deutschland in den Lagern des Ostens an. Zugleich starteten im Lager **Auschwitz** Vergasungsversuche, unterstützt von der deutschen Industrie, die die dafür notwendigen Mittel (Zyklon B) und Methoden (Gasduschen) bereitstellte und erprobte.

Am 20. Januar 1942 legte die **Wannseekonferenz** das zur **Endlösung** notwendig erscheinende bürokratische Fundament mit Verwaltungsvorschriften und Zuständigkeiten. Unter Vorsitz von Reinhard Heydrich kamen die Spitzenvertreter von Partei und Staat vor allem darin überein, dass die Endlösung von den Todesfabriken Auschwitz, Chelmno, Belzec, Sobibor, Treblinka und Maidanek zu besorgen sei. In den Gaskammern dieser Lager starben bis zum Januar 1945 über **sechs Millionen** Menschen, in Viehwagen über Tausende von Kilometern aus ganz Europa unter den qualvollsten Bedingungen dorthin gebracht. Der Judenmord und seine Vorgeschichte bleibt die untilgbare Schande der deutschen Geschichte. (Vgl. Lektion 6.2)

- ◆ Die Republik muss sich gegen **linken und rechten Radikalismus** wehren, es kommt zu **bolschewistischen Umsturzversuchen** in Berlin, Bayern und Sachsen.
- ◆ In der **Weimarer Nationalversammlung** fallen folgende Parteien auf: **DNVP, DVP, Zentrum, SPD, KPD.**
- ◆ **Bedrohung** der **Demokratie** von **rechts**: **Kapp-Putsch** (1920), **Hitler-Putsch** (1923).
- ◆ Die **positive Entwicklung** nach 1925/26 führt zum **Wirtschaftsaufschwung**. **Stresemanns Außenpolitik** lässt Deutschlands internationales Ansehen wachsen. (Locarno-Vertrag, Aufnahme in den Völkerbund).
- ◆ **Paul von Hindenburg** wird nach dem **Tod Friedrich Eberts Reichspräsident**
- ◆ Die **wirtschaftliche Talfahrt** mit dem **Schwarzen Freitag** in New York zieht eine Lawine der **Arbeitslosigkeit** auch in **Deutschland** nach sich.
- ◆ Während der **Präsidialkabinette** unter **Brüning, von Papen** und **von Schleicher** steigt die **NSDAP** auf bis zur **Machtergreifung Hitlers** am 30.01.1933.
- ◆ **Hitlers Alleinherrschaft** basiert auf mehreren Fundamenten: **Massenbegeisterung, Terror, Notverordnung zum Schutz des deutschen Volkes, Reichstagsbrand, Ermächtigungsgesetz, Gleichschaltungsgesetze, Vereinigung des Amtes** von **Präsident** und **Kanzler**.
- ◆ Die deutsche **Außenpolitik** steht im **Dienst der Kriegsvorbereitung**: **Lösung** aus **internationalen Bindungen** und **Verträgen**, Revision des Versailler Vertrages, Rheinlandbesetzung, Aufrüstung, friedliche Eroberung von Land (Heimholungspolitik), **Annexion der CSR, Freundschaftsvertrag** mit der **UdSSR**.
- ◆ Der **Zweite Weltkrieg** soll vor allem zwei **Kriegszielen** dienen, der **Ausrottung** minderwertiger Rassen und der **Eroberung** von Land für das eigene Volk.
- ◆ **Verlauf des Krieges: Blitzkriege – Einfall in die Sowjetunion,** Siegeszug bis vor Leningrad und Moskau sowie nach Stalingrad – Deutschland erklärt den **USA** den **Krieg – Landung der Westalliierten in Italien – Briten** stoppen deutschen **U-Boot-Krieg –**

Luftkrieg über Deutschland – **Landeunternehmen** der **Briten** und **Amerikaner** in Frankreich – **Russische Sommeroffensive** – **Tod Hitlers** und **bedingungslose Kapitulation**.

◆ Der **Judenhass** dient als **Grundlage** des **Nazismus**. Die Stationen der sich steigernden **Judenverfolgung** sind **Boykotte**, öffentliche **Diffamierungen**, gesellschaftliche **Ausgrenzung** gipfelnd in den **Nürnberger Gesetzen** (1935) und der **Reichskristallnacht** (1938).

◆ In der **Wannseekonferenz** wird die **planmäßige Vernichtung der jüdischen Rasse** in Europa festgelegt.

Aufgaben zur Lernkontrolle

In seinem Buch „Gustav Stresemann. Weimar's Greatest Statesman", Oxford 2002, stellt Jonathan Wright folgende Thesen auf:

1. Er war ein Mann der politischen Mitte, darin blieb er sich von seinen Anfängen an treu. Und er bejahte die parlamentarische Regierungsweise, zunächst in der konstitutionellen Monarchie, dann in der Republik.

2. Schritt für Schritt entwickelte er sich zum Verteidiger der Weimarer Verfassung, so dass er in seinen letzten Lebensjahren in Deutschland und im Ausland als der führende Repräsentant der Weimarer Demokratie galt.

3. Über den Zusammenhang von Innen- und Außenpolitik heißt es: Die Außenpolitik war für ihn nicht nur Instrument zur Wiederherstellung einer deutschen Machtstellung, sondern sie bezweckte auch die innere Konsolidierung der Republik. Weil er einen nationalen Konsens und die Unterstützung unterschiedlicher Koalitionspartner für seine Politik zu erreichen versuchte, um sie gegenüber dem Ausland effektiver vertreten zu können und nach innen die Republik zu stabilisieren, musste er mit einer gewissen Flexibilität operieren.

1. *Welche parteipolitischen Kräfte unterstützten Stresemanns Politik?*

2. *Nennen Sie Vorgänge und Persönlichkeiten, die die unter 2. ausgesprochene Meinung damals bestätigten.*

3. *Inwiefern stabilisierte Stresemanns erfolgreiche Außenpolitik die Republik im Innern?*

4. *Stresemann wollte die Wiederherstellung der deutschen Macht. Das wollte Hitler auch. Unterschiedlich waren die Wege und die Ergebnisse.*
   Nehmen Sie folgende Ereignisse zur Verdeutlichung des Zusammenhanges:
   Stresemann: September 1926 Genf – Hitler: September 1938 München.

3. Das geteilte Deutschland

Ost- und Westdeutschland: zwei verfeindete Staaten im Herzen Europas, tickende Zeitbomben, deren Explosion den Dritten Weltkrieg ausgelöst hätte. Es standen sich gegenüber: in der DDR 140.000 deutsche Soldaten und 390.000 der Roten Armee, in der Bundesrepublik 490.000 deutsche Soldaten und 380.000 westalliierte.
Welche Wege gingen die Deutschen in Ost und West in der Zeit von Trennung und feindlicher Konfrontation?

1945	*Konferenz von Jalta (04.–11.02.); Bedingungslose Kapitulation Deutschlands (08.05.); Potsdamer Konferenz (17.07.–02.08.); Beginn des Nürnberger Prozesses (20.11.)*
1946	*Rede von US-Außenminister Byrnes in Stuttgart (06.09.)*
1947	*Vereinigung der Britischen Zone und US-Zone zur Bizone (01.01.)*
1948	*Marshall-Plan (05.04.); Währungsreform und Beginn der Berliner Blockade (19.–23.06.); Überreichung der Frankfurter Dokumente (01.07.) Aufnahme der Arbeit des Parlamentarischen Rates (01.09.)*
1949	*Verabschiedung des Grundgesetzes (08.05.); Verkündung des Grundgesetzes (23.05); Verabschiedung der Verfassung der DDR (30.05.); Wahlen zum 1. Deutschen Bundestag (14.08.); Gründung der DDR (07.10.); Wahl der ersten DDR-Regierung (11.10.)*
1953	*Volksaufstand in der DDR (17.06.)*
1955	*Beitritt der BRD zur NATO (06.05.), Beitritt der DDR zum Warschauer Pakt (14.05.)*
1957	*Hallstein-Doktrin als Grundlage der Außenpolitik der Bundesrepublik (29.09.)*
1959	*Godesberger Programm der SPD (15.11.)*
1961	*Mauerbau der DDR (13.08.)*
1963	*Rücktritt Adenauers, Nachfolger als Kanzler: Ludwig Erhard (15.10.)*
1966	*Wirtschaftskrise der Bundesrepublik, 60.000 Arbeitslose, Rücktritt Erhards; Bildung einer Großen Koalition: Kiesinger (CDU)/Brandt (SPD) (01.12.)*
1968	*Bildung der Außerparlamentarischen Opposition (APO)*
1969	*Ende der Großen Koalition CDU/CSU/SPD, Regierung der sozialliberalen Koalition unter Kanzler Brandt (SPD) (21.10.)*
1970	*Moskauer Vertrag (12.08.), Warschauer Vertrag (07.12.); Gründung der RAF (Mai)*
1971	*Ablösung Ulbrichts durch Honecker in der DDR (03.05.)*
1972	*Grundlagenvertrag zwischen der Bundesrepublik und der DDR (21.12.)*
1973	*Aufnahme der Bundesrepublik und der DDR in die UNO (18.09.)*
1974	*Rücktritt Bundeskanzler Brandts wegen der „Guillaume-Affäre", Regierungsübernahme durch Helmut Schmidt (07.05.)*
1977	*Höhepunkt des RAF-Terrorismus („Deutscher Herbst")*
1982	*Beginn der Regierung Kohl (01.10.)*
1989	*Leipziger Montagsdemonstrationen, Massenfluchtbewegung und Maueröffnung (09.11.) Ende der Ära Honecker (13.11.)*
1990	*Erste freie Wahlen in der DDR mit Sieg der CDU (18.03.) Volkskammerbeschluss: DDR tritt der Bundesrepublik bei (23.08.)*
1990	*Deutsche Wiedervereinigung in Frieden und Freiheit (03.10.)*

3.1 Deutschland – zerstört, amputiert, geteilt

Nach Deutschlands Kapitulation verwirklichten die Siegermächte auf der **Potsdamer Konferenz** die Beschlüsse von Jalta, die die Teilung des Landes und eine neue Westgrenze Polens vorsahen. Die östlich davon lebenden Deutschen wurden vertrieben, ebenso wie die Sudetendeutschen aus der Tschechoslowakei. Das Land war in vier Zonen aufgeteilt, es gab eine **sowjetische**, **amerikanische**, **britische** und **französische Besatzungszone**. Das von der Roten Armee eroberte Berlin hielt die Sowjetunion allein besetzt. Da die Westmächte dort ebenfalls Besatzungsrechte forderten, überließen die Amerikaner Mecklenburg, Sachsen und Thüringen den Russen, die ihnen dafür je einen Sektor der Hauptstadt gaben. Aus den drei Sektoren wurde das spätere Westberlin.

So total wie der Krieg war die Niederlage der Deutschen: vier Millionen Gefallene, 1,5 Mio. Opfer von Bombenkrieg und Vertreibung, zwölf Millionen Kriegsgefangene, die Städte in Trümmern, und aus den verlorenen Ostgebieten kamen 9,7 Mio. Flüchtlinge.

Die Menschen lebten auf primitivstem Niveau, hausten in oft unheizbaren und überfüllten Wohnquartieren, Baracken und Kellerlöchern. Die Lebensmittelzuteilung lag unter dem Existenzminimum. 1946 verzeichnete Hamburg über 10.000 Fälle von Hungerödemen. Per Zufall bekam man Strom, Gas und Wasser. Es gab keinen intakten Schienen- und Straßenverkehr. Die alte Reichsmark bewies täglich ihre völlige Wertlosigkeit. Auf **Schwarzmärkten** galt als Preismaßstab die Stange Zigaretten. Industrieeinrichtungen, die den Bombenkrieg überlebt hatten, wurden von den Besatzern demontiert und mitgenommen. Ob die deutsche Wirtschaft je wieder eine Zukunft haben würde, stand in den Sternen.

3.2 Besatzungsherrschaft in den vier Zonen

Unterschiedliche politische und wirtschaftliche Entwicklungen

Deutsche Exilkommunisten errichteten im Osten ein **Sowjet-Regime** und nahmen sofort Einfluss auf die Gründungen von Parteien. Als erste entstand die Kommunistische Partei (KPD) wieder, danach die SPD. Im April 1946 wurden beide Parteien unter starkem Zwang zur marxistisch-leninistischen **Sozialistischen Einheitspartei Deutschlands** (SED) vereinigt. Widerstrebende Genossen der SPD wurden entfernt. Eine Christlich Demokratische Union (CDU) fand ebenso Anhänger wie die Liberalen Demokraten (LDPD). Zusammen bildeten die Parteien die „antifaschistische Einheitsfront" und bauten kommunale Verwaltungen und Landesregierungen auf. Bei der Ämterbesetzung schob man bürgerliche Politiker und parteilose Fachleute vor. Schlüsselpositionen im zweiten Glied erhielten immer KP-Funktionäre. Damit hatten die Sowjets einen auf allen Ebenen ihnen hörigen Verwaltungsapparat für das angestrebte kommunistische Gesamtdeutschland.

Die neue Gesellschaft unter der **„Diktatur des Proletariats"** wollte aus deutschen Bürgern klassenbewusste Arbeiter und Bauern machen. Das war Aufgabe der Einheitsgewerkschaft FDGB (Freier Deutscher Gewerkschaftsbund). Ein ländlich-proletarisches Milieu schufen die Kommunisten mit der **Bodenreform**. Unter der Parole „Junkerland in Bauernhand" bekamen Landarbeiter aus enteignetem Großgrundbesitz Bauernstellen zugeteilt. Wieder anlaufende Industriebetriebe gingen in Volkseigentum über. Sie gehörten Ländern, Kreisen und Gemeinden, bis sie im Juni 1946 als Aktiengesellschaften Eigentum der UdSSR wurden.

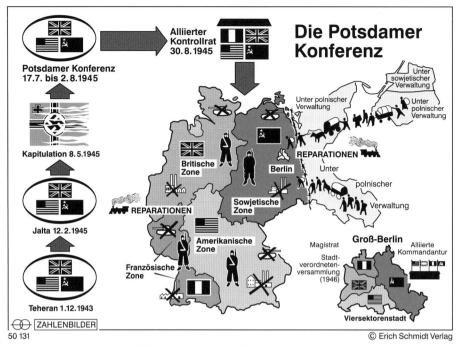

Abb. 3.1 Besatzungsherrschaft in den vier Zonen

Die Proletarisierung ergriff alle Bereiche der Gesellschaft: von der sozialistischen Einheitsschule bis zu einer Justiz marxistisch-leninistischer Prägung. Am schädlichsten für die Ostzonen-Volkswirtschaft war, dass das Land zugunsten der UdSSR systematisch ausgeplündert wurde. Ganze Fabrikationskomplexe und Maschinenparks wurden samt ihrer Technik-Experten nach Russland verschleppt.

In der Militärregierung der US-Zone zeigten sich anfangs Tendenzen, wie sie 1944 auf der Quebec-Konferenz als **Morgenthau-Plan** bekannt geworden waren. Danach sollte Deutschland – stark verkleinert, zerstückelt, seiner Industrie und Infrastruktur beraubt – nur auf der primitivsten Stufe agrarischer Existenz fortbestehen dürfen. Nach dem Schock, den die Amerikaner beim Anblick der Leichenberge in den Konzentrationslagern erlebt hatten, konnte eine solche Behandlung Deutschlands manchem verständlich erscheinen.

Mit der Zeit aber stellte sich eine den Verhältnissen entsprechende Normalität ein. Bürgermeister und Landräte wurden ernannt, später auch Ministerpräsidenten. Deutsche Länder entstanden, denen aufgegeben war, die Versorgung der Bevölkerung zu organisieren. Der **Umerziehung** der Deutschen zu Demokraten widmeten sich die US-Offiziere mit besonderem Eifer. Die Kompetenzen der Länderregierungen blieben begrenzt. Auch im Westen traten alte und neue Parteien an die Öffentlichkeit.

Der britischen Administration eilte es nicht, deutsche Staatlichkeit wiederherzustellen. Die Länder entstanden hier relativ spät. Ein Hauptproblem für England war das trotz seiner immensen Zerstörungen noch immer hoch industrialisierte und bevölkerungsreiche Ruhrgebiet. Die Briten, wirtschaftlich selbst in Bedrängnis, halfen mit Lebensmitteln die Ernährung dort zu verbessern.

Frankreich, an einer dauerhaften Zähmung des unruhigen Nachbarn interessiert, wollte die traditionelle südwestdeutsche Kleinstaatlichkeit wieder beleben. In seiner Besatzungszone und zu den anderen Zonen durfte es keine Kontakte geben. Das Saarland wurde aus dem französischen Besatzungsgebiet aus- und Frankreich angegliedert. Alle politischen Aktivitäten der Franzosen an der Saar liefen auf Annexion hinaus.

Vergangenheitsbewältigung

In allen vier Zonen, besonders aber in der amerikanischen, wurden die Menschen von den Siegern veranlasst, sich mit dem Unheil und Verbrechen, das Deutschland der Welt angetan hatte, auseinander zu setzen. Die **Nürnberger Prozesse** konnten nicht stellvertretend die Millionen derer entlasten, die ihrem Führer jubelnd bis in den Untergang gefolgt waren. Die einfache These von der **Kollektivschuld** der Deutschen wurde der Notwendigkeit, millionenfache Individualschuld zu bewältigen, nicht gerecht. Die Besatzungsmächte wollten, dass jeder Deutsche für seinen Teil an der NS-Schuld Sühne leiste. Vor einem politischen und gesellschaftlichen Neubeginn musste die Reinigung vom Nazismus stehen.

Die Westalliierten hatten unter amerikanischer Anleitung ein Verfahren entwickelt, das sie „**Entnazifizierung**" nannten. Angehörige der NS-Partei, die mehr als nur nominelle Mitglieder waren, wurden aus allen öffentlichen Ämtern und Wirtschaftsunternehmen entfernt. Um die Jugend vom nazistischen Gift frei zu halten, unterlag das Erziehungswesen – Lehrer, Lehrpläne und Schulbücher – rigider Säuberungen. Von den 18.000 bayerischen Volksschullehrern verloren zum Beispiel 10.000 ihre Stellen.

Zwei wesentliche Faktoren führten das Ende der Entnazifizierung herbei: Erstens ließen die Deutschen, die jetzt politische Verantwortung trugen, erkennen, dass eine neue politische Schicht entstand; und zweitens verlief unter dem Schatten des Kalten Krieges diese Art der Aufarbeitung jüngster Geschichte von selbst im Sand.

3.3 Bundesrepublik Deutschland

Deutschlands Weg zu freier Selbstbestimmung

Die Westausdehnung der Sowjetmacht und der in Osteuropa von ihr beschrittene Weg, den Kontinent kommunistisch zu machen, beendete die geplante Deutschlandpolitik der vier Mächte. Da England und Frankreich von den USA wirtschaftlich abhängig und zu selbständigem Handeln in der Deutschlandfrage unfähig waren, mussten sie sich Amerika anschließen.

Als Wendepunkt der US-Deutschlandpolitik galt die im September 1946 gehaltene **Stuttgarter Rede** des US-Außenministers Byrnes. Es war das erste Mal, dass ein Staatsmann der Sieger sich an die Deutschen wandte. Er kündigte das Ende der Demontagen und den baldigen Zusammenschluss der US-Zone mit der Großbritanniens an. Vor allem aber sollten die Westdeutschen darauf vertrauen, vor den Sowjets geschützt zu sein; Amerika sei von der Notwendigkeit seiner Militärpräsenz in Europa überzeugt.

Im Februar 1947 kam der ehemalige US-Präsident Herbert Hoover nach Deutschland. In seinem Gutachten über die vorgefundene Wirtschaftslage betonte er, das Land sei ökonomisch so eng mit Europa verflochten, dass der Kontinent auf deutsche Wirtschaftskraft nicht verzichten könne. Das war die Initialzündung der **Marshallplanhilfe**, jener finanziellen Unterstützungsaktion, die nach

ihrem Schöpfer, dem neuen US-Außenminister Marshall, benannt worden war. Sie wurde für die Deutschen zum Motor wirtschaftlichen Aufstiegs – allerdings gegen den Protest der Sowjetunion, die ihrer Ostzone und den anderen Satelliten die Annahme der Hilfsgelder verbot.
Mit den Anfängen wirtschaftlicher Gesundung vollzog sich auch die politische, die für die Westdeutschen nur in einer parlamentarischen Demokratie liegen konnte.

Dass die gemeinsame Besatzungspolitik der vier Alliierten gescheitert war, zeigte sich spätestens im Jahr 1948. Mit dem Zusammenschluss von britischer und amerikanischer Zone zum **Vereinigten Wirtschaftsgebiet** war 1947/48 der erste Schritt zu einer staatlichen Teilorganisation getan. Die **Londoner Konferenz** ermächtigte 1948 die Ministerpräsidenten der deutschen Länder, eine verfassungsgebende Versammlung einzuberufen mit dem Ziel der Gründung eines demokratisch-föderalistischen Staates. Diese Versammlung nannte man **Parlamentarischer Rat**.

Vor der politischen Einheit aber musste die Wirtschaft saniert werden. Professor **Ludwig Erhard**, Direktor des Vereinigten Wirtschaftsgebietes, empfahl die **Freie und Soziale Marktwirtschaft**, die den selbstregulierenden Kräften zutraute, auf jede Form von Wirtschaftslenkung verzichten zu können. Freie Märkte aber brauchen wertbeständiges Geld. Einvernehmlich mit den Amerikanern bereitete Erhard eine **Währungsreform** vor. Die Deutschen – froh, von ihrer wertlosen Reichsmark loszukommen – erhofften sich von der Währungsumstellung im Juni 1948 eine Wendung zum Besseren. Doch meldeten sich auch skeptische Stimmen, als Näheres bekannt wurde. Die SPD sprach von „sozialer Kälte", womit sie der Wirklichkeit nahe kam, lag doch krasse Ungerechtigkeit darin, dass Besitzer von Produktions- und Sachgütern ungeschoren davonkamen, Schuldner 90% ihrer Verpflichtungen los waren, aber Kleinsparer de facto enteignet wurden.

Die UdSSR verbot in ihrer Besatzungszone und im Ostsektor Berlins die D-Mark und führte eine eigene DM-Ost ein. In den Westsektoren galten beide. Die Konkurrenz zweier Währungen in einer Stadt und die sichtbar werdende Kluft zwischen dem wirtschaftlich geförderten Westdeutschland und dem armen Osten vertiefte die Spaltung und häufte neues Konfliktpotential an.

Am 24. Juni 1948 sperrten die Sowjets die Zufahrtswege nach Berlin, um die Präsenz der Westalliierten dort unmöglich zu machen. Zwei Tage später begann die Versorgung Westberlins über eine **Luftbrücke**. Länger als ein Jahr trafen Lebensmittel, Industriegüter, Kohle und vieles andere im Gesamtgewicht von über zwei Millionen Tonnen ein, geleistet auf knapp 300.000 Flügen.

Fundamente des neuen Staates und die erste Bundestagswahl

Die Arbeit am **Grundgesetz** – wegen der bestehenden Teilung des Landes und der Hoffnung auf Wiedervereinigung nannte man es nicht Verfassung – schritt im Parlamentarischen Rat voran. Nachdem die Militärgouverneure ihm zugestimmt und die westdeutschen Länder es ratifiziert hatten, war am 23. Mai 1949 die Bundesrepublik Deutschland geboren.

15 Jahre politischer Ohnmacht hatten die ehemaligen Repräsentanten der Weimarer Republik hinter sich, als sie die Verfassung des neuen Staates erarbeiteten. Aus den Fehlern von Weimar klüger geworden, konnten sie nicht einfach dort weitermachen, wo 1933 Schluss war. Die Schwächen der Verfassung von 1919 waren schon im Wahlrecht vermieden worden. Am Wahltag kam die Bewährungsprobe. Es war im Vorfeld heftig umstritten gewesen, ob das Verhältnis- oder das Mehrheitswahlrecht angewendet würde. Man hatte sich schließlich auf ein **Wahlrecht** geeinigt, das eine Mischung von beidem war.

Eine wesentliche Neuerung, die später die fruchtbare Arbeit der Parlamente förderte, war die von den Militärgouverneuren angeregte **Fünfprozentklausel**. Zukünftig sollte nur den Parteien eine Chance parlamentarischer Mitwirkung gegeben werden, die über 5% der Stimmen auf sich vereinigen konnten. Für die kommende Bundestagswahl galt das allerdings noch nicht; sie wurde erst 1972 ins Wahlgesetz aufgenommen.

Problematisch war in den Sommermonaten von 1949 auch die **Hauptstadtfrage**. Wo sollte der Bundestag seiner parlamentarischen Arbeit nachgehen? Die von vielen Bürgern favorisierte Stadt, für deren Wahl sich der SPD-Vorsitzende Kurt Schumacher und seine Partei einsetzten, war Frankfurt, Sitz des Wirtschaftsrates der Vereinigten Westzonen, der neu gegründeten Bank deutscher Länder und der Kreditanstalt für Wiederaufbau. Als Gegenkandidat trat Bonn auf. Von dort wollte Konrad Adenauer regieren. Er setzte sich in dieser Frage durch.

Die Parteien

Die in Westdeutschland von den Militärregierungen zugelassenen Parteien hatten sich in Kommunen und Ländern bereits so profiliert, dass die Bürger bei der Wahl des ersten Deutschen Bundestages wussten, wen sie wählten. Eine Neuheit war die **Christlich Demokratische Union** (CDU). In der Bezeichnung „Union" drückte sich das neue Selbstverständnis einer modernen christlichen Partei aus. Gegenüber dem Zentrum aus der Weimarer Zeit war sie nicht mehr Speerspitze des politischen Katholizismus. Sie erschien jetzt als christliche Sammlungsbewegung, in der es keine konfessionellen Gegensätze mehr gab, als eine Union der Christen beider Kirchen. Die von ihr ausgehenden sozialen Impulse waren im Ahlener Programm niedergelegt, worin sie die Vergesellschaftung von Grundstoffindustrien und Arbeitnehmer-Mitbestimmung forderte. 1948/49 zeigte sich die CDU offen gegenüber der marktwirtschaftlichen Orientierung Ludwig Erhards. Eine bayerische Variante der Christdemokraten war die **Christlich Soziale Union** (CSU).

In Opposition zu CDU/CSU stand die ihren Traditionen treu gebliebene **SPD**. Hier galt noch immer das Heidelberger Programm von 1925. Links von ihr agierte die **KPD**; sie war allerdings wegen der von der KPdSU zu verantwortenden Politik in der Ostzone im Westen Deutschlands chancenlos. Außerhalb der SPD gab es keinen ernst zu nehmenden Sozialismus. In Politischen Leitsätzen hatte sich Kurt Schumacher für die sofortige Sozialisierung der Bodenschätze und Grundstoffindustrien eingesetzt. Bei der Arbeiterschaft genoss Schumacher hohes Ansehen, weil er, so wie er die räuberische Ausbeutung der Ostzone durch die Russen anprangerte, auch französische und englische Demontagen im Westen bekämpfte.

Dritte politische Kraft waren die **Freien Demokraten** (FDP). Aus einer liberalen Zonenpartei Württembergs hervorgegangen, erschienen sie in der Bundespolitik als Zusammenschluss der liberalen Demokraten der westlichen Zonen. Die FDP unterschied sich von anderen Parteien dadurch, dass sie weder konfessionell noch weltanschaulich oder regional fixiert war. Sie bot deutlich das Bild einer Partei von Individualisten.

Die **Deutsche Partei** (DP) war im Juni 1945 aus der Niedersächsischen Landespartei hervorgegangen. Konservativ-föderalistisch und stark in diesem Bundesland verwurzelt, wo sie zwischen 1955 und 1959 den Ministerpräsidenten stellte, sah sie in der Adenauer-CDU einen passenden Partner.

Im August 1949 wählten die Deutschen den ersten Bundestag. Die wichtigste Entscheidung war die der zukünftigen Wirtschaftsordnung. Sollte der marktwirtschaftliche Kurs Erhards weitergeführt werden oder einer gelenkten Wirtschaft, wie sie die SPD vertrat, Platz machen? Bei einer Wahlbeteiligung von 78% vereinigte die CDU/CSU mit 31% die meisten Stimmen auf sich. Mit der knappen Mehrheit konnte die CDU/CSU aber nicht allein regieren. Eine Koalition mit FDP und DP verschaffte ihrem Vorsitzenden **Konrad Adenauer** die Kanzlerschaft. Zum Bundespräsidenten wurde der FDP-Abgeordnete **Theodor Heuss** gewählt.

Jetzt ging es dem Kanzler vor allem darum, schrittweise die volle Souveränität Deutschlands zu erlangen. Im **Petersberger Abkommen** vom November 1949 konnte er Befugnisse und Freiheiten der Bundesrepublik erweitern sowie Handels- und Konsularbeziehungen mit westlichen Ländern herstellen. 1951 trat Deutschland der neu gegründeten **Montanunion**, der Europäischen Gemeinschaft für Kohle und Stahl bei, womit der erste Schritt zu einem vereinten Europa getan war.

Streit um den Wehrbeitrag

Die Blockade Berlins hatte die Verwundbarkeit der Westalliierten einschließlich der Bundesrepublik bewusst gemacht. Nun ereignete sich in Ostasien etwas Vergleichbares. Die Kommunisten Nordkoreas waren in das benachbarte Südkorea einmarschiert. Darüber kam es im Juni 1950 zum Krieg. Das veranlasste die Westmächte, über einen **Wehrbeitrag** der Bundesrepublik zu ihrer eigenen und der Verteidigung der freien Welt nachzudenken.

Noch im Jahr 1945 war die Entmilitarisierung der Deutschen den Alliierten ebenso wichtig wie die Entnazifizierung. Und nun sprach Churchill von westdeutschen Kontingenten in einer europäischen Armee. Die New Yorker Außenministerkonferenz fasste im September 1950 den Entschluss, die **Wiederbewaffnung** Deutschlands zu gestatten, und Adenauer erklärte im Bundestag, dass „angesichts eines sowjetischen Angriffs in Europa ein deutscher Verteidigungsbeitrag auf der Basis der Gleichberechtigung notwendig" sei.

Widerstand gegen ein militarisiertes Deutschland erhob sich vor allem in Frankreich. Aber auch im Land selbst schlugen die Wellen hoch. Eine große Pazifismusbewegung kam in Gang. Es demonstrierten Hochschulprofessoren mit ihren Studenten, SPD und Gewerkschaften, kirchliche Gruppen und viele nicht Organisierte. Der Kanzler sah, dass die Wiederbewaffnung früher oder später kommen würde. Dann sollte dafür auch ein angemessener Preis bezahlt werden: Totalrevision des Besatzungsstatuts und volle Gleichberechtigung nach dem Motto „Gleiches Risiko, gleiche Opfer, gleiche Chancen." Im Mai 1955 wurde die **Bundeswehr** schließlich gegründet, ein Jahr darauf beschloss der Bundestag die **allgemeine Wehrpflicht**.

Das unterschiedliche Verständnis von „Wiedervereinigung" in Ost und West

Die Gründung der Bundesrepublik beantwortete der Osten mit der Ausrufung einer **Deutschen Demokratischen Republik** (DDR) im Oktober 1949. Der bevorstehende Einbezug Westdeutschlands in eine Abwehrfront Europas gegen den Kommunismus löste in Moskau und Ostberlin Nervosität aus. „Deutsche an einen Tisch!" forderte im September 1951 der DDR-Ministerpräsident Grotewohl. Der Osten versuchte, die West-Integration Bonns zu unterlaufen mit einem zunächst sensationell klingenden Angebot freier Wahlen und Wiedervereinigung. Eine Vorbedingung ließ aufhorchen: Die Verhandlungen der Bundesrepublik über den Beitritt zur europäischen Verteidigungsallianz mussten sofort abgebrochen werden. Die Westdeutschen sollten also den Beistand der westlichen Mächte aufgeben und dann mit Kommunisten freie Wahlen veranstalten. Daraus wurde nichts.

Im März 1952 meldete sich **Stalin** selbst in einer Note. Er bot dem Westen Friedensverhandlungen mit einem neutralisierten und wiedervereinten Deutschland an. Hinsichtlich der Abfolge mussten den auf ihre Sicherheit bedachten Westdeutschen einige Zweifel kommen. Die UdSSR verlangte als Vorleistung, dass die Bundesrepublik sich von ihren Schutzmächten löse, dann käme alles andere von selbst. Bonn bestand jedoch auf der umgekehrten Reihenfolge: zuerst freie Wahlen, dann Wiedervereinigung und Bildung einer wirklich demokratischen Regierung und zum Schluss die Entscheidung der Deutschen über Neutralität oder nicht. Nach den bösen Erfahrungen, die zuerst die Polen, dann die Amerikaner und Briten und 1948 die Tschechen mit den Sowjets gemacht hatten, wollte kein verantwortungsvoller Politiker im Westen für windige Versprechen die Freiheit aufs Spiel setzen.

Innenansicht der Bonner Republik

Das **Parteiensystem** der Bundesrepublik blieb stabil. Wie schon die erste Bundestagswahl sich jeder Zersplitterungstendenz gegenüber als immun erwiesen hatte – 70% der abgegebenen Stimmen waren Voten für eine der vier großen Parteien – so blieb es in den folgenden Jahren.
1952 starb mit Kurt Schumacher der führende Politiker der SPD. Er hatte der Westorientierung Adenauers genauso ablehnend gegenübergestanden wie der Erhardschen Wirtschaftspolitik – Einstellungen, die von der SPD nach seinem Tod beibehalten wurden.
Sicherheit durch Amerikas Freundschaft und „Wohlstand für alle", wie Erhard sein Ziel nannte, band die Wähler an die CDU. Die Wahlniederlagen der SPD von 1953 und 1957 waren darin begründet, dass dem Volk die Wiedervereinigungspolitik des Ostens genauso unheimlich war wie eine Vergesellschaftung, von der die immer noch marxistische SPD sprach. Die Partei musste sich erneuern. Das geschah mit dem **Godesberger Programm** von 1959, in dem sie die Bindung an ihre marxistische Vergangenheit löste und sich einen demokratischen Sozialismus, der mehr Mitbestimmung wollte, zum Ziel setzte.

Ergebnisse der Bundestagswahlen 1949–1990 in Prozent

Wahljahr	1949	1953	1957	1961	1965	1969	1972	1976	1980	1983	1987	1990
CDU/CSU	31,0	45,2	50,2	45,3	47,6	46,1	44,9	48,6	44,5	48,8	44,3	43,8
SPD	29,2	28,8	31,8	36,2	39,3	42,7	45,8	42,6	42,9	38,2	37,0	33,5
FDP	11,9	9,5	7,7	12,8	9,5	5,8	8,4	7,9	10,6	7,0	9,1	11,0
Die Grünen	-	-	-	-	-	-	-	-	1,5	5,6	8,3	3,8
PDS												2,4
sonstige	27,8	9,5	10,3	5,7	3,6	5,5	0,9	0,9	0,5	0,5	1,4	4,2
Wahlbeteiligung	78,5	86,0	87,8	87,7	86,8	86,7	91,1	90,7	88,6	89,1	84,3	77,8

Abb. 3.2 Ergebnisse der Bundestagswahlen 1949–1990

Die Wahlerfolge Adenauers hingegen basierten auch auf einer erfolgreichen **Sozialpolitik**. Der **soziale Wohnungsbau** schuf im zerbombten Land bis 1955 zwei Millionen Wohnungen, ein Versorgungsgesetz für 4,5 Mio. Kriegsopfer sicherte ihnen die Rente. Der große Wurf war das **Las-**

tenausgleichsgesetz, das Millionen von Heimatvertriebenen aus Abgaben derer, die im Krieg von Vermögensverlusten verschont geblieben waren, ansehnliche Entschädigungen zahlte. Die dynamisierte Rente wurde eingeführt und das Rentenniveau stetig angehoben.

Die Bundesrepublik erlebte in den 50er Jahren ein **Wirtschaftswunder**. Der Geldwert blieb stabil und der Finanzminister konnte in seinem Juliusturm Kassenreserven des Bundes anhäufen. Die Nachkriegsarbeitslosigkeit war einer Überbeschäftigung gewichen, so dass Gastarbeiter angeheuert werden mussten. Deutschland war ein wohlhabendes Land geworden mit einer innovativen und hoch qualifizierten Industrie, die sich stark am Export orientierte. Der Bundesbürger gehörte einer breiten Mittelschicht an mit gutem Einkommen, steigendem Lebensstandard und sozialer Absicherung. Es war die Generation derer, die einen furchtbaren Krieg verloren und einen fruchtbaren Frieden gewonnen hatten.

Bonner Außenpolitik

Adenauers außenpolitisches Credo hieß „Politik der Stärke" zum Schutz vor dem Kommunismus, mit Unterstützung der amerikanischen Freunde. Mit der **Hallstein-Doktrin** aus dem Jahr 1955 verhängte er eine Quarantäne über die DDR. Dieser Grundsatz schrieb vor, sämtliche diplomatischen Beziehungen zu jenen Staaten abzubrechen, die die DDR anerkannten. Damit wurde die DDR faktisch isoliert. Die Aufnahme diplomatischer Beziehungen mit der Sowjetunion 1955 war in realpolitischer Opportunität begründet; hinzu kam der Wunsch, 10.000 Kriegsgefangene, die seit zehn Jahren in russischen Lagern festgehalten wurden, und verschleppte Zivilpersonen zu befreien.

Die Politik der Stärke ließ sich aber beim bestehenden atomaren Gleichgewicht nicht mehr durchhalten. Die Vernunft gebot Verständigungsbereitschaft, um zur Entspannung zu kommen. Davon konnte in Deutschland nicht die Rede sein.

Am 13. August 1961 erfolgte der Donnerschlag des **Mauerbaus**. Um die Fluchtbewegung von DDR-Bürgern über Westberlin in die Bundesrepublik zu stoppen, zog die DDR-Regierung die Notbremse und mauerte ihre Hauptstadt hinter einem „antiimperialistischen Schutzwall" ein. Die westliche Welt reagierte zurückhaltend. Kennedy kam nach Berlin und beruhigte die Westberliner durch ein persönliches Solidaritätsbekenntnis. Im Herbst ergaben sich in der Frage des Zugangs nach Berlin Differenzen zwischen Washington und Bonn. Die USA hielten eine Internationale Zugangsbehörde für möglich, Adenauer lehnte das ab. Direkte Verhandlungen der Großmächte in Konfliktlagen erschienen Amerika zuträglicher als ein Kriegsrisiko.

Als Alternative zur bisher bewährten transatlantischen Partnerschaft fand der Kanzler Gefallen an einem Zusammengehen mit Frankreich. Die großen Staatsmänner Adenauer und de Gaulle festigten die Freundschaft mit dem **Elysée-Vertrag** vom Januar 1961.

Das Ende der Ära Adenauer

Im Wahljahr 1957 hatte die CDU mit einem Bild des „Alten von Rhöndorf", wie Adenauer in den Medien genannt wurde, geworben, das die Parole verkündete: „Keine Experimente!" Das war den Bürgern aus der Seele gesprochen, traf es doch das Sicherheitsbedürfnis und den Wunsch, sich den erarbeiteten Wohlstand zu erhalten.

Die SPD bot soliden Sozialismus. Allerdings war der Begriff nach all dem, was der Staatssozialismus den unterdrückten Völkern in Osteuropa geboten hatte, völlig korrumpiert. Bei der Wahl vom 15. September 1957 steigerte die CDU/CSU ihren Stimmenanteil auf 54,2%. Die SPD, die unter schwierigen Bedingungen immerhin 3% dazugewonnen hatte, lag mit mehr als 20% Abstand weit hinter der Regierungspartei.

Abb. 3.3 Flugblatt der SPD vom Mai 1951 (li.); Wahlkampfplakat der CSU zur Bundestagswahl 1957

Als der 85-jährige Konrad Adenauer 1961 noch einmal die Spitzenkandidatur der Christdemokraten annahm, erschien eine 4-jährige Kanzlerschaft ungewöhnlich. Das Wahlergebnis nahm dem Kanzler die absolute Mehrheit. 1963 übernahm **Ludwig Erhard** das Kanzleramt, in dem er jedoch auf seinem ureigensten Feld der Wirtschaftspolitik in Engpässe geriet. Die Öffentlichkeit, ans Geldausgeben gewöhnt, verhöhnte Erhards Maßhalteappelle so lange, bis der Konjunktureinbruch die Lacher verstummen ließ. Das Jahr 1966/67 brachte Produktionseinbußen, eine Zunahme der Arbeitslosigkeit und eine bisher unbekannte Krisenangst. Die FDP verließ das sinkende Regierungsschiff. Erhard versuchte mit einer Minderheitsregierung weiter zu regieren. Zum Rücktritt gezwungen, gab er 1966 die Kanzlerschaft schließlich an **Kurt Georg Kiesinger** weiter, der mit **Willy Brandt** eine Große Koalition bildete.

Am 29. Mai 1968 billigte der Bundestag nach heftigen Protesten **Notstandsgesetze**. Sie gaben der Regierung die Möglichkeit, in außergewöhnlichen Notsituationen bestimmte Artikel des Grundgesetzes außer Kraft setzen zu können. Ohne konkurrierende Parteien war wirksamer parlamentarischer Widerspruch in einer großen Koalition nicht möglich. Er verlegte sich daher als **außerparlamentarische Opposition** (APO) auf die Straße, majorisiert von neomarxistischen Studentengruppen wie dem **Sozialistischen Deutschen Studentenbund** (SDS).

Bald nahmen ihre Aktivitäten revolutionären Charakter an. Durch Ereignisse wie die Anti-Schah-Demonstration mit dem Tod **Benno Ohnesorgs** (2. Juni 1967) oder dem Attentat auf den Studentenführer **Rudi Dutschke** (11. April 1968) steigerte sich der revolutionäre Eifer. Die Rolle der BILD-Zeitung und die daraus folgende „Enteignet Springer"-Kampagne, Brandstiftungen in Kaufhäusern und die Auswüchse der antiautoritären Erziehung, wie sie in marxistischen Kinderläden geübt wurde, gaben der „Achtundsechziger-Generation" einen kriminellen Anstrich. Diese Subkultur entwickelte in den 70er Jahren mit dem Terrorismus der **Roten Armee Fraktion** (RAF) und deren Mord- und Entführungsserien einen veritablen Krieg von Outlaws gegen die Demokratie. (Vgl. Lektion 10.4)

Regierung Brandt

Die Bundestagswahlen von 1969 brachten eine sozialliberale Koalition mit der Kanzlerschaft **Willy Brandts** an die Regierung. Das Programm des Kanzlers „Mehr Demokratie wagen!" wurde umgesetzt in der Volljährigkeitsfrage, der Novellierung von Mitbestimmungsrechten, der Ausbildungsförderung (Bafög) und weiteren Bildungsreformen sowie in Verwaltungsvereinfachungen und sozialen Leistungen.

Das Auftauchen wirtschaftlicher Schwierigkeiten im Innern ließen die außenpolitischen Aktivitäten deutlicher werden. Die Außenpolitik stand im Zeichen von Versöhnung und Ausgleich. Die **Ostverträge** (Moskauer und Warschauer Vertrag 1970) verschafften Willy Brandt den Ruf eines Mannes, der 1971 verdientermaßen mit dem Friedensnobelpreis ausgezeichnet wurde.

Als seine Regierung die parlamentarische Mehrheit verloren hatte, öffnete Brandt mit der Vertrauensfrage den Weg zu Neuwahlen. Der wiedergewählte Kanzler setzte seine **Entspannungspolitik** fort, wofür nicht nur der **Grundlagenvertrag** mit der DDR steht, der im deutsch-deutschen Verhältnis eine fühlbare Entspannung brachte, sondern auch der Vertrag mit Prag im Jahr 1973, dem Jahr, in dem die Bundesrepublik der UNO beitrat. Während Brandts zweiter Amtszeit traten Wirtschafts- und Finanzpolitik stärker in den Vordergrund. Steigende Inflation, der Druck von Interessenverbänden und innerparteiliche Spannungen schwächten seine Stellung.

Im Jahr 1974 hielt erneut ein Nahostkrieg die Welt in Atem. Die OPEC-Staaten (Zusammenschluss der Erdöl exportierenden Länder) reagierten auf die einseitig proisraelische Haltung der westlichen Welt mit einer extremen Ölpreiserhöhung. Seine Verdreifachung wirkte sich auch auf Deutschlands Wirtschaft katastrophal aus. Sofort sank das Bruttosozialprodukt um 1,6% und die Arbeitslosigkeit schnellte in die Höhe. Eine halbe Million Arbeitsloser waren es 1974, ein Jahr später doppelt so viel. Bei dieser Gefährdung der Gesamtwirtschaft verantwortete der Kanzler Tariferhöhungen von über 11%. Außerdem saß im Kanzleramt der DDR-Spion **Günter Guillaume**, dessen Enttarnung Brandts politischem Ansehen erheblich zusetzte. Die Regierung Brandt kam so zu einem schnellen Ende.

Der Krisenmanager Helmut Schmidt

Im Mai 1974 trat **Helmut Schmidt** die Nachfolge Brandts an. Nach den Bundestagswahlen von 1976 und 1980 wurde er in seinem Amt bestätigt und setzte die Zusammenarbeit mit der FDP fort. Schmidts Politik war ein ständiges Reagieren auf wirtschaftliche Herausforderungen. Er musste das Wirtschaftswachstum fördern, die wachsende Arbeitslosigkeit bewältigen, die Geldstabilität sichern sowie die Rentenkassen und das Gesundheitswesen sanieren. Unter seiner Regierung wurde die Unternehmensmitbestimmung ausgeweitet. Das wirtschaftlich größte Problem waren die Unwägbarkeiten, die in der Abhängigkeit des Industriestandortes von den Erdölstaaten lagen. Durch den Ausbau friedlich genutzter Kernenergie wollte die Regierung Erleichterung schaffen. Die größte Belastung von Helmut Schmidts Kanzlerschaft entstand durch die von der DDR unterstützte kriminelle Vereinigung der **RAF**. Die Mordaktionen der linksextremen Bürgerkinder fanden

1977 ihren blutigen Höhepunkt. In dieser dramatischen Situation bewies Helmut Schmidt sich als entschlossener Kämpfer gegen politisch motiviertes Verbrechertum.

In der Außenpolitik setzte Schmidts Regierung die von Brandt begonnenen Entspannungsbemühungen fort. Als Reaktion auf die von der UdSSR betriebene Hochrüstung forcierte Schmidt – auch gegen starke Widerstände aus den eigenen Reihen – die Verteidigungspolitik gegen den Osten. Dies führte dazu, dass die wirtschaftlich schwache Sowjetunion den Wettlauf um die militärische Weltbeherrschung aufgeben musste.

Wachsende Spannungen über wirtschaftliche und sozialpolitische Fragen führten 1982 zum Bruch der sozialliberalen Koalition.

Der Kanzler der Einheit – Helmut Kohl

Die FDP hatte die Seiten gewechselt und sich einer CDU-Regierung unter **Helmut Kohl** als Koalitionspartner angeboten. Kohls Kanzlerschaft war die längste und erfolgreichste der Bundesrepublik, ließ sie doch den unendlich langen Traum von der Einheit aller Deutschen Wirklichkeit werden.

In den Leitlinien seiner Politik setzte er im Wesentlichen den von Schmidt beschrittenen Weg fort: Wachstumsförderung, Schaffung von Arbeitsplätzen, Steigerung der Effektivität von Steuer- und Gesundheitspolitik. Auch in der Verteidigungspolitik hielt Kohl am bisherigen Kurs fest und verhandelte mit der Sowjetunion. Er förderte die deutsch-deutschen Beziehungen durch Wirtschaftshilfen, Direktzahlungen und Kreditvergaben. Das konnte dem völlig heruntergewirtschafteten Land im Osten jedoch nicht helfen. Der totale wirtschaftliche Zusammenbruch der DDR, die regellose Massenflucht ihrer Bevölkerung und die Verweigerung des alten Schutzherren Sowjetunion, dem DDR-Regime zu helfen, ließen Kohl die Gelegenheit ergreifen, den Weg in die **Wiedervereinigung** anzutreten.

3.4 Die DDR – ein marxistischer Staat in Deutschland

Die im Mai 1945 von der **Sowjetischen Militäradministration in Deutschland** (SMAD) begonnene Politik, den westlichsten Vorposten der UdSSR in Europa zu errichten und daraus ein kommunistisches Gesamtdeutschland zu machen, führten die deutschen Marxisten konsequent weiter. Nachdem im März 1948 der Alliierte Kontrollrat auseinander gegangen war und die Ereignisse nach der Währungsreform in Westdeutschland mit der „Berliner Blockade" zur West-Ost-Konfrontation geführt hatten, stimmten die Außenminister der volksdemokratischen Staaten auf der Konferenz von Warschau am 23. und 24. Juni 1948 ihr weiteres Vorgehen hinsichtlich der Ostzone ab.

Abb. 3.4 Gründung der DDR 1949. Wilhelm Pieck beim Vorlesen der Proklamation

Im März 1949 akzeptierte der Volksrat einen DDR-Verfassungsentwurf, der am 29. Mai 1949 vom Volkskongress angenommen wurde. Am 7. Oktober erfolgte die **Gründung der DDR**. Präsident der Republik wurde der Altkommunist

Wilhelm Pieck, Ministerpräsident der ehemalige Sozialdemokrat **Otto Grotewohl**. Die Fäden des ganzen Spiels aber liefen bei **Walter Ulbricht** zusammen, dem von Stalin geschickten Vertrauensmann der KPdSU. Er trat in Ostberlin als Erster Sekretär des Politbüros* und stellvertretender Ministerpräsident auf.

Ausbau und Sicherung der Macht

Durch die Maßnahmen der SMAD war der deutsche Sowjetstaat schon vorgeprägt. Zuerst galt es, den bürgerlichen Parteien Ost-CDU und LDPD, die ihrer demokratischen Alibifunktion das Dasein verdankten, beizubringen, dass für sie in der „Einheitsfront" nur eine Statistenrolle vorgesehen war.

Alle Maßnahmen trugen von Beginn an die Handschrift des **Stalinismus**. Wer als Klassenfeind erkannt war, verfiel der politischen Justiz, die im ersten Regierungsjahr 78.000 Urteile, darunter auch Todesstrafen, aussprach. Um die Macht zu sichern, stellte das Regime militärische und paramilitärische Verbände auf. Schon 1947/48 war damit begonnen worden. Neben der **Nationalen Volksarmee** (NVA) gab es Kampfgruppen der Arbeiterklasse und Spezialverbände; 1982 waren es 450.000 Mann.

Das Hauptinstrument im totalen Überwachungsstaat war der **Staatssicherheitsdienst** (STASI), der Geheimdienst unter **Erich Mielke**. 1950 offiziell gegründet, hielt er die Menschen im Land dazu an, einander zu bespitzeln. Von Haus- und Abschnittsbevollmächtigten, offiziellen und inoffiziellen Mitarbeitern, auf Kaderschmieden des Marxismus-Leninismus ausgebildeten Pionierleiterinnen und einem Heer alltäglicher Gelegenheitsdenunzianten gingen die Meldungen der STASI zu.

1950/51 säuberte sich die Partei von 150.000 SED-Mitgliedern, denen Trotzkismus, Titoismus und Sozialdemokratismus vorgeworfen worden war. Einheitslistenwahlen stellten die gewollte Demokratie her. Das Wahlergebnis von 1950 lautete: 99,7% für die Einheitsliste. Das Politbüro der SED machte die Gesetze, nicht die Volkskammer, und es regierte auch nicht der Ministerrat. So legte die Parteikonferenz von 1952 ebenfalls den planmäßigen Aufbau des Sozialismus nach sowjetischem Vorbild fest, der die Arbeitskraft der Menschen ausbeutete.

Im März 1953 starb **Stalin**. Hoffnungen auf einen neuen Kurs mit mehr Rechtssicherheit und Konsumgütern wurden enttäuscht. Mit erhöhten Arbeitsnormen sollte es weitergehen. Das ließ sich der einfache Arbeiter nicht mehr gefallen. Er verweigerte sich.

Der Volksaufstand vom 17. Juni 1953

Ein lokaler Streik in Ostberlin ging in einen Demonstrationszug über, der zu einem Volksaufstand in der ganzen DDR wurde. Anfänglich hatte man nur humane Arbeitsbedingungen gefordert, später das Ende des SED-Regimes und freie Wahlen. In Ostberlin schlugen russische Panzer den Aufstand nieder, die Sicherheitskräfte der DDR räumten im ganzen Land auf. Es wurden 1.400 Aufrührer verurteilt, darunter auch einige zum Tode.

Drei Jahre danach starb Bertolt Brecht. Im Nachlass fand sich das Gedicht *Die Lösung*. Darin gab er der Regierung, die vom Volk so schwer enttäuscht wurde, den Rat: *Wäre es da nicht einfacher, die Regierung löste das Volk auf und wählte ein anderes?*

---

* Die tatsächlichen Machtinstanzen der Kommunistischen Partei sind Politbüro als beschließendes Organ des Zentralkomitees (ZK) und das Sekretariat des ZK als ausführendes Organ.

Dieser 17. Juni hing der DDR-Herrschaft bis zu ihrem unrühmlichen Ende an. Die erste Reaktion aber war eine **Massenflucht** in den Westen; die Hälfte der Flüchtenden war unter 25 Jahre alt. Es kam für diese Absage an das Regime die Bezeichnung „Abstimmung mit den Füßen" auf.

1954 versuchte das Politbüro, den Einfluss der Partei zu stärken. Durch manipulierte Volkskammerwahlen verschafften sie der SED noch mehr Einfluss in der Regierung.

Der XX. Parteitag der KPdSU und seine Wirkung auf die DDR

1956 hielt die KPdSU ihren XX. Parteitag ab. Die erfolgte Abrechnung **Chruschtschows** mit dem Stalinismus brachte 20.000 Häftlingen in der DDR eine Amnestie und ließ auf bessere Zustände hoffen. Eine schon sehr gemilderte Opposition, der „Dritte Weg" genannt, rührte

Abb. 3.5
Volksaufstand vom 17. Juni 1953

sich. Sie wurde aber brutal unterdrückt. Auf Republikflucht standen nun schwere Strafen. Die DDR-Gesellschaft erwartete eine neue Welle der Militarisierung ihres Lebens mit der vormilitärischen Ausbildung in der **Freien Deutschen Jugend** (FDJ) und der Gesellschaft für Sport und Technik. Die vom Westen ausgehende magnetische Wirkung auf die unfreien und materiell benachteiligten Bürger der DDR hielt den Drang aufrecht, auch unter Gefahr dem Land zu entfliehen. Zwischen 1949 und 1961 waren es 2,7 Mio. Flüchtlinge, davon 125.000 allein im April 1961.

Die trotz aller Verbote immer höher anschwellende Fluchtbewegung ließ Ulbricht keine andere Wahl als den Bau der **Mauer**. Die seit 1951 bestehende 1.400 km lange, scharf bewachte Staatsgrenze „schützte" die DDR im Westen. Nun wurde auch das Schlupfloch nach Westberlin zugemauert. Eine zwei Meter hohe Betonmauer, in ihrer Unübersteigbarkeit einer Gefängnismauer gleich, umgab nun die „Hauptstadt der DDR", wie sie stolz genannt wurde.

40 sozialistische Friedensjahre

Die SED hatte sich die Aufgabe gestellt, mit den Leistungen ihrer kollektivierten Wirtschaft das Volk zu befrieden. Nach anfänglichen Fortschritten im Jahr 1958 endete der löbliche Vorsatz in den Engpässen der systemimmanenten Mängelwirtschaft. Folge war zum Beispiel die Beschäftigungslosigkeit von Arbeitern, deren Arbeitswille wegen Materialmangels brachlag. Die Versuche wissenschaftlich-technischer Weiterentwicklung scheiterten oft wegen des Vorrangs ideologischer Dogmatik.

Schwerer noch als die westliche Welt traf die erste **Ölkrise** die Länder des Ostens, vornehmlich die DDR, deren Wirtschaft im Vergleich zu ihren rückständigen volksdemokratischen Partnern industriell fortgeschrittener war. Die Einschränkungen des Westhandels, die hohe Auslandsverschuldung und der geringe Kreditspielraum für eine kommunistische Staatswirtschaft führten in der Ära Honecker, als der zweite Ölschock die Weltwirtschaft heimsuchte, zur Systemkrise. Die wirtschaftlichen Vorteile aus den gebesserten Beziehungen zur Bundesrepublik – inklusive eines aus Bayern fließenden Milliardenkredits – konnten das Missverhältnis von Kapitalausstattung der DDR und dem Wert ihrer ebenso veralteten wie verrotteten Industrieanlagen, der Infrastruktur und den fortgeschrittenen Umweltzerstörungen nicht mehr ändern. Den Zusammenbruch des Sowjetreiches überlebte die von ihm geschaffene DDR nicht mehr.

- Das **Ende** der **deutschen Staatlichkeit** am 08.05.1945 führt zur **Aufteilung des Landes in vier Besatzungszonen**.
- Infolge der **Zerstörung der Infrastruktur** kommt es zu einer **katastrophalen Versorgungssituation**.
- In der **sowjetisch besetzten Zone** (SBZ) errichten **Kommunisten** einen **marxistischen Staat** unter dem Schirm der **UdSSR**.
- In der **US-Zone** entwickelt sich eine erste **kooperative Annäherung**, die **NS-Vergangenheit** wird im Rahmen der **Entnazifizierung** aufgearbeitet.
- Der Weg zur **BRD**: **Zusammenschluss** der **amerikanischen** und **britischen Zone**, Einsetzung des **Parlamentarischen Rates**, **Marshall-Plan** und **Währungsreform** führen zu **Eigenstaatlichkeit** und **freier Wirtschaft**.
- Die **Luftbrücke** während der **Berlin-Blockade** dient als **Solidaritätsbeweis des Westens**.
- In **West- und Ostdeutschland** herrschen **unterschiedliche Vorstellungen** über die **Wiedervereinigung**.
- Zwischen der **CDU** und **SPD** herrschen **Differenzen** bezüglich der **weltpolitischen Orientierung**: CDU/CSU ist **westorientiert**, SPD steht für einen **freiheitlichen Sozialismus** (Godesberger Programm).
- Entwicklung der **BRD**: **Wirtschaftswunder** – **Außenpolitik** auf Grundlage der **Hallstein-Doktrin** – **Engpässe** in der **Konjunkturentwicklung** führen zur **Großen Koalition** – **Notstandsgesetzvorhaben** ruft Studentenbewegung, Außerparlamentarische Opposition (APO) und schließlich den **RAF-Terrorismus** hervor – **sozialliberale Ära** unter **Brandt** und **Schmidt** steht im Zeichen von **Versöhnung** und **Ausgleich mit dem Osten**, wird aber auch von **wirtschaftlichen** und **sozialpolitischen Spannungen** begleitet – **Helmut Kohl** bewirkt die **Wiedervereinigung Deutschlands**.
- Entwicklung der **DDR**: Altkommunist **Walter Ulbricht** regiert nach den Weisungen **Moskaus** – planmäßiger **Aufbau des Sozialismus** nach sowjetischem Vorbild – Einheitspartei **SED** wird errichtet – **Terrorismus** gegen den „**Klassenfeind**" – **STASI** hat zentrale **Bedeutung** im Überwachungsstaat – Aufstand vom **17. Juni 1956** – **Massenflucht** und **oppositionelle Ansätze** bleiben ein **Dauerproblem** der **DDR** – **Mauerbau** um Westberlin – auch unter **Honecker keine Verbesserung der Situation**, was schließlich zum **Fall der Berliner Mauer** und zum **Zusammenbruch der DDR** führt.

Aufgaben zur Lernkontrolle

Aus der Rede von US-Außenminister George Marshall am 5. Juni 1947

Es ist nur logisch, dass die Vereinigten Staaten alles tun, was in ihrer Macht steht, um die Wiederherstellung gesunder wirtschaftlicher Verhältnisse in der Welt zu fördern, ohne die es keine politische Stabilität und keinen sicheren Frieden geben kann. Unsere Politik richtet sich nicht gegen irgendein Land oder irgendeine Doktrin, sondern gegen Hunger, Armut, Verzweiflung und Chaos. Ihr Zweck ist die Wiederbelebung einer funktionierenden Weltwirtschaft, damit die Entstehung politischer und sozialer Bedingungen ermöglicht wird, unter denen freie Institutionen existieren können. Ich bin überzeugt, dass eine solche Unterstützung nicht nach und nach entsprechend der jeweiligen Entwicklung von Krisen geleistet werden darf. Wenn die Regierung der Vereinigten Staaten in Zukunft Hilfsleistungen gewährt, so sollten diese eine Heilungskur und nicht nur ein Linderungsmittel darstellen. Jeder Regierung, die bereit ist, beim Wiederaufbau zu helfen, wird die volle Unterstützung der Regierung der Vereinigten Staaten gewährt werden, dessen bin ich sicher. Aber eine Regierung, die durch Machenschaften versucht, die Gesundung der anderen Länder zu hemmen, kann von uns keine Hilfe erwarten. Darüber hinaus werden alle Regierungen, politischen Parteien oder Gruppen, die es darauf abgesehen haben, das menschliche Elend zu einem Dauerzustand zu machen, um in politischer oder anderer Hinsicht Nutzen daraus zu ziehen, auf den Widerstand der Vereinigten Staaten stoßen.

1. Der Rede des US-Außenministers liegen konkrete Tatbestände zugrunde. Zeigen Sie sie am Beispiel der Zustände in den Besatzungszonen Deutschlands auf.

2. Was verspricht George Marshall, wen warnt er?

4. Die Wiedervereinigung der Deutschen

1945 errichtete die sowjetische Besatzungsmacht ein Spezialager in Berlin-Hohenschönhausen, in dem sie 20.000 politische Häftlinge und andere Missliebige gefangen hielt. Ab 1946 war es das zentrale Untersuchungsgefängnis der Sowjets in der Ostzone, bis es 1951 an die STASI überging. Psychische Zermürbung und physische Folter an Republikflüchtigen und Oppositionellen verschafften Hohenschönhausen traurige Berühmtheit. Nach der Wende blieb das Gebäude des Schreckens als Gedenkstätte erhalten.

Im Mai 2006 fand dort eine Begegnung statt zwischen einstigen Häftlingen und den sich immer noch als Generäle aufspielenden Kerkermeistern der „Staatssicherheit". Sie leben jetzt von Pensionen der Bundesrepublik und beklagen das bittere Unrecht, das ihnen geschehen sei. Die einst Eingesperrten hätten der DDR geschadet und ihre Entfaltung behindert. Darum war die Haft ebenso notwendig wie die Behandlung der Gefangenen.

1956	*Die DDR wird Mitglied des Warschauer Paktes (28.01.)*
1960	*Abschaffung des Präsidentenamts nach Wilhelm Piecks Tod (07.09.) Walter Ulbricht wird Vorsitzender des neu gebildeten Staatsrates (12.09.)*
1961	*Bau der Berliner Mauer (13.08.)*
1963	*Erstes Passierscheinabkommen zwischen der Regierung der DDR und dem Senat von Westberlin (17.12.)*
1964	*Erlaubnis zu Besuchsreisen in die Bundesrepublik und nach Westberlin für DDR-Rentner (09.09.)*
1967	*Gesetz über eine eigene DDR-Staatsbürgerschaft (20.02.)*
1968	*Beteiligung der NVA an der Besetzung der CSSR durch Truppen des Warschauer Pakts (20.–21.08.)*
1970	*Treffen zwischen Willy Brandt und Willy Stoph in Erfurt (19.03.)*
1971	*Absetzung Ulbrichts aus Altersgründen; Wahl Erich Honeckers zum Ersten Sekretär des ZK (03.05.); Unterzeichnung des Transitabkommens Bundesrepublik/DDR (17.12.)*
1972	*Viermächteabkommen über Berlin (03.06.); Unterzeichnung des Grundlagenvertrags (12.12.)*
1973	*UNO-Mitgliedschaft der BRD und der DDR (18.09.)*
1975	*KSZE-Schlussakte von Helsinki (01.08.)*
1989	*Demonstration von 60 Ausreisewilligen in Leipzig (12.03.); Öffnung der ungarisch-österreichischen Grenze für 7.000 DDR-Bürger; Leipziger Montagsdemonstration mit 5.000 Teilnehmern (25.09.); Verkündung der Aufnahme von 3.000 DDR-Flüchtlingen in der Deutschen Botschaft in Prag in die BRD durch Bundesaußenminister Genscher (30.09.); Auflösung der Leipziger Montagsdemonstration von 25.000 Menschen durch die Volkspolizei (02.10.); 40. Jahrestag der DDR-Gründung (07.10.); Entbindung Honeckers von seinen Ämtern, Egon Krenz wird Nachfolger (18.10.); Demonstration von 300.000 Leipziger Bürgern, Forderung von freien Wahlen (23.10.); Geschlossener Rücktritt von DDR-Regierung und Politbüro (07./08.11.); Öffnung aller Grenzübergänge zwischen der DDR und der Bundesrepublik/Westberlin (09.11.)*
1990	*Erste freie Volkskammer-Wahlen in der DDR, Sieger mit den meisten Stimmen: CDU/CSU (18.03.); Lothar de Mazière (CDU) wird Ministerpräsident der DDR (12.04.); Beginn der Zwei-plus-Vier-Verhandlungen (05.05.); Ende der Teilung Deutschlands, Beitritt der Länder Ostdeutschlands zur Bundesrepublik (03.10.)*

4.1 Innenansicht der DDR

1961 gab es die DDR zwölf Jahre. In dieser Zeit hatte sich die **Fluchtbewegung** dramatisch gesteigert. Auch DDR-Bürger meinten, für sich und ihre Kinder Anspruch auf ein selbstbestimmtes Leben zu haben. Der Kommunismus wollte und konnte das jedoch nicht gewähren.
Alle Lebensbereiche unterlagen marxistischer Ausrichtung; die persönliche Lebensgestaltung wurde durch die **SED** bevormundet. Vielen Menschen erschien die Zukunftshoffnung geraubt. Die Partei bestimmte, wer studieren durfte. Bürgerliche Herkunft oder religiöses Engagement schlossen das Kind vom Studium aus. Und wie die SED schon dem Vater den beruflichen Aufstieg genommen hatte, so auch Sohn oder Tochter. Ihr Zentralkomitee gab die Bildungswege vor, über Bildungs- und Berufschancen entschieden regionale Parteifunktionäre.

Auch das alltägliche Leben vollzog sich in **Unfreiheit**. Wie schon unter der Naziherrschaft wurde die freie Meinung unterdrückt. Die **STASI** lieferte der politischen Justiz die Opfer. Ihr Überwachungsnetz von offiziellen und inoffiziellen Mitarbeitern überzog das ganze Volk und veranlasste es zur Flucht. Reisefreiheit gab es nicht und auch keine objektive Information. Das Postgeheimnis existierte de facto nicht, und es war verboten, Bücher, Zeitschriften und Zeitungen aus dem Westen zu besitzen.
Ein weiterer Grund, das Land zu verlassen, lag an der **Mängelwirtschaft**. 1958 erst waren die Lebensmittelkarten abgeschafft worden, ohne dass ein freier Markt die Ernährung sicherstellte. Und auch Gebrauchsgüter blieben Mangelware. „Normenerfüllungen", die der arbeitenden Bevölkerung abverlangt wurden, ließen den Menschen kaum freie Zeit. Die ohnehin geringe Freizeit wurde zusätzlich beschnitten durch die Belästigungen, die der Staat seinen Bürgern zumutete, indem er den Besuch von Unterrichtsveranstaltungen in Marxismus-Leninismus jedem zur Pflicht machte. Kein Wunder also, dass von Jahr zu Jahr die Fluchtbewegung zunahm.

Die Politiker im Westen sahen in dieser Entwicklung den Magnetismus von Freiheit und Wohlstand. Sie hielten den Zuzug so vieler Mitteldeutscher insofern für berechtigt, als es nur ein Deutschland gab und alle Deutschen in ihm Heimatrecht besaßen.
Mit dem Mauerbau und der zunehmenden Abschottung der Westgrenze (z.B. durch Selbstschussanlagen und Scharfschützen) wollte der Staatsratsvorsitzende Walter Ulbricht zu Beginn der 60er Jahre die massive Fluchtbewegung nach Westen verhindern. Der Zweck heiligte dabei alle Mittel. Ab Herbst 1964 wurde den DDR-Rentnern Freizügigkeit gewährt. Wer sich nun im Westen niederlassen wollte, den ließ sein Staat los; er nützte ihm nichts mehr, hatte aber Anspruch auf DDR-Altersversorgung. Die Bundesrepublik übernahm diese Sonderlast.

4.2 Die Abhängigkeit der Deutschlandfrage von der Weltpolitik

Erste Anzeichen von Flexibilität

In der Adenauer-Ära löste sich die starre, der stalinistischen Herrschaft gegenüber eingenommene Haltung der Bundesrepublik. Zwei Jahre nach Stalins Tod nahm Deutschland diplomatische Beziehungen zur Sowjetunion auf. Die Lösung des belastenden Problems der Kriegsgefangenen hatte dabei eine große Rolle gespielt. In ihrer Freilassung sahen die Deutschen einen wesentlichen Beweis guten Willens der sowjetischen Seite. Trotz der Unvereinbarkeit mit den diplomatischen Beziehungen zur **UdSSR** beharrte die Bundesregierung auf dem Dogma der **Hallstein-Doktrin**. Aber bereits der seit 1961 amtierende Außenminister Gerhard Schröder zeigte hier mehr Flexibilität.

Über 15 Jahre lag der Krieg zurück und seine Ergebnisse ließen sich nicht mehr ignorieren. Die Außenpolitik der 60er Jahre musste Wege der Kommunikation auch mit dem Ostblock, dem Raum zwischen Westdeutschland und der Sowjetunion, finden. Ein erster Schritt auf diesem Weg geschah durch die Errichtung von **Handelsmissionen** 1963/64 in Polen, Rumänien, Ungarn und Bulgarien. Dahinter stand der Wunsch dieser Staaten, Anschluss an einen dominierenden Partner in der Weltwirtschaft zu finden.

Die Große Koalition der Regierung Kiesinger gab weitere Impulse. Langsam sah man ein, dass es zwischen West und Ost zu Gesprächen kommen müsse, auch mit der DDR. Kanzler **Kiesinger** machte Ostberlin ein offizielles Gesprächsangebot und lockerte damit die Einschnürung der deutschen Diplomatie durch die Hallstein-Doktrin. Auch erweiterte er die diplomatischen Beziehungen zum Ostblock durch Botschafteraustausch mit Rumänien und Jugoslawien.

Dennoch blieb die Haltung der Bundesrepublik gegenüber der DDR bei der Überzeugung, dass es sich um ein aufgezwungenes Regime handelt. Es bestand kein Zweifel, dass bei freien Wahlen der kommunistische Staat verschwinden würde.

Die internationale Interessenlage und die Deutsche Frage

Es spielten jedoch nicht die Deutschen, sondern die vier Siegermächte des Zweiten Weltkriegs die alles entscheidende Rolle, im Wesentlichen die zwei Antipoden UdSSR und USA. Die Sowjetunion blieb entschlossen dabei, ihren europäischen Besitz ungeschmälert zu behalten. Dessen vorderster Vorposten war die DDR. So musste es immer Ziel der UdSSR sein, die Teilung Deutschlands zu verewigen.

Am 27. September 1958 hatte die Regierung der UdSSR in gleich lautenden Noten den Westmächten mitgeteilt, dass sie die Abkommen, die die Besatzungszonen Deutschlands und Groß-Berlins festlegten, als nicht mehr gültig betrachte. Ultimativ forderte Chruschtschow, *Westberlin in eine selbständige politische Einheit, in eine Freie Stadt umzuwandeln, in deren Leben sich kein Staat, auch keiner der beiden deutschen Staaten einmischt.* Durch neue Vorschläge und mit massiven Drohungen suchten die Sowjets ihr Ziel, die Isolierung Westberlins, zu erreichen. Im Mai 1960 jedoch erkannten sie auf der Pariser Gipfelkonferenz, wie vergeblich ihr Vorhaben war. Die galoppierende Fluchtbewegung aus der DDR verlangte sofort wirkungsvolle Mittel, um Westberlin als Schaufenster der freien Welt und Fluchtweg auszuschalten. Eine zwei Meter hohe Mauer durch die Stadt und ihre Außenbezirke sollte die rettende Maßnahme werden.

Der **Mauerbau** brachte die USA wieder in eine gefahrvolle Lage. Am **Checkpoint Charly** standen ihre Panzer kampfbereit denen der Sowjets gegenüber. In der Bundesrepublik und in Westberlin waren die Menschen enttäuscht. Sie wollten es nicht verstehen, dass die Amerikaner den Geschehnissen dieses Tages gegenüber sich so passiv verhielten.

Inzwischen jedoch nahmen jenseits der deutschen Angelegenheiten die weltpolitischen Entwicklungen ihren Fortgang. Sowjetische **Interkontinentalraketen** besaßen eine Reichweite, die einen atomaren Schlag auch gegen US-Territorium wahrscheinlich werden ließ. Und mit der **Kubakrise** von 1962 rückte die Schreckensvorstellung eines Dritten Weltkriegs nahe. (Vgl. Lektion 7.3) Aus amerikanischer Sicht waren daher die deutschen Querelen um Westberlin, Schüsse an der Mauer und am Todesstreifen oder die Forderung der Heimatvertriebenen nach Revision der Oder-Neiße-Grenze unwichtig. Ein halbes Jahr vor seinem gewaltsamen Tod hatte **John F. Kennedy** in einer großen „Friedensrede" am 10. Juni 1963 die Entspannung zwischen Ost und West als den einzig gangbaren Weg dargestellt, den Frieden zu erhalten. Den ersten Schritt in dieser Richtung machten die Großmächte mit dem Abschluss des Vertrages über die Beendigung von Atomwaffenversuchen (10.10.1963).

Als der **Vietnamkrieg** (1965–1973) zum ernsten Problem für Amerika wurde, lag der US-Regierung an einer sowjetischen Vermittlung in diesem Krieg. Die Haltung der UdSSR gegenüber dem Westen gestaltete sich kooperativ, als im März 1969 heftige Kämpfe zwischen russischen und chinesischen Grenztruppen am Ussuri ausbrachen.
Auch Frankreich engagierte sich trotz der Freundschaft mit der jungen Bundesrepublik nicht in den Berlin-Angelegenheiten. De Gaulle suchte vielmehr – unter Wahrung der Interessen seines Landes – einen eigenen französischen Weg der Koexistenz mit dem Osten.

Dass es im Brennpunkt Europas ruhig blieb, lag daher ganz wesentlich an der Besonnenheit der Verantwortungsträger der Bundesrepublik und der DDR. Als nach glücklicher Überwindung der Kubakrise die internationale Großwetterlage sich wegen des Engagements der USA in Vietnam und des gleichzeitigen chinesisch-sowjetischen Zerwürfnisses etwas aufzuhellen begann, entkrampfte sich auch das Ost-West-Verhältnis in seinem Brennpunkt Mitteleuropa. Weihnachten 1963 konnten die Berliner aus beiden Teilen der Stadt sich besuchen. Die SED-Bürokraten hatten ein **Passierscheinabkommen** erfunden. Später führten sie noch eine **Besuchserlaubnis** für DDR-Bürger ein, die in der Bundesrepublik oder Westberlin Angehörige ersten Grades hatten und diese wegen eines besonderen Anlasses besuchen wollten.

Nach dem Regierungsantritt von **Willy Brandt** begann jene Politik gegenüber den östlichen Nachbarn, die er „Wandel durch Annäherung" nannte. Um für seine neue Ost- und Deutschlandpolitik die Zustimmung der UdSSR zu bekommen, kam die Regierung Brandt dem Ostblock mit konkreten Entspannungsbeweisen näher. Sie trat 1969 dem **Atomwaffensperrvertrag** bei. Mit den Verträgen von Moskau und Warschau (1970) und dem mit der CSSR (1973) erkannte die Bundesrepublik Deutschland die Nachkriegs-Territorialordnung in Osteuropa an und entzog damit allen Spekulationen über Revanchismus den Boden. Im Gegenzug zeigte sich die UdSSR in der Berlinfrage entgegenkommend und schloss 1972 mit den in den Westsektoren der Stadt präsenten Staaten das **Viermächteabkommen über Berlin** ab, das die Lebensfähigkeit Westberlins sicherte und bessere Kommunikationsbedingungen mit dem Ostteil der Stadt sowie mit der gesamten DDR in Aussicht stellte.
Ein besonderes Kapitel der deutsch-deutschen Beziehungen eröffnete im Dezember 1972 der **Grundlagenvertrag** zwischen der Bundesrepublik und der DDR. In Artikel 1 heißt es, er solle den „gutnachbarlichen Beziehungen zwischen beiden Staaten dienen". Gewaltverzicht war ebenso darin verankert wie die Unverletzlichkeit der Grenzen. Nach der Gepflogenheit souveräner Staaten tauschte man Geschäftsträger aus, in diesem Fall nicht Botschafter, sondern **ständige Vertreter**.
Die bisherigen Feindseligkeiten waren nicht etwa von heute auf morgen verschwunden; immer noch vernahm man die Hetzpropaganda gegen die Bundesrepublik, den „imperialistisch-faschistischen Klassenfeind", immer noch wurden Transitreisende aus dem Westen kleinlichen Schikanen ausgesetzt. Aber im Großen und Ganzen waren **humanitäre Erleichterungen**, so nannte man es, auf gesetzliche Grundlagen gestellt worden.
Mit der **KSZE*-Schlussakte** von Helsinki (1975) sahen sich sowohl die Sowjetunion als auch das Regime in Ostberlin am Ziel ihrer Wünsche. Die UdSSR behielt ihren weit nach Westen vorgeschobenen Satelliten, völkerrechtlich souverän und mit einer hochgerüsteten Armee. Die DDR hatte erreicht, wogegen sich die Bundesrepublik mit ihrem „Alleinvertretungsanspruch für alle Deutschen" immer gewehrt hatte: die internationale Anerkennung auf höchster Ebene. Als Erich Honecker und Helmut Schmidt das Helsinki-Dokument unterschrieben, war die Zweistaatlichkeit Deutschlands vollzogen.

---

* KSZE = *K*onferenz über *S*icherheit und *Z*usammenarbeit in *E*uropa: Internationale Organisation zur Sicherung des Friedens und der Stabilität in Europa.

Gorbatschows und Reagans Anteil an der Wende in der DDR und Osteuropa

Dass sich die Weltpolitik in eine grundlegend neue Richtung bewegte, der Kalte Krieg an sein Ende kam und auch in Europa gänzlich gewandelte Verhältnisse eintraten, war besonders **Michail Gorbatschow**, dem Staatspräsidenten der Sowjetunion, zu danken. Seine Reformen in Russland ließen auch die Völker in der Abhängigkeit von der UdSSR auf mehr Freiheiten hoffen – **Perestroika** („Umgestaltung") und **Glasnost** („Offenheit") waren die Schlagworte. So konnte die polnische Gewerkschaft **Solidarnosc** trotz scharfer Unterdrückungsmaßnahmen einige Erfolge bei ihrem Kampf um Freiheitsrechte verbuchen – mit Unterstützung der katholischen Kirche und ihrem mutigen Papst Johannes Paul II. Die Ruhigstellung der Welt war Gorbatschow im Zusammenwirken mit dem US-Präsidenten **Ronald Reagan** gelungen. Das atomare Patt ließ den Großmächten keine andere Wahl als die der Beseitigung von nuklearen Mittelstreckenraketen und der Abrüstung auch im Bereich der konventionellen Waffen. Die Sowjetunion zog ihre Truppen aus Afghanistan ab (vgl. Lektion 9.3); im Februar 1988 die Mittelstreckenraketen aus der DDR.

Abb. 4.1 Michail Gorbatschow, ab 1985 Generalsekretär der KPdSU, 1988–1991 Staatspräsident

Abb. 4.2 Leonid Breschnew (1906–1982), 1964–1982 1. Sekretär der KPdSU

Der Prozess der Perestroika ergriff langsam aber kontinuierlich den ganzen Ostblock. Die politischen und gesellschaftlichen Reformen in der mit ihren jahrzehntelangen Rüstungsausgaben überstrapazierten Sowjetunion wirkten ansteckend auf die Völker des Ostens. Am 11. Februar 1989 beschloss die KP Ungarns, ein Mehrparteiensystem im Land zuzulassen. Im Juli des gleichen Jahres verkündete Gorbatschow „das Recht eines jeden sozialistischen Staates auf seinen eigenen Weg". Das war die Absage an die **Breschnew-Doktrin**, die während des **Prager Frühlings** in Moskau aufgestellte These, dass jeder sozialistische Staat, der von der Linie der KPdSU abweiche, mit militärischer Intervention zu rechnen habe. Bei den sowjetischen Satelliten wirkte Gorbatschows Ankündigung wie der Aufruf, sich Unabhängigkeit und Freiheit zu holen.

In Polen wurde die Solidarnosc-Gewerkschaft nach einer über sieben Jahre langen Untergrundexistenz wieder zugelassen. Für die ausgeschriebenen Parlamentswahlen kandidierten erstmals Oppositionsparteien. Auch Ungarn hatte sich von der sowjetischen Vormundschaft gelöst. Am 2. Mai 1989 begann man hier mit dem Abbau der Stacheldrahtverhaue und Überwachungsanlagen an der Grenze zu Österreich.

In der DDR verschlossen Honecker und seine Spitzenmannschaft vor der Wirklichkeit die Augen. Und als die ostdeutschen Bürgerrechtler, gefolgt von den Massen des immer lauter werdenden Protestes auf die Straßen gingen und die Fluchtbewegung zu panikartigem Absetzen aus dem ungeliebten Land anschwoll, organisierte STASI-Chef Mielke die blutige Niederschlagung „konterrevolutionärer Angriffe der faschistisch-imperialistischen Kräfte".
Es waren die Tage, an denen der abgestorbene Staat Erinnerungsfeiern zum 40. Jahrestag seiner Gründung beging. Der Partei- und Staatschef der befreundeten UdSSR kam angereist. Bei diesem Besuch soll Gorbatschow die berühmte Aussage gemacht haben: „Wer zu spät kommt, den bestraft das Leben".

4.3 Friedliche Revolution in Deutschland

Die große Flucht

Nicht erst mit der nach 1985 wirkungsmächtiger werdenden **Bürgerrechtsbewegung** artikulierte sich der Unmut über den SED-Staat. Es hatte während der vier Jahrzehnte immer wieder Aktionen der Ablehnung des Gewaltsystems gegeben, von zivilem Ungehorsam bis zu dem von kirchlichen und pazifistischen Gruppen getragenen Widerspruch unter dem Motto „Frieden schaffen ohne Waffen" oder „Schwerter zu Pflugscharen". Mangels Meinungsfreiheit und aufgrund der Überwachung des Volkes durch die STASI kam es kaum zu öffentlich geäußerter Kritik, die landesweit hätte Resonanz finden können. Und obwohl es keine Opposition gab, wusste man von vielen Oppositionellen. Frühe intellektuelle Wortführer einer **systemimmanenten Kritik** innerhalb der SED waren zum Beispiel Robert Havemann mit seinem Buch *Dialektik ohne Dogma*, Wolfgang Harich, Professor für Philosophie und Chefredakteur einer philosophischen Monatsschrift sowie der Philosoph Ernst Bloch.

Alle kritischen Einwände gegen das Regime blieben jedoch weitgehend von der größeren Öffentlichkeit, auch der außerhalb der DDR, unbeachtet. Das änderte sich erst mit dem „Fall Biermann". Der Liedermacher **Wolf Biermann** wurde während einer Tournee in Westdeutschland 1976 seiner Äußerungen wegen kurzerhand ausgebürgert. Dies führte zu Protestaktionen von Künstlern, von denen einige sogar dem Exilierten nachfolgten.

Vom Sommer 1985 an stieg der Unmut über die DDR-Führung und die von ihr zu verantwortenden skandalösen Verhältnisse im Land. Es häuften sich Ausreiseanträge und dementsprechend verschärfte sich die Gereiztheit in den Amtsstuben. Von aufkommenden Bürgerrechtsbewegungen war die Rede. Ein weit über die DDR hinaus Empörung auslösender Vorfall war die Verhaftung von Angehörigen der Umweltbibliothek der Berliner Zionsgemeinde im November 1987.
Proteste – auch linientreuer Genossen – wurden laut, als im Januar 1988 bei den kommunistischen Huldigungen für Karl Liebknecht und Rosa Luxemburg Genossen verhaftet wurden, die meinten im Sinn der Geehrten zu handeln, wenn sie von ihrer kommunistischen Staatsführung Menschenrechte einforderten.

Die gefälschten Kommunalwahlen am 7. Mai 1989 – es waren 98,85% der abgegebenen Stimmen für die SED-Kandidaten der „Nationalen Front" verbucht worden – beantworteten die betrogenen

Bürger mit **Protestversammlungen**. In Ost-Berlin wurden bei einer solchen Versammlung 120 Teilnehmer verhaftet. Die Ereignisse auf dem Platz des himmlischen Friedens in Peking am 3. und 4. Juni 1989, als die **chinesische Demokratiebewegung** in einem Blutbad erstickt wurde, löste bei den Bürgerrechtlern in der DDR Entsetzen aus; umso mehr als Honecker die Verschärfung seines Festhalte-Kurses verkündete und mit der Feststellung verband: „Die Einheit der Massen mit der Partei war noch nie so stark wie heute."

Die Menschen setzten sich aus ihrem widerwillig ertragenen Staat ab. Am 8. August 1989 musste die Ständige Vertretung der Bundesrepublik in der DDR wegen der Masse Zuflucht Suchender geschlossen werden. Am 19. August flohen über 900 DDR-Bürger anlässlich eines „paneuropäischen Picknicks" über die Grenze Ungarns nach Österreich. Die Zeitungen titelten: „Ein Volk flüchtet aus seinem Land". Es erschienen Leserbriefkampagnen im SED-Organ „Neues Deutschland" mit der Aufforderung: „DDR-Bürger, verlasst die Republik nicht!"

Dass sich das brutale Regime jetzt aufs Bitten verlegte, zeigt, wie lawinenartig die unaufhaltsame Fluchtwelle rollte. Die nackten Zahlen sprechen für die dahinter verborgene Verzweiflung von Menschen, die alles stehen und liegen ließen, um dem Unrechtsstaat zu entkommen: Das erste Halbjahr 1989 verzeichnete eine **Auswanderung** von 46.000 DDR-Bürgern. Dann stieg die Zahl von Juli bis November: Juli: 18.000, August: 20.000, September: 35.000, Oktober: 55.000, November: 135.000. Für die Daheimgebliebenen bildeten sich Zentren der Freiheitsrufe. Die Leipziger **Nikolaikirche** war ein solcher Ort der Sammlung nicht nur im rein räumlichen, sondern auch im seelisch-geistigen Sinn. Die **Montagsgebete** mit ihren anschließenden, von Woche zu Woche mächtiger werdenden Massendemonstrationen wurden zum lebendigen Fanal der gewaltlosen Revolution.

Die Flut, in der die DDR versank

Der 11. September 1989 wurde zum Gründungstag des **Neuen Forum**, der ersten großen demokratischen Sammlungsbewegung. 150.000 Bürger unterzeichneten den Gründungsaufruf. Von nun an schwollen die **Protestmärsche** nach Zahl der Beteiligten und Häufigkeit ins Maßlose. Gleichlaufend damit verließen immer mehr Menschen ihre Wohnsitze und versuchten auf völkerrechtlich geschützten Territorien Zuflucht zu finden. Im Prager Botschaftsgebäude der Bundesrepublik Deutschland kampierten am 30. September 5.000 Menschen unter den primitivsten Verhältnissen. Auch die deutschen Botschaften in Warschau und Budapest wurden zu Anlaufstellen von DDR-Bürgern. Die DDR-Behörden schickten Unterhändler nach Prag und Warschau. Sie sollten den Flüchtigen Straffreiheit und eine bessere Zukunft versprechen. Das stieß bei den Umworbenen zumeist auf taube Ohren.

Unter unbeschreiblichem Jubel verkündete am 30. September der deutsche Außenminister **Hans-Dietrich Genscher** in der deutschen Botschaft in Prag: *Mit Einverständnis der Regierungen der DDR, Polens und der CSSR dürfen alle DDR-Bürger, die in den deutschen Botschaften in Prag und Warschau Zuflucht gesucht haben, sofort und auf direktem Weg in die Bundesrepublik ausreisen.*

Am 2. Oktober brachten die **Leipziger Montagsdemonstrationen** 20.000 Protestierende auf die Straße. Es waren noch fünf Tage bis zum Gründungsjubiläum der DDR. Der große Festtag des 40-jährigen Bestehens der marxistischen Republik sollte mit großem Gepränge gefeiert werden, anwesend war der KPdSU-Chef und Präsident der Sowjetunion Michail Gorbatschow. 70.000 Menschen demonstrierten gegen die SED und ihre Repräsentanten. Die Volkspolizei konnte nur mit Mühe das Einbrechen ins Festgeschehen verhindern.

Abb. 4.3 Demonstration in Leipzig im Dezember 1989

Die Gefängnisse der STASI fassten die Häftlinge nicht mehr. Bei einem Gottesdienst in der Berliner Gethsemane-Kirche forderten 1.000 Gottesdienstbesucher die Freilassung der willkürlich Inhaftierten. In Leipzig wuchs von Montag zu Montag die Zahl der Demonstranten: am 16. Oktober waren es 200.000, am 23. Oktober 300.000, und 570.000 am 30. Oktober.
Die Tage der SED-Herrschaft waren gezählt. Honecker erwog, nach Pekinger Muster die Demonstrierenden niederschießen zu lassen. Seine Anweisungen gingen ins Leere. Die Russen, deren Panzer am 17. Juni 1953 Berliner Arbeiter niederwalzten, versagten sich diesmal. In den örtlichen STASI-Zentralen saßen die Genossen und zitterten vor der Wut des Volkes; sie schalteten während der Demonstrationen die Beleuchtung ihrer Zentralen ab.

Erich Honecker trat am 18. Oktober zurück. Sein Nachfolger wurde **Egon Krenz**. Ihn begrüßte das Volk mit Sprechchören wie dem folgenden: „Egon deine Wahl nicht zählt, denn dich hat nicht das Volk gewählt". Ein Zorn auf das Verbrecherregime hatte das ganze Land erfasst. Trotz personeller Veränderungen waren die SED-Mächtigen ohne die Macht ihrer knüppelnden Geheimpolizei vor dem Volk das, was sie schon immer waren: farblose Apparatschiks.

Dann kam der **9. November**, an dessen Abend ein Mitglied des Zentralkomitees der SED auf einer Pressekonferenz die mit den anderen nicht abgestimmte Äußerung tat, die Grenzen der DDR zu Westberlin und zur Bundesrepublik seien frei passierbar. Die Menschen strömten zu Tausenden los. Die nicht informierten Grenzwächter öffneten die Schlagbäume. Nach Westberlin und über die Grenzübergänge ergoss sich in dieser Nacht ein glückliches Volk in die Länder der Bundesrepublik, befreit vom Druck ideologischer Herrschaft. Die Verbitterung der Massen verebbte jedoch nicht. In einer Großdemonstration mit nahezu einer Million Menschen und dem Sturm auf die STASI-Zentrale in der Berliner Normannenstraße im Januar 1990 brach sie sich Bahn.

Der Vollzug der deutschen Einheit

Anfang Dezember 1989 war Egon Krenz mit der SED-Parteiführung geschlossen zurückgetreten. Die Kommunisten formierten sich wieder unter der neuen Bezeichnung **SED/PDS** (Partei des demokratischen Sozialismus). Es hatte sich ein Kontrollgremium für die neue Regierung Modrow gebildet, der so genannte **Runde Tisch**. Dies war die bildhafte Bezeichnung für eine Versammlung, der die früher von der SED majorisierten Blockparteien der DDR angehörten, wobei die CDU-Ost eine gründliche Erneuerung erfahren hatte; außerdem gehörten dazu: SPD, FDP, DSU (Deutsche Soziale Union) und Die Grünen. Die erste Maßnahme, die auf Beschluss des Runden Tisches erfolgte, war die Beseitigung der STASI.

Aus Bonn übermittelte Kanzler Kohl seinen Zehn-Punkte-Plan für eine Annäherung der beiden deutschen Staaten und vereinbarte ein Treffen mit Ministerpräsident **Hans Modrow**, um über den künftigen Weg zu beraten.

Immer empörender wurden die Enthüllungen über den Machtmissbrauch der SED und die Korruption ihrer Spitzenfunktionäre. Damit geriet die Regierung Modrow dem eigenen Volk gegenüber in Bedrängnis. Ihre Absicht war, eine reformierte DDR als zweiten deutschen Staat in nachbarschaftlicher Harmonie zur Bundesrepublik zu errichten. Dabei sollte der Zustand einer SED/PDS-Regierung unter der Kontrolle des Runden Tisches zunächst beibehalten werden. Das schrittweise Zusammenwachsen beider Staaten wäre dann auch so möglich. Diese Ansicht fand auch bei anderen Gruppen am Runden Tisch Zustimmung.

Die Gegenseite, die sich besonders in der **Allianz für Deutschland** engagierte, forderte jedoch die sofortige Einheit. Die Menschen gingen wieder auf die Straße und in Sprechchören riefen sie: „Kommt die D-Mark nicht zu uns, gehen wir zu ihr". Die Aussicht, dass es nun doch nicht zur deutschen Einheit komme, ließ manche Familie die Koffer packen. Eine neue Ausreisewelle folgte nun den Flüchtlingsströmen des Herbstes.

Am 18. März 1990 waren die ersten freien Wahlen. Eine Große Koalition aus CDU – sie hatte 40% der Stimmen – DSU, DA (Demokratischer Aufbruch), SPD und Liberalen wählte den CDU-Mann **Lothar de Maizière** zum DDR-Ministerpräsidenten. Er bestand darauf, Rechte und Ansprüche der DDR-Bürger in einem zukünftigen Gesamtdeutschland durch rechtsverbindliche Verträge zu fundamentieren.

Im **Staatsvertrag** vom 18. Mai 1990 wurde eine **Währungs-, Wirtschafts- und Sozialunion** vereinbart. Sie war die Voraussetzung für die Übernahme der sozialen Marktwirtschaft. Am 1. Juli trat der Vertrag in Kraft. Nach Klärung wahlrechtlicher Fragen durch das Bundesverfassungsgericht erklärte die Deutsche Demokratische Republik ihren Beitritt zum Geltungsbereich des Grundgesetzes nach Artikel 23 mit Wirkung vom 3. Oktober 1990.

Die Einbindung der Siegermächte des Zweiten Weltkrieges

Die Wiedervereinigungsfrage war dadurch belastet, dass Deutschland an der Hypothek eines Krieges ohne Friedensvertrag trug. Obwohl die Erhaltung der **gesamtdeutschen Staatlichkeit** 1945 im Potsdamer Abkommen und 1954 durch die Londoner Neunmächtekonferenz festgeschrieben worden war, stieß Bundeskanzler Kohl bei den Siegermächten auf Vorbehalte. Frankreich und Großbritannien waren eher gegen ein neues Gesamtdeutschland. Der französische Präsident Mitterand hatte noch im Dezember 1989 bei einem Treffen in Kiew Gorbatschow vor einer Neuauflage eines

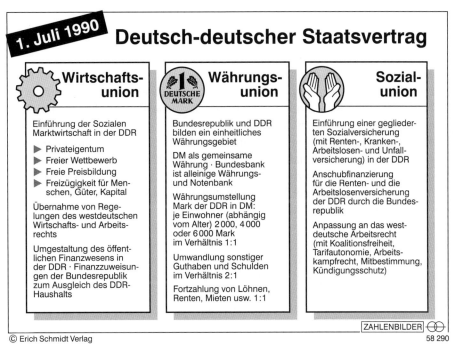

Abb. 4.4 Deutsch-deutscher Staatsvertrag

Deutschen Reiches gewarnt. Auch hinsichtlich der Einstellung von Englands Premierministerin Margaret Thatcher gab Kohl sich keiner Illusionen hin.

Am 14. Dezember 1989 trafen sich die Außenminister der zwei deutschen Staaten und der vier Siegermächte zu den **Zwei-plus-Vier-Verhandlungen**, um die für die internationale Staatengemeinschaft akzeptablen Bedingungen für eine Wiedervereinigung zu erörtern.

Die USA stimmten unter dem Vorbehalt zu, dass Deutschland Mitglied der NATO und der EG bliebe. Die UdSSR erwartete dagegen Neutralität, das hieß in der Konsequenz, Deutschland solle aus dem bisherigen Bündnissystem austreten. Diese Haltung war auch begründet im neu entstandenen Sicherheitsbedürfnis Polens, das bisher unter dem Schutz des militärischen Verbunds des Warschauer Paktes stand. Darum sollte ein größeres Deutschland auch ausdrücklich die in den Brandtschen Ostverträgen schon einmal geschehene Anerkennung der Oder-Neiße-Grenze formell bestätigen.

Der entscheidende Durchbruch gelang dem deutschen Bundeskanzler während seines Besuchs am 16. Juli 1990 bei Gorbatschow. Das Ergebnis der Gespräche: Deutschland sollte nach der Wiedervereinigung die volle Souveränität erhalten und das Recht, über seine Bündniszugehörigkeit selbst zu entscheiden. Im September 1990 waren durch die Unterzeichnung in Ottawa die Zwei-plus-Vier-Verhandlungen zu einem guten Ende gekommen.

Von den 120 Jahren deutscher Geschichte gehörten 74 dem Deutschen Reich und 40 einem geteilten Land. Ein Rest fiel unter den staatenlosen Zustand der Herrschaft von Militärgouverneuren. Am 3. Oktober 1990 begann die neue Epoche einer Deutschen Bundesrepublik, deren Hauptstadt einige Zeit darauf wieder Berlin wurde.

4.4 Es wächst zusammen, was zusammengehört

Probleme der schnellen Vereinigung

Der **Vereinigungswille** war bei den Menschen im Osten derart ausgeprägt, dass er eine rationale Vorbereitung und Planung gar nicht zuließ. Das wirtschaftlich ruinierte Land auf der einen Seite und die Sogwirkung des im Rufe eines Schlaraffenlandes stehenden auf der anderen Seite löste einen Automatismus der Eigengesetzlichkeit aus.

Die Entwicklungen verliefen rasant und die durch Währungs- und Wirtschaftsunion eingetretenen neuen Wirtschaftsverhältnisse übernahmen die Steuerung. Schlagartig waren die ostdeutschen Betriebe den internationalen Wettbewerbsbedingungen ausgesetzt. Die Bundesregierung erweckte die Erwartung, dass mit über 40-jähriger Verspätung nun auch im Osten das Wirtschaftswunder ausbräche. Von „blühenden Landschaften" war die Rede.

Zu den fatalen Entscheidungen gehörte die Privatisierungspolitik der **Treuhandanstalt**. Die Folgen machten sich im Rückgang der Industrieproduktion und in der steigenden Arbeitslosigkeit bemerkbar. Die Währungsumstellung im Verhältnis 1:1 war sehr generös und gegenüber der Erhardschen Währungsreform von 1948 in ihren Konsequenzen unzulänglich durchdacht, ebenso wie der rasante Anstieg der Löhne und Gehälter um 50% zwischen 1991 und 1995. Die Bundesrepublik leistete eine großzügige **Aufbauhilfe**, im Zeitraum von 1991 bis 1995 waren es 980 Mrd. DM, darunter 249 Mrd. für die Wirtschaft, 213 Mrd. für den Arbeitsmarkt, 139 Mrd. für Sozialleistungen und 109 Mrd. für die völlig daniederliegende Infrastruktur.

Jahrzehntelang waren auch die Umweltaufgaben ignoriert worden: die Emissionen der Braunkohlekraftwerke, die ungebremste Verschmutzung von Luft, Wasser und Wäldern, der unkontrollierte Ausstoß von Schadstoffen der Chemiegiganten, Atomkraftwerke der Tschernobyl-Reihe u.v.a. Durch die Einbindung in die Comecon-Wirtschaft fehlte dem ostdeutschen Handel außerdem weitgehend die Anbindung an den Weltmarkt.

Die seelisch-geistigen Erblasten

Die Deutschen im Osten lebten seit 56 Jahren – von 1933 bis 1989 – in zwei Diktaturen. Es war lediglich einmal die ideologische Richtung gewechselt worden, nicht aber Rigorosität und Methoden, sie durchzusetzen. Staatsbürgerliche Werte vererbten sich nicht. Die Atmosphäre war von Misstrauen und Denunziation erfüllt und das Vertrauensverhältnis der Bürger untereinander zutiefst gestört. Noch Jahre nach der Wende verloren Menschen in leitenden Positionen wegen ihrer Verwendung als inoffizielle Mitarbeiter der STASI ihre Stellungen. Das machte neben den wirtschaftlichen Reformen, die zu bewältigen waren, einen seelisch-geistigen Umbau nötig, beginnend mit dem Bildungswesen.

Das geistige Fundament aller **Bildung** bestand in der DDR aus gründlichen Kenntnissen in Marxismus-Leninismus (ML). Sie wurden für jede höhere Bildung vorausgesetzt. Die Erziehung begann schon in den flächendeckend verbreiteten Kinderkrippen, setzte sich in den sozialistischen Kindertagesstätten und dem Gesamtschulsystem fort und endete in der erweiterten polytechnischen Oberschule. Der junge Mensch, der die gesellschaftlichen und weltanschaulichen Voraussetzungen dafür erfüllte, durfte an einer Hochschule des Arbeiter- und Bauernstaates studieren. Das alles musste nach der Wiedervereinigung neu werden. Im Vorschulbereich war dem Elternrecht der Vortritt zu lassen; das Schul- und Hochschulwesen ging daran, all das bereitzustellen, was individuelle Wahlmöglichkeiten zuließ.

Die Hemmnisse beim Zusammenwachsen

Die **Schwierigkeiten** der Wiedervereinigung waren zuerst wirtschaftlicher Natur. Sie lagen beiderseits in vielen falschen Erwartungen begründet und waren besonders durch fachliche Unzulänglichkeiten ausführender Organe zur Praxis geworden. Die Vergabe von Treuhandeigentum mag dafür ein Beispiel sein.

Im Osten machte sich unmittelbar nach der Öffnung der Grenzen eine westliche „Goldgräbermentalität" breit, deren Exponenten die in der freien Wirtschaft noch unerfahrenen Ostdeutschen schröpften. Der Vorwurf der Undankbarkeit, der aus dem Westen kam, übersah die berechtigte Enttäuschung der Menschen in den neuen Ländern, die man oft übervorteilt hatte.

Zu den negativen Erscheinungen gehörte ferner der fortbestehende Einfluss alter **DDR-Seilschaften**, aber auch die Arroganz, mit der Persönlichkeiten aus dem Westen in wissenschaftlich-technischen oder in industriellen und kaufmännischen Bereichen auftraten und unter eingesessenen Mitarbeitern Evaluierungen vornahmen.

Die **Bürgerrechtler** und **Kirchen** der ehemaligen DDR empfanden sich als **Verlierer** der Einheit, war doch ihr gefahrvoller und selbstloser Einsatz von ihren Mitbürgern ideell nicht honoriert worden. Viele enttäuschte DDR-Bürger hatten sich von ihnen abgewandt und den aufkommenden SED-Parolen geglaubt. Sie wählten die PDS. Die Kirchen entleerten sich, nachdem sie ihre politische Arbeit getan hatten. Eine sentimentale Ost-Nostalgie entstand.

Was dringend noch auf Bewältigung durch alle Deutschen in Ost und West wartet, ist das Problem der anhaltenden Arbeitslosigkeit und der damit verbundenen Abwanderung, gerade von jungen Menschen.

- Das **DDR-Regime** steht für ein **negatives Lebensgefühl** durch **Perspektivlosigkeit, Unfreiheit, Verfolgung, Bespitzelung, Mängelwirtschaft** und **Belästigung** durch **ideologische Schulung**.
- Die **Überwindung** der erstarrten **Ost-West-Beziehung** zu Beginn der 60er Jahre macht auch **Gespräche Bonns** mit **Ostberlin** möglich.
- Nach der **Kubakrise** und der folgenden **Entspannung im Kalten Krieg** tritt auch eine **Beruhigung** in den **gespannten Beziehungen** zwischen **DDR** und **Bundesrepublik** ein.
- Die **KSZE-Schlussakte** von Helsinki und die **Annäherung** zwischen **UdSSR** (Gorbatschow) und **USA** (Reagan) wirken sich ebenfalls **positiv** auf die **Lage in Deutschland** aus.
- Ab den 80er Jahren gerät die **Bevölkerung** der **DDR** in den **Sog** des im ganzen Ostblock einsetzenden **Freiheitsdranges**.
- Mehrere **Entwicklungen** und **Ereignisse** führen zum **Ende der DDR**: **Bürgerrechtsbewegung, systemimmanente Kritiker, öffentliche Proteste, Leipziger Montagsdemonstrationen** und die steil ansteigende **Fluchtbewegung** über die **Botschaften** der **Bundesrepublik** ins sozialistische Ausland (Prag, Budapest).
- Am **9. November 1989** wird die **Mauer geöffnet**.
- Die **Etappen** zur **Wiedervereinigung**: erste **freie Wahlen** in der DDR, **Zwei-plus-Vier-Verhandlungen**, Vereinigung am 3.10.1990.

Aufgaben zur Lernkontrolle

Am 8. Mai 2002 hielt der Schriftsteller Martin Walser auf Einladung von Bundeskanzler Schröder die Rede „Nation, Patriotismus und demokratische Kultur".

Daß wir geteilt bleiben sollten, war wahrscheinlich die seriöseste Drohung, der diese Nation je ausgesetzt war. Durch die Schande, die die Nation auf sich geladen hatte, wollten wir mit dem Nationalen überhaupt nichts mehr zu tun haben. Es war (...) verständlich, daß was Nation heißt, bei feineren Geistern ganz mies notiert war. Ich habe zweiunddreißig Jahre gebraucht, bis ich zum ersten Mal gewagt habe, den Mund ein bisschen aufzumachen. Erst im Jahr 1977 habe ich in einer Rede gesagt, wir dürften die BRD so wenig anerkennen wie die DDR. Nur wenn das unser Wunschdenken bleibe, habe dieses Wunschdenken eine Chance in der Wirklichkeit, und ich habe leichtfertig dazu gesagt „im Jahr 1999 oder 2099". Und dann ist es schon 1989 passiert. Und deshalb wiederhole ich, wenn davon gesprochen wird, daß das der glücklichste Moment in der deutschen Geschichte ist, dieser 9. November 1989, der Fall der Mauer. Aber was mich zum ersten Mundaufmachen und dann wiederholt zu Wortmeldungen brachte, war nichts Politisches, sondern ein Gefühl (...). Thüringen und Sachsen, Schlesien und Ostpreußen waren mir durch Lektüre und durch Hörensagen zu Seelenlandschaften geworden. (...) Und diese Gefühle ließen sich irgendwann nicht mehr verschweigen. Wozu gehört man einer bestimmten Generation an, wenn man die Erfahrung dieser Generation dann verschweigt? Das muß ja zum Geschichtsverlust führen. Und den zu vermeiden, sind Intellektuelle da.

Heute ist der 8. Mai. (...) Vom 8. Mai 1945 zum (...) 9. November 1989, das ist (...) die Läuterungsstrecke der Nation. Und der 9. November müsste der Tag der Deutschen sein. An diesem Tag hat die Nation sich, ihrem jeweiligen historischen Zustand entsprechend, benommen: 9. November 1918: Philipp Scheidemann ruft in Berlin die Republik aus. 9. November 1923: Hitlers Marsch zur Feldherrnhalle in München. 9. November 1938: Die Reichspogromnacht. 9. November 1989: die Mauer fällt.
Gebaut wurde diese Mauer durch die Welt-Politik. Überwunden wurde sie durch das Volk, das die manifest gewordene Illegitimität des DDR-Regimes mit den richtigen Handlungen beantwortet hat. Und die Kraft dazu kam aus dem Geschichtsgefühl dieser Menschen. Wenn aber sicher ist, – und sicherer als das ist nichts – daß wir in europäischer Aufgehobenheit vor gar allem, was uns je passieren konnte, bewahrt sind, dann ist nicht einzusehen, warum wir jetzt keine Nation mehr sein sollten. Wir sind eine. Keine europäische Nation muß jetzt noch hysterische Souveränitätstänze aufführen. Das Selbstbewußtsein, das nach wie vor unentbehrliche, muß jetzt nicht mehr mit Imperialismen jeder Art gefüttert werden, sondern kann sich bilden, durch das Erlebnis der Zugehörigkeit zu einem noch größeren Ganzen: zu Europa.

1. Wozu bekennt sich der Redner?

2. Was sollte die zitierte Äußerung von 1977 bedeuten?

3. Den 9. November 1989 nennt Walser den glücklichsten Moment in der deutschen Geschichte. Nehmen Sie Stellung zu dieser Ansicht und begründen Sie Ihre Meinung.

4. Den 9. November 1989 konfrontiert der Redner mit den gleichen Daten aus den Jahren 1918, 1923, 1938 und bezeichnet die Ereignisse dieser Tage als „Ausdruck des jeweiligen Zustandes dieser Nation". Beurteilen Sie diese Aussage und gehen Sie dabei kurz auf die angesprochenen Zustände ein.

5. Der lange und beschwerliche Weg zu einem vereinten Europa

9. Mai 2006 – Europa-Tag. Die Festreden verbergen nur schwer den traurigen Zustand der europäischen Gemeinschaft: Der Verfassungsvertrag ist an der Weigerung Frankreichs und der Niederlande, ihn zu unterzeichnen, gescheitert. Aus Polen kommen chauvinistische, europafeindliche Töne. Und das Drängen der Kroaten und Serben auf schnellsten Beitritt steht in peinlichem Gegensatz zur Taubheit der beiden Länder gegenüber der berechtigten Forderung des Haager Tribunals, zunächst ihre Kriegsverbrecher auszuliefern. Nach den Europa-Feiern werden die Mitgliedschaften Rumäniens und Bulgariens verschoben. Und während neue Kandidaten anstehen, geraten drei kerneuropäische Länder, die schon längst der EU-Mitgliedschaft würdig sind, aus dem Blick – die Schweiz, Island und Norwegen.

1922	*Gründung der Paneuropa-Bewegung durch Graf Coudenhove-Kalergi (Okt.)*
1924	*Londoner Konferenz: Verhandlungen über den Dawes-Plan, erste Schritte zur Entkrampfung des deutsch-französischen Verhältnisses (15./16.08.);*
1925	*Forderung der SPD nach Vereinigung Europas in ihrem „Heidelberger Programm" (18.09.)*
1929	*10. Vollversammlung des Völkerbundes, Werbung Aristide Briands für die politische Vereinigung Europas (05.09.)*
1930	*Vorlage eines Memorandums über die „Schaffung einer europäischen Föderation" für die Mitgliedsländer des Völkerbundes (17.05.)*
1943	*Rede Winston Churchills zur Wiederbelebung des Europagedankens (21.03.)*
1946	*Winston Churchills Züricher Rede zur Einheit Europas (19.09.)*
1948	*Gründung der OEEC (16.04.); Haager Kongress zur europäischen Einheit (08.–10.05.)*
1949	*Schaffung des Europarates mit dem Londoner Sechsmächte-Abkommen (05.05.)*
1950	*Vorschlag Schumans zur gemeinschaftlichen Kontrolle der Montanindustrie (09.05.); Unterzeichnung des Abkommens über die Europäische Zahlungsunion (EZU) (19.09.)*
1951	*Gründung der EGKS (18.04.)*
1952	*Unterzeichnung des EVG-Vertrages (27.05.)*
1954	*Ablehnung der Ratifizierung des EVG-Vertrages durch den Verteidigungsausschuss der Französischen Nationalversammlung (18.06.)*
1957	*Unterzeichnung der Römischen Verträge (25.03.)*
1960	*Gründung der European Free Trade Association (EFTA) (04.01.)*
1972	*Beitritt Großbritanniens, Irlands und Dänemarks zur EU (22.01.)*
1973	*Beginn der KSZE-Verhandlungen (26.05.)*
1975	*Unterzeichnung der KSZE-Schlussakte (01.08.)*
1981	*Beitritt Griechenlands zur EU (01.01.)*
1986	*Süderweiterung der EU durch Spanien und Portugal (01.01.)*
1994	*Inkrafttreten des Vertrags von Maastricht (01.11.)*
1995	*Beitritt Finnlands, Österreichs und Schwedens zur EU (01.01.)*
2004	*Osterweiterung der Europäischen Union (01.05.)*

5.1 Europa – Wandlungen historischer Wirklichkeit

Europa, zerklüftet und reich an Inseln, ist der zweitkleinste der Erdteile, doch seiner Bevölkerung nach der zweitgrößte. Von hier sind 2.500 Jahre lang die mächtigsten geistesgeschichtlichen Impulse ausgegangen. Die lateinische Christenheit einte von ihrem Strahlungszentrum Rom aus die Völker Europas im gemeinsamen Glauben. Christliche Kaiser und Könige beherrschten sie.

Europas **Kultur und Zivilisation** breiteten sich über den ganzen Erdball aus. **Abendland**, Land der untergehenden Sonne, hieß der Kontinent. Seine Herrschaftsräume waren das Heilige Römische Reich der deutschen Kaiser, die Königreiche Frankreich und England, die der Iberischen Halbinsel und das Königreich beider Sizilien. Um die erste Jahrtausendwende vollendete sich mit der Christianisierung Polens, Ungarns und Skandinaviens die Gestalt Europas nach Osten, Südosten und Norden.

Am Ende des Mittelalters entstanden mehr und mehr **europäische Einzelstaaten** von Bedeutung. Deutlich lässt sich die Staatenbildung beim Vergleich der territorialen Verhältnisse auf dem Kontinent zu Zeiten der Stauferherrschaft (12.–13. Jahrhundert) und der Zeit Karls IV. (1346–1378) nachvollziehen. (Vgl. Karten S. 63)

Die große geistige Beweglichkeit der Europäer dieses Zeitalters bezeugen viele Erscheinungen. Zwei davon seien hier angeführt: der die Handelszentren vereinende Städtebund der **Hanse** und der Reichtum Europas an **Hochschulen**.

◆ Die Hanse vereinigte die Nord- und Ostseeländer zu einem gemeinsamen Markt und hielt sich offen für Produkte aus südlichen Ländern, z.B. französischer Wein. Die Haupthandelsroute lief von Nowgorod über Reval, Lübeck und Hamburg nach London. Der Bund aus über 200 Städten war nicht nur ein bedeutender wirtschaftlicher Faktor, sondern hatte auch einen weitreichenden politischen und kulturellen Einfluss in Nordeuropa.

◆ An den Universitäten kreuzten sich die Wege der Jugend Europas. Scholaren, so hießen die Studenten jener Zeiten, waren in Krakau ebenso zu Hause wie in Oxford, Salerno, Bologna, Heidelberg, Prag und Coimbra. Dort sorgten sie für einen regen Austausch geistiger und technischer Entwicklungen.

Durch konfessionelle Spaltung und gleichzeitiges Wachsen fürstlicher Macht entfremdeten sich die Völker in den folgenden Jahrhunderten. Nicht zuletzt war Europa geprägt von unablässig aufeinander folgenden Kriegen. Die schrecklichen Verwüstungen und Leiden, die sie über die Menschen brachten, waren der Antrieb, über die Möglichkeiten eines Friedens nachzudenken: Welche Wege könnten zu einem nachbarschaftlichen Miteinander in Europa führen?

Frieden konnte man auf dreierlei Weise haben:

◆ Entweder gewann eine einzige Macht die Alleinherrschaft über ein Land und vermochte somit den Frieden zu verordnen. Das war der Zustand, den das antike Rom **Pax Romana**, und das britische Weltreich **Pax Britannica** nannte. Es handelte sich dabei um einen zwar aufgezwungenen, aber eben auch um einen garantierten Friedenszustand.

◆ Die zweite Art, Frieden zu schaffen und zu erhalten, konnte durch Bündnisse erreicht werden, bei denen die Partner gemeinsam stärker waren als der mögliche Friedensstörer, wodurch sie ihn in Schach hielten. Dieses Spiel der Koalition von Zweien als Wächter gegen einen Dritten beherrschte die Außenpolitik der europäischen Staaten bis zum Ersten Weltkrieg. „**Balance of Power**" (Gleichgewicht der Kräfte) nannten sie es.

Abb. 5.1 Europa zur Zeit der Staufer (o.) und Karl des IV. (u.)

◆ Der dritte Weg war der des Zusammenschlusses von Staaten zum Friedenserhalt, wie es nach dem Ersten Weltkrieg der **Völkerbund** verwirklichen wollte. Das erste Mal hatte der Herzog von Sully (1560–1641) diesen Plan einer christlichen Staatengemeinschaft Europas, repräsentiert durch 15 gleich starke Mächte als Friedensgaranten. Im Zeitalter der Aufklärung gab die Philosophie diesem dritten Weg, dem der Vernunft, ein gedankliches Fundament.

Zusammenschlüsse von Völkern sollten nicht durch jeweiliges Eigeninteresse motiviert sein, sondern von der ethisch wertvollen Einsicht gelenkt werden, dass Friede edler und für alle nützlicher sei als Krieg. So schrieb es **Immanuel Kant** in seiner Schrift *Zum ewigen Frieden* (1795), die einen Staatenbund als Bürgen für Friede unter den Völkern empfahl.

Das Beispiel der Vereinigten Staaten von Nordamerika, 1776/1789 durch Übereinkunft ihrer Mitglieder entstanden, gab den Anhängern des Bündnisgedankens Recht. Der Vater der Unabhängigkeitserklärung der USA, **Thomas Jefferson** (1743–1826), hatte die zum Zusammenschluss führende Motivation beschrieben: *Amerikas Vereinigung beruht auf freiem Willensentschluss der rechtschaffenen und soliden republikanischen Regierungen.*

Als zu Beginn des 20. Jahrhunderts die Welt einen großen Krieg auf sich zukommen sah, entstand eine starke Friedensbewegung. Ihre führenden Köpfe waren Einzelpersönlichkeiten, wie Bertha von Suttner (Österreich), Ludwig Quidde (Deutschland) und Jean Jaurès (Frankreich). Die Aufrufe dieser Einzelkämpfer für den Frieden verhallten, der Krieg kam – und mit ihm bis dato unvorstellbar gewesene Zerstörung und millionenfacher Tod. (Vgl. Lektion 1.1)

5.2 Der Europagedanke – eine Vision und erste Schritte zu ihrer Verwirklichung

Hatten vor 1914 besonnene Europäer mit ihrer Friedensbewegung den Ausbruch des Krieges zu verhindern versucht, so stand ihnen nach der Katastrophe ein größeres Ziel vor Augen, das des Vereinten Europa. Wirklicher Friede bedarf eines sicheren Baugrunds, auf dem Menschen verschiedener Vaterländer zusammenwirken und ihre Kräfte zum Nutzen des ganzen Kontinents entfalten können. Das supranationale Europa sollte der Baugrund sein.

1922 gründete **Graf Richard N. Coudenhove-Kalergi** die **Paneuropa-Bewegung**. Ein Jahr darauf erschien sein Buch *Pan-Europa*. Es war die Programmschrift der Umsetzung des Ideals eines Vereinten Europas, in der es hieß, dass *sich die Europäer sehr wohl und mit hohem Wettbewerbserfolg behaupten könnten, wenn sie ihre nationalstaatliche Zersplitterung überwinden und sich in einem Bund freier Nationen zusammenschließen. Andernfalls sind sie in Gefahr […] entweder von Russland erobert oder von den USA gekauft zu werden.*

Die Wirkung dieses Buches war beachtlich und seine Verbreitung machte die **Paneuropa-Union** weit bekannt. Die Filialen ihrer Organisation überzogen alle Länder des Kontinents. Auch nach dem Zweiten Weltkrieg stand Graf Coudenhove-Kalergi wieder an der Spitze der sich neu ausbreitenden europäischen Bewegung.

Ab 1924 wurde die Forderung, Europa zu vereinen, Gegenstand der großen Politik. Starke Impulse gingen von Frankreich aus. Im Frühjahr 1925 setzte sich Ministerpräsident Herriot mit Nachdruck dafür ein, fand aber im eigenen Land keine breite Unterstützung. Dies, obwohl es auch in der Opposition Befürworter gab wie Paul Reynaud, der schon damals für einen gemeinsamen Kohle- und Stahlmarkt warb. Im gleichen Jahr forderte auch in Deutschland die SPD in ihrem „Heidelberger Programm" das Vereinte Europa.

Als ein Meilenstein auf dem Weg zur europäischen Einheit gilt die zehnte Vollversammlung des Völkerbundes am 5. September 1929. In seiner Rede beschwor der französische Ministerpräsident **Aristide Briand** die Mitglieder, ein Band der Solidarität zwischen den Völkern zu knüpfen. Die praktische Umsetzung sah er in der Möglichkeit der Nationen, durch ständigen Kontakt ihre Interessen zu diskutieren, widrigen Verhältnissen zu begegnen und zu gemeinsamen Entscheidungen zu kommen. 27 Vertreter europäischer Regierungen beauftragten ihn daraufhin, ein Memorandum* vorzulegen.

Vier Tage danach setzte sich Deutschlands Außenminister **Gustav Stresemann** mit Briands Vorstellungen auseinander. Die Forderung Briands klang ihm bei aller Hochschätzung des dahinter spürbaren Willens, endlich die Zwietracht zu überwinden, etwas zu idealistisch. Doch griff er die Gedanken auf und gab ihnen eine Wendung ins Wirtschaftliche. Mit der „Balkanisierung" Europas müsse Schluss sein, ebenso mit den Zollgrenzen, der Währungsvielfalt, der Blockade der Personenmobilität und des Gütertransports durch ein kleinkariertes Verkehrssystem. *Wo bleibt in Europa die europäische Münze, wo die europäische Briefmarke?*, fragte er. Es war Gustav Stresemann nicht mehr vergönnt, seine Antwort auf das Memorandum Briands über die „Schaffung einer Europäischen Föderation" zu geben. Zwei Wochen nach seiner letzten Genfer Rede verstarb er am 3. Oktober 1929.

Die Stellungnahmen der Völkerbundsmitglieder auf das am 17. Mai eingegangene Memorandum stand auf der Tagesordnung ihrer elften Sitzung im September 1930. Hier versuchte Briand, einen Europäischen Rat ins Leben zu rufen.

In Deutschland regierte seit März die Regierung des Reichskanzlers Heinrich Brüning, der dem Werben Briands und seiner Freunde eine Absage erteilte. Als die elfte Sitzung des Völkerbundes stattfand, war die rechtsradikale NSDAP Hitlers, bis dato nur mit zwölf Abgeordneten im Reichstag vertreten, nun mit 107 dort präsent. Nahezu die Hälfte aller Abgeordneten des Reichstages gehörten dem rechten Lager an, das gegen die kooperative Harmonie der deutschen Außenpolitik agitierte. Europa hatte in diesem Deutschland der nationalistisch-rechtsextremen Parolen keine Chance mehr.

So nahm Brüning gern die Gelegenheit wahr, die sich ihm durch das Verhalten der Briten bot. Mit Rücksicht auf ihre Commonwealth-Verflechtung lehnten sie ein föderatives Europa ab. Nun konnten die Deutschen sich mit dem Argument zurückziehen, dass Vorbedingung des eigenen Beitritts der Englands sein müsse. Vor allem an der Weigerung Englands und an den deutschen Wählern war Europa gescheitert. Am 14. September 1930 hatten sich Letztere für Hitler entschieden und waren damit auf die nationalistischen Schlagworte hereingefallen.

---

* Denkschrift im Sinn einer politischen Stellungnahme.

5.3 Europäische Einigung im Zeitalter der Weltteilung

Die ersten Schritte

Nie war Europa verheerender zerstört, nie hatten die Europäer einander so viel Leid angetan, nie waren sie tiefer verfeindet als nach dem Zweiten Weltkrieg. Die zur Niederringung der Achsenmächte zustande gekommene Allianz der westlichen Demokratien einerseits und der Gewaltherrschaft des Kommunismus andererseits, ließ bald erkennen, dass dieser Bund nicht von Dauer sein würde. Zu sehr wichen die alliierten Mächte in ihrer Weltanschauung voneinander ab. Der Glaube an die große Friedensorganisation der **UNO**, die 1945 von ihnen noch auf den Weg gebracht wurde und in die man so viel Hoffnung gesetzt hatte, was die Lösung künftig auftretender zwischenstaatlicher Probleme anging, wurde enttäuscht. Die Gewissheit, es bedürfe weiterer supranationaler Zusammenschlüsse nicht mehr, erwies sich als Wunschdenken.

In Europa war die Erinnerung an den europäischen Traum auch unter den Scheußlichkeiten des Krieges nicht verschüttet worden. Am 21. März 1943 hatte **Winston Churchill** vor dem britischen Unterhaus von einem europäischen Rat gesprochen, dem eines Tages alle europäischen Nationen angehören würden.

1946 trat in Churchills **Züricher Rede** dieser Gedanke ins Zentrum. Wie schon nach dem Ersten Weltkrieg trat er erneut für eine Versöhnung mit Deutschland ein. Als vordringlich zur Bildung der „europäischen Familie" aber sah Churchill eine deutsch-französische Partnerschaft an. Es musste ganz dringend ein Instrument geschaffen werden, um die europäische Koordination zu organisieren. In einem **Europarat** sollten auf längere Sicht alle Staaten Europas an der Gemeinschaft teilhaben. Im Herbst 1946 war Churchill jedoch Realist genug, um zu sehen, dass Wille, Vermögen und Möglichkeiten erst nur wenigen europäischen Nationen gegeben waren. Deshalb endete er seine Rede mit einem entsprechenden Appell an die Staaten, die dazu bereit und in der Lage seien, und erwartete, dass Frankreich und Deutschland auf dem Weg zur **Europäischen Union** die Führung übernehmen würden.

Was sein eigenes Land und dessen Verhältnis zu Europa anging, so klang mit der Erwähnung des Commonwealth wieder an, was schon 1930 für England ein Grund zur Verweigerung war. Und so wies Churchill in dieser ebenso grundlegenden wie visionären Rede England nur die Rolle eines Förderers zu.

1947 berief der Koordinierungsausschuss der Bewegung für die Einheit Europas einen Kongress ein, der zu weiteren Verhandlungen der westeuropäischen Staaten und schließlich 1949 zur Gründung des Europarates führte. Damit war die Aufbruchsphase am Ende.

Europas Einheit gewinnt Gestalt

Sollte sich der Marshall-Plan, das europäische Hilfsprogramm, effektiv auswirken, musste eine Organisation zur Verteilung der Mittel vorhanden sein. Im April 1948 wurde die **Organization of European Economic Cooperation** (OEEC) gegründet. Die Vertreter von 16 europäischen Staaten unterschrieben das Abkommen mit den USA; für die drei westlichen Besatzungszonen in Deutschland taten dies ihre Militärgouverneure.

Um den Handel und den Zahlungsverkehr in Europa zu erleichtern, entstand 1950 die **Europäische Zahlungsunion** (EZU). Im gleichen Jahr noch legte der französische Außenminister **Robert Schuman** seinen Plan für die gemeinsame europäische Verwaltung von Kohle und Stahl vor, den nach ihm benannten **Schuman-Plan**. Ein Jahr später schlossen sich Frankreich, Italien, die Bundesrepublik Deutschland und die Benelux-Staaten zur **Montanunion** (der Gemeinschaft für Kohle und Stahl) zusammen. Das war insofern etwas entscheidend Neues in Europa, als die Nationalstaaten die Kontrolle über die Grundlagenindustrie der Waffenschmieden freiwillig aus ihren Händen gegeben hatten und sie der Gemeinsamkeit Europas anvertrauten.

Nach dem Ausbruch des Koreakrieges im Jahr 1950 entstand in Europa die Frage nach der Verteidigung des freien Teils des Kontinents. Für die Partner des **Nordatlantikpaktes** (NATO)*, der am 4. April 1949 von zwölf Staaten unterzeichnet wurde, stand eine Beteiligung Westdeutschlands außer Frage. Die Bürger der Bundesrepublik wollten jedoch in Solidarität mit den Europäern sich der Verpflichtung stellen. Als einen für die Deutschen und die europäische Gemeinschaft völkerrechtlich gleichermaßen akzeptablen Rahmen schlug der französische Ministerpräsident René Pleven die **Europäische Verteidigungsgemeinschaft** (EVG) vor. Der im Mai 1952 unterzeichnete EVG-Vertrag scheiterte aber im Sommer 1954 in der französischen Nationalversammlung. Sie lehnte die Ratifizierung ab.

Es musste eine Ersatzlösung für die Einbindung der Bundesrepublik Deutschland in die NATO gefunden werden. Das geschah in Form der **Westeuropäischen Union** (WEU). In ihrem Rahmen konnten die Deutschen der NATO beitreten.

1958 traten die **Römischen Verträge** in Kraft und gaben der weiteren Entwicklung einen kräftigen Schub nach vorn. Sie wurden 1957 von Frankreich, Italien, Deutschland sowie den drei Benelux-Staaten unterzeichnet und bildeten sowohl für die **Europäische Wirtschaftsgemeinschaft** (EWG) als auch für die **Europäische Atomgemeinschaft** (Euratom) die Grundlage.

Die Gründerväter Europas

Was die am Bau des Hauses Europa verantwortlichen Konstrukteure betraf, stand das Einigungswerk unter einem günstigen Stern. Zu den „Vätern des Vereinten Europa", wie man sie nannte, gehörten **Alcide de Gasperi**, der Ministerpräsident Italiens von 1945 bis 1953. Von der ersten Stunde an arbeitete er daran, dass aus der Idee der europäischen Einheit Realität würde.

In seiner Rolle als Präsident der Pariser Schuman-Plan-Konferenz sowie der Oberbehörde der Montanunion war auch der französische Unternehmer und Politiker **Jean Monnet** ein Gründervater der Europäischen Union. Ihm verliehen die Regierungschefs der EG-Staaten die europäische Ehrenbürgerschaft.

Eine zentrale Gestalt in der Geschichte des neuen Europa war auch der Belgier **Paul Henri Spaak**, von 1947 bis 1949 Ministerpräsident seines Landes. Der Zusammenschluss Belgiens, der Niederlande und Luxemburgs zur Vereinigung der Benelux-Staaten im Jahr 1958 war im Wesentlichen sein Werk. Er leitete von 1950 bis 1955 den Internationalen Rat der Europäischen Bewegung und als Präsident der Beratenden Versammlung des Europarates war er maßgeblich beteiligt am Zustandekommen der Montanunion, EWG und Euratom. Eine Anfang der 60er Jahre auftretende kritische Phase im Einigungsprozess wurde durch seinen „Spaak-Plan" überwunden. Im September 1964 konnten die ins Stocken geratenen Gespräche über die politische Union wieder in Gang gebracht werden.

---

* Zu den Gründungsstaaten der NATO zählten: Belgien, Dänemark, Frankreich, Großbritannien, Irland, Italien, Kanada, Luxemburg, Niederlande, Norwegen, Portugal und die USA.

Einen besonders schweren Part bei der Verwirklichung der europäischen Einheit fiel dem deutschen Bundeskanzler **Konrad Adenauer** zu. Er bewegte sich unter den europäischen Kollegen als der Anwalt eines verfemten Landes. Doch brachte er Voraussetzungen mit, die ihm einen persönlichen Vertrauensbonus der Partner verschafften. Sein Europäertum – in katholisch-rheinischer Tradition verwurzelt – war nicht erst vor dem Hintergrund der deutschen Niederlage entstanden. Schon nach dem Ersten Weltkrieg und in der Weimarer Republik stand er in seinen politischen Funktionen dem deutschen Nationalismus und Revanchedenken sehr distanziert gegenüber.

Er war Oberbürgermeister der Stadt Köln, die unter seiner Amtsführung eine weltoffene Messestadt geworden war; außerdem stellte er eine der einflussreichsten Persönlichkeiten der Zentrumspartei dar. Und er begegnete nach dem Zweiten Weltkrieg den Repräsentanten der Besatzungsmacht mit der Unbefangenheit eines Mannes, der mit dem Geist von Nazismus und Militarismus nichts zu tun hatte. Sein Einsatz für Europas Einigung entsprang der Erkenntnis, dass nicht nur für Deutschland, sondern für alle europäischen Staaten das Zeitalter der Großmachtansprüche endgültig vorüber sei.

Aber die lange Verweigerung der Briten und chauvinistische Töne aus Frankreich – de Gaulle sprach von den „vaterlandslosen Technokraten aus Brüssel" – bewiesen, dass die alten Denkmuster noch gegenwärtig waren. Für ein wiedervereinigtes Deutschland – und das war ja das Ziel aller deutschen Politik – kam ein Konkurrieren mit den europäischen Nachbarn um Machtpositionen nicht mehr in Frage. Regierung und Bürger der Bundesrepublik entnahmen der Politik Adenauers die Lehre, dass es für Deutschlands neue geopolitische Lage nur ein politisches Ziel gab, nämlich die Einbindung in ein vereintes Europa als Teil der atlantischen Zivilisation.

Integration und Ausweitung

Obwohl die französischen Politiker Robert Schuman und Jean Monnet dem gemeinsamen Europa den Weg geöffnet hatten, fiel es dem Land nicht leicht, der Großmachtrolle ihrer Nation zu entsagen. Hierfür war das Scheitern der Europäischen Verteidigungsgemeinschaft ein erster Beweis. Die Fortsetzung einer eigenen französischen Verteidigungspolitik war ein Beispiel dafür, dass Frankreich auf einem Sonderstatus beharrte. Diese Politik zeigte sich an der **atomaren Bewaffnung** unter General de Gaulle mit der Force de frappe* im Dezember 1964 und am Verlassen der NATO zwei Jahre später.

Auch Großbritannien fiel es schwer, sich mit dem Verlust seiner Weltmachtrolle abzufinden, wie er sich in seinen Dominien, Kolonien und Mandatsgebieten vollzog.

In beiden Staaten hielt sich zäh das alte Großmachtbewusstsein. Sie vermochten nicht einzusehen, dass die Lage der europäischen Staaten in der geteilten Welt nach 1945 eine gänzlich andere war als die nach 1918, in der Siegermächte meinten, vermeintliche Großmachtpositionen sichern und ausbauen zu müssen. Die Menschen im zerstörten Europa konnten mit triumphierenden Siegern und gedemütigten Verlierern nicht die großen Fragen der Zeit beantworten. Vor ihnen türmte sich Not auf, die zu beheben die dringlichste Aufgabe der Regierungen war.

Freiheit und demokratische Entwicklung in den Ländern Europas war aktuell massiv bedroht von der ideologisch motivierten Weltrevolution. Die Nichtintegration des freien Teils Deutschlands, ein

---

* Atomare Bewaffnung zur Abschreckung

Alleinlassen der Italiener, Belgier oder Holländer in ihren zerstörten Städten mit all dem, was an Hunger und alltäglichem Mangel auf sie zukam, hätte die Bevölkerung in den Ländern Westeuropas in die Arme des Kommunismus getrieben. Nur der Zusammenschluss der Länder der freien Welt in ihrem europäischen Teil vermochte dem Kontinent die materielle und moralische Stabilität zu geben, die ihm die Freiheit erhielt.

Auch europäische Länder, die bis dahin den Anschluss an die Gemeinschaft nicht gefunden hatten, sahen das Miteinander als überlebensnotwendig an. Im Januar 1960 gründeten sie die **European Free Trade Association** (EFTA), die im Mai wirksam wurde. Dieser Gemeinschaft außerhalb der sich später zur Europäischen Union zusammenschließenden Staaten gehörten an: Dänemark, Finnland, Großbritannien, Irland, Island, Norwegen, Österreich, Portugal, Schweden und die Schweiz. Es ging ihnen vordringlich um die Liberalisierung des Warenverkehrs.

Doch höhere wirtschaftliche Interessen verlangten den Ausbau eines gemeinsamen Marktes: Dänemark, Großbritannien und Irland wurden daher 1972 Mitglieder der Europäischen Union. Den ersten Schritt nach Süden gingen die Europäer mit der Aufnahme Griechenlands zum Jahresbeginn 1981, nachdem sie in komplizierten Verhandlungen die Zypernfrage gelöst hatten. Die Süderweiterung schloss mit der Aufnahme Spaniens und Portugals im Jahre 1986 ab. Damit war die Union – nun „Europa der Zwölf" genannt – noch einmal um 320 Mio. Einwohner gewachsen.

Bei der gravierenden Bedeutung, die das Wirtschaftliche für die Gemeinschaft hatte, durfte die außenpolitische Koordinierung – hier ganz wesentlich der Umgang mit dem Ostblock – nicht unbeachtet bleiben. Auf der **Konferenz für Sicherheit und Zusammenarbeit in Europa** (KSZE) in Helsinki, deren Schlussakte am 1. Januar 1975 unterzeichnet wurde, hatte das durch Freiwilligkeit vereinte Europa ein Beispiel seiner Harmonie in sich und seines Verständigungswillens mit den nicht dazugehörigen Nachbarn gegeben.

Höhepunkt des europäischen Integrationsprozesses war der **Maastricht-Vertrag**, der mit seinem Inkrafttreten 1994 Währung und Wirtschaft Europas von Grund auf erneuerte. Die Vision Stresemanns von 1929 – eine Münze in ganz Europa – war nun Wirklichkeit geworden.

Da die beitrittswilligen Staaten nach den Wandlungen der Verhältnisse in Osteuropa stärker in das „Haus Europa" drängten, mussten für den europäischen Erweiterungsprozess verbindliche Kriterien gefunden werden. Das geschah 1993 beim **Kopenhagener Gipfeltreffen**. Diesen Kriterien zufolge musste ein beitrittswilliges Land eine auf das Mehrparteiensystem gegründete Demokratie sein, die Menschenrechte und den Schutz der Minderheiten respektieren sowie geordnete marktwirtschaftliche Wirtschaftsverhältnisse aufweisen. Die 1995 aufgenommenen Länder Finnland, Österreich und Schweden erfüllten diese Voraussetzungen.

Das Jahr 2004 brachte einen vorläufigen Ruhezustand in den Erweiterungsprozess. Am 1. Mai vergrößerte sich der Europa-Bund mit der **Osterweiterung** um folgende acht Länder des ehemaligen Ostblocks: Estland, Lettland, Litauen, Polen, Slowakei, Slowenien, Tschechien und Ungarn. Die mit ihnen zusammen aufgenommenen Staaten Malta und Zypern waren Nachzügler der Süderweiterung. Was Graf Coudenhove-Kalergi mit einer Vereinsgründung begonnen hatte, war nun völkerrechtliche Realität – die Einheit Europas.

Schwierigkeiten und Stagnationssignale

Der lange und beschwerliche Weg zu einem vereinten Europa war maßgeblich geprägt von **wirtschaftlichen Auseinandersetzungen**. Der wesentliche Punkt, um den es in der europäischen Gemeinschaft schon immer ging und dessen Dimensionen mit dem Wachsen der Gemeinschaft sich immer mehr differenzierten, war das Problem der gerechten Verteilung der vorhandenen Mittel auf die Mitgliedsstaaten. Mit dem Beitritt von Ländern, die wirtschaftlich nahezu ein halbes Jahrhundert ökonomischer Vernachlässigung ausgesetzt waren, komplizierte sich dieses Problem über das Übliche hinaus. Da die ehemaligen Länder des Ostblocks durch die Planwirtschaft und die Abhängigkeit vom großen Bruder wirtschaftlich rückständig geblieben waren, stellte sich der Gemeinschaft zunächst eine vordringliche Aufgabe. Es mussten marktwirtschaftliche Bedingungen geschaffen werden, um diese Länder an einem konkurrierenden Weltmarkt beteiligen zu können.

Abb. 5.2 Der Ausbau der Europäischen Union

Die damit verbundenen finanziellen Umschichtungen minderten natürlich **Subventionen** für bis dato geförderte Mitgliedsländer zugunsten neuer Teilhaber am Subventionstopf. Psychologisch wirkte sich das so aus, dass bisweilen Ängste geschürt wurden, die in Wahlkämpfen antieuropäischen Gruppierungen Scheinargumente lieferten, deren politische Konsequenz eine EU-Verdrossenheit unter den Bürgern jener Staaten war, die sich als „Zahlmeister" der Gemeinschaft empfanden. Die Verabschiedung des EU-Haushalts enthält immer ein Streitpotential zwischen Nettozahlern, Subventionsempfängern und Rabattbegünstigten, wie zum Beispiel unter der Ratspräsidentschaft Luxemburgs im Sommer 2005 deutlich wurde.

Bei den Abstimmungen über die **EU-Verfassung** im gleichen Jahr kam der Missmut der Bürger gegenüber der EU ans Tageslicht. In jenen Ländern, deren Verfassungen ein Bürgerreferendum zuließ, votierten die Wähler eindeutig gegen die EU. So verweigerten die Franzosen und Niederländer einer gemeinsamen EU-Verfassung ihre Zustimmung. Die Europäer waren offenbar unruhig geworden. Der Enttäuschung in Brüssel folgte eine beschwichtigende Erklärung des deutschen EU-Kommissars Verheugen, es müsse geprüft werden, wie viele neue Mitglieder die Gemeinschaft noch verkraften könne.

Was die Beitrittsfrage betrifft, so wuchs zum Jahresende 2005 die Skepsis in der Gemeinschaft noch aus einem anderen Grund. Es gibt Beitrittskandidaten, die eine mit den Europa-Idealen unvereinbare Haltung zeigen. Dazu gehört die **Türkei**, in der nach europäischen Maßstäben Nationalismus und Intoleranz um sich greifen. Nicht nur in der nationalistisch ausgerichteten türkischen Partei MHP artikuliert sich Derartiges.

Die Brüsseler Kommission erhob auch schwere Vorwürfe gegen die beitrittswilligen Länder **Bulgarien** und **Rumänien**, wo das Wirtschaftsleben von alten kommunistischen Comecon-Seilschaften beherrscht wird.

Belastet sind auch die **Balkanländer**, deren Bevölkerungen nicht in der Lage zu sein scheinen, bei ihren Regierungen die Auslieferung von Kriegsverbrechern an die internationale Gerichtsbarkeit durchzusetzen. Im Gegenteil, viele Menschen sympathisieren offen mit den Massenmördern des Balkankonflikts und gewähren ihnen Unterschlupf.

Zum Antritt der EU-Ratspräsidentschaft ließ der österreichische Bundeskanzler Schüssel zum Jahreswechsel 2005/06 verlauten, er habe kaum Hoffnung auf das baldige Zustandekommen einer Verfassung, aber er wisse, welch hohe Anerkennung die Verdienste der Europäischen Union in der Welt fänden. Und ihre Regierungen wüssten sich einig in der Verantwortung für den sozialen Fortschritt und die Wiedererlangung eines gesunden gesamteuropäischen Arbeitsmarktes.

Diese optimistische Betrachtungsweise des Weges, den die Regierungen der einzelnen Mitgliedsstaaten miteinander gehen sollten, weicht von der europäischen Realität jedoch beträchtlich ab. Die Union hat den Kraftakt von 2004, die Erweiterung um gleich zehn Mitglieder, noch nicht überwunden. Das beweist nicht allein das Schicksal des europäischen Verfassungsvertrages, für dessen Wiederbelebung sich Deutschland und Frankreich stark machen. Auch die Frage nach dem rein materiellen Nutzen eines Beitritts, die bei den neuen Partnern im Mittelpunkt ihres Interesses zu stehen scheint, erschweren das Gelingen des „Projekts Europa".

Dabei haben diese Länder die Beispiele Spaniens und Portugals vor Augen: Nach deren Aufnahme in die Europäische Gemeinschaft ging ein Ruck durch diese Staaten; die beiden iberischen Armenhäuser bekamen sowohl durch eigene Anstrengungen als auch durch die Hilfe der Gemeinschaft ein deutliches wirtschaftliches Eigengewicht. Diese Entwicklung hat bei vielen neuen bzw. potentiell neuen Partnern den Eindruck hinterlassen, bei einem Beitritt könne die Sanierung der eigenen Volkswirtschaft vor allem an die EU delegiert werden.

In den Anfangszeiten des Europagedankens hatten neben **wirtschaftlichen** vor allem auch **kulturelle** und **gesellschaftliche** Aspekte des vereinten Kontinents eine maßgebliche Rolle gespielt. Für die „Väter Europas" war es außerdem klar, dass die Einheit ein Geben und Nehmen sein und bleiben muss – wie es sich zu Beginn der Montanunion eindrucksvoll darstellte.

Bei den **Aufnahmekandidaten** macht sich allerdings eine Nichtachtung dessen breit, was die Union aus ihrer historischen Situation heraus mit Fug und Recht fordern kann: der nicht nur verbal zugesicherte, sondern auch praktizierte Respekt vor den Menschenrechten und ihr Schutz, die wirksame Bekämpfung der organisierten Kriminalität sowie die gründliche Renovierung des Justizwesens. Auch die in den führenden Schichten verbreitete Korruption ist keine Empfehlung für den Eintritt in die Gemeinschaft der europäischen Völker. Vor allem aber muss die grundsätzliche Einstellung der Menschen und ihrer Regierungsverantwortlichen eine andere sein als das lediglich liche Streben nach materiellem Vorteil und dem Beharren auf Reservatsrechten.

Auf einen Blick

- Aus gemeinsamen **christlich-abendländischen Wurzeln** entstehen **europäische Einzelstaaten** (Beispiele überstaatlicher Gemeinschaften sind die Hanse und die Universitäten).
- Das **Erlebnis der Kriege** ist **Triebfeder** des Nachdenkens über den **Frieden**.
- **Graf Coudenhove-Kalergi** setzt sich für die **Paneuropa-Idee** ein. **Europäische Politiker** bemühen sich um ein **vereintes Europa**, z.B. **Aristide Briand, Gustav Stresemann**.
- Die **wirtschaftliche Depression** um 1930 lässt erste Ansätze zur **Einheit Europas scheitern**.
- **Schritte** auf dem Weg zur **Europäischen Union**: Gründung des **Europarates** (1949) – Ausgestaltung der europäischen Gemeinsamkeit durch **Europäische Zahlungsunion** und **Montanunion**, der erste Meilenstein zu wirtschaftlicher Gemeinsamkeit – über die **Westeuropäische Union** kommen die **Römischen Verträge** zustande als Grundlage für die **Europäische Wirtschaftsgemeinschaft** und die **Europäische Atomgemeinschaft**.
- **Alcide de Gasperi, Jean Monnet, Paul Henri Spaak, Konrad Adenauer** gelten als **Gründerväter Europas**.
- Der **Maastricht-Vertrag** bringt eine **einheitliche Währung** für alle **EU-Länder**.
- Beim **Kopenhagener Gipfel** (1993) wird die **EU-Osterweiterung** geregelt. **Zehn neue Staaten** treten der **EU** 2004 im Rahmen der **Osterweiterung** bei.
- **Ablehnung einer EU-Verfassung** durch **Frankreich** und die **Niederlande** im Jahre 2005.

Aufgaben zur Lernkontrolle

Graf Richard N. Coudenhove-Kalergi

Das Paneuropäische Manifest

Im Jahr 1923 gründete Graf Richard Coudenhove-Kalergi die Paneuropäische Bewegung. Er forderte die Bildung eines europäischen Bundesstaates oder Staatenbundes, weil er Europa in einer dreifachen Gefahr sah, nämlich in der Gefahr des Vernichtungskrieges der Europäer untereinander, der Eroberung durch Russland und des wirtschaftlichen Ruins.

Zum dritten Aspekt führt er aus:
„Nie kann die zersplitterte Wirtschaft der uneinigen Staaten (...) konkurrenzfähig bleiben gegen die geschlossene Wirtschaft der Vereinigten Staaten von Amerika. Denn die europäischen Zwischenzölle behindern und verteuern jede Produktion. Die europäischen Wirtschaftsparzellen sind also verurteilt, von den außereuropäischen Wirtschaftsimperien Amerikas, Britanniens, Russlands und Ostasiens künftig ebenso erdrückt zu werden – wie Krämer von Trusts. Chronische Krisen werden die europäische Wirtschaft untergraben, die Not, das Elend und die Teuerung steigern – bis schließlich das bankrotte Europa amerikanische Wirtschaftskolonie wird. Dieser Zustand wird zur Versklavung der europäischen Arbeiterschaft durch das amerikanische Kapital führen, das sich jeder Kontrolle durch seine europäischen Arbeitnehmer entziehen wird.
Vor dieser Gefahr gibt es nur eine Rettung: Zusammenschluß des europäischen Kontinents zu einem Zollverband, Abbau der europäischen Zwischenzölle und Schaffung eines paneuropäischen Wirtschaftsgebietes."

Graf Richard N. Coudenhove-Kalergi, Paneuropa, Wien 1923/24.

1. *Welche der Voraussagen waren zwei Jahrzehnte später Realität geworden?*

2. *Wie hat sich das Verhältnis der in der Europäischen Union geeinten Staaten zu den Giganten Russland und Amerika verändert?*

3. *Die EU verfügt über wirtschaftspolitische Instrumente, die sie zum Nutzen der Gemeinschaft im Weltwirtschaftsgeschehen einsetzen kann.*
   Nennen Sie einige unter Berücksichtigung
   der historischen Entwicklung.

6. Verbrechen gegen die Menschlichkeit – die Schande des Zeitalters

Nach der ersten Hälfte des 20. Jahrhunderts war sich die Weltgemeinschaft darüber einig, Verbrechen gegen die Menschlichkeit fortan mit aller Härte zu verfolgen. Doch zwischen idealistischen Menschenrechtskonventionen und der Verurteilung von Massenmördern in Regierungsämtern steht die Realität einer lahmenden Gerichtsbarkeit. Der Verbrecher kann man nicht habhaft werden, und ein Prozess in Abwesenheit wird oft über Jahre und manchmal auch Jahrzehnte verschleppt. Der Fall des von der Sowjetunion unterstützten äthiopischen Diktators Mengistu, angeklagt am Ort seiner Verbrechen, ist ein Schulbeispiel dafür. Als Staatsgast des Massenmörders Mugabe, Präsident von Zimbabwe, lebt er seit Mai 1991 unter dessen Schutz in Harare. Am 23. Mai 2006 vertagte sich das Gericht in Addis Abeba, in einem nun schon zwölf Jahre dauernden Prozess. 730 Zeugen und 3.000 Beweisstücke zeigen auf den „roten Mengistu", seine Folterungen und Mordtaten. 50.000 Gequälte und Angehörige von Ermordeten fordern Gerechtigkeit ein.

1904	*Beginn des Ausrottungskrieges der deutschen Kolonialherren gegen den Stamm der Hereros in Deutsch- Südwestafrika*
1915	*Völkermord an den Armeniern unter osmanischer Herrschaft*
1918	*Beginn des blutigen Bürgerkriegs in der UdSSR*
1938	*Internationale Konferenz zur Lösung des Flüchtlingsproblems der Juden in Evian (06.–15.07.)*
1939	*Hitlers Euthanasiebefehl (01.09.); Erste Judentransporte in die Großghettos in Polen (25.10.)*
1941	*Präsident Roosevelt verkündet die Vier Freiheiten (06.01.); Deutscher Überfall auf die Sowjetunion – Errichtung von Vernichtungslagern (22.06.)*
1942	*Wannseekonferenz (20.01.); Erste Massenvernichtungsaktion durch Gas in Auschwitz-Birkenau mit 1.500 Toten (12.05.); Abtransport von 350.000 Juden aus dem Warschauer Ghetto nach Treblinka (22.07.)*
1943	*Aufstand im Warschauer Ghetto (19.04.–16.05.); Moskauer Erklärung über die Bestrafung von Kriegsverbrechern (03.10.)*
1945	*Beginn des Nürnberger Prozesses gegen die Hauptkriegsverbrecher (18.10.)*
1946	*Urteile im Prozess gegen die Hauptkriegsverbrecher (01.10.)*
1948	*Entschließung der UN-Generalversammlung gegen Gruppen- und Massenmord als Verbrechen im Sinn des Völkerrechts (09.12.) – UN-Deklaration der Menschenrechte (10.12.)*
1950	*Unterzeichnung der Europäischen Konvention der Menschenrechte (04.11.)*
1968	*Massaker von My Lai (16.03.)*
1988	*Irakische Flugzeuge bombardieren kurdische Bevölkerung von Halabja mit Giftgasbomben (17.03.)*
1992	*Menschenrechtskommission der UNO beginnt mit Aufklärung serbischer Kriegsverbrechen (09.10.)*
1993	*Errichtung des internationalen Kriegsverbrecher-Tribunals zur Verfolgung der Verbrechen auf dem Balkan (25.05.); Mordaktion der Serben an der Bevölkerung in Han Bila (Juli)*
1995	*Massenmord in Srebrenica (11.07.)*

6.1 Ein Tatbestand und seine Gründe

Der **Völkermord** ist die höchste Steigerung aller Kapitalverbrechen. Hat in einem Krieg der Angegriffene immer noch die Chance der Verteidigung, sind die Opfer des Völkermordes wehrlos einem willkürlichen, erbarmungslosen Vernichtungswillen ausgeliefert.

Seit frühesten Zeiten durchzieht der organisierte Mord Mächtiger an Ohnmächtigen die Menschheitsgeschichte, schon im fünften vorchristlichen Jahrhundert fielen die **Athener** über die Medier her. Die **Konquistadoren** des 16. Jahrhunderts suchten die Völker Zentralamerikas heim. **Bartholomäusnacht** oder „Pariser Bluthochzeit" nannte man den Massenmord vom 24. August 1572, als 3.000 Menschen in Paris und 20.000 auf dem Land in die Todesmühlen rivalisierender Adels- und Konfessionsparteien gerieten. Die erste Ausrottung eines Klassenfeindes ging als die **Septembermorde** der Französischen Revolution in die Geschichte ein. Mit der Landnahme weißer Siedler im 19. Jahrhundert in Amerika kam Deportation und Tod über unzählige **Indianer**. Das 20. Jahrhundert begann mit der blutigen Verfolgung der **Armenier** in der osmanischen Türkei und mit dem zum Genozid* ausufernden Krieg der deutschen Kolonialherren gegen ein Volk von Rinderhirten in Südwestafrika.

Absoluter Höhepunkt und in seinen Ausmaßen ohne Beispiel in der Geschichte aber war der **Holocaust**, der Mord an 6 Mio. Juden Europas im Machtbereich Deutschlands zwischen 1942 und 1945. Von Bürokraten buchhalterisch geplant und logistisch organisiert, wurde die gigantische Tötungsaktion in den Vernichtungsanlagen maschinenmäßig „abgewickelt".

Motivationshintergründe des Völkermordes

Die Geschichte zeigt, dass Völkermord aus mehreren Motiven heraus entsteht. Eine radikale **Ausrottungspolitik**, wie sie beispielsweise in den **Balkankonflikten** von 1992 bis 1995 und 1998/99 als **ethnische Säuberungen** die Weltöffentlichkeit empörte und das Eingreifen der UNO und NATO nötig machte, erwuchs aus einem serbischen Nationalismus, der sein fanatisch propagiertes Serbentum durch ein wachsendes demographisches Ungleichgewicht bedroht sah. Die Serben empfanden bei stagnierenden Geburtenraten die kräftige Zunahme der muslimischen Bevölkerung Bosnien-Herzegowinas als Bedrohung ihres Führungsanspruches im Gesamtstaat. „Ethnische Säuberungen" hieß im Klartext Massenmord, Folter und Deportation. Auch andere Volksgruppen des Balkan, wie die Kroaten, begingen in diesem Bürgerkrieg schwere Menschenrechtsverletzungen.

Ebenfalls im Höchstmaß verbrecherisch ist der spontane Vernichtungswille, wie er durch **Kriegshandlungen** entsteht, die aus dem Ruder laufen. Sie sind situationsbedingt und werden durch Stimmungen ausgelöst. Das **Nanking-Massaker** von 1937 (vgl. Lektion 11.2) ist dafür ein Beispiel.

Lange Zeiträume hindurch war **religiöser Eifer**, gepaart mit primitivem Hass auf Andersgläubige und Fremdenfeindschaft Antriebsfeder für organisierte Mordaktionen. Sowohl bei den Führern solcher Aktionen wie bei den fanatisierten Massen, die ihren Parolen ebenso triebhaft wie dumpf folgten, spielte dies eine wichtige Rolle. Der mittelalterliche **Antisemitismus**, der sich in den Pogromen in Russisch-Polen bis ins 19. Jahrhundert hielt, mag dafür ein Beispiel sein.

---

* Genozid = Völkermord

Massenvernichtung als **Ergebnis von Klassenkämpfen** lag insofern nahe, als für den, der von der Voraussetzung der Unbekehrbarkeit des Klassenfeindes ausgeht, dessen völlige Auslöschung die Konsequenz sein muss. So wie die Jakobiner der Französischen Revolution nicht allein das Königtum beseitigten, sondern auch den Adel, die Geistlichkeit und die königstreuen Bauern, so wurden die gleichen Menschengruppen im nächsten Klassenkampf, dem des 20. Jahrhunderts, zu Opfern derer, die der Bourgeoisie den Krieg erklärt hatten.

Der **Holocaust** war begründet in einer pervertierten Weltanschauungslehre, die erdacht war von fanatisierten Neurotikern. Mit zwanghafter Konsequenz wurde der Massenmord bestimmter Bevölkerungsgruppen zum Ziel der Politik und des großen Vernichtungskrieges erklärt. Hitlers Drohung in seiner Reichstagsrede vom 30. Januar 1939, in der er die Vernichtung der jüdischen Rasse in Europa als sein Ziel prophezeite, belegt den Tatvorsatz.

6.2 Das Jahrhundert der Genozide

Der Rassekrieg gegen die Hereros

Das heutige **Namibia** im Südwesten Afrikas war ab 1884 über 30 Jahre lang deutsches „Schutzgebiet", seit 1898 eine Kolonie des Reiches. Zu den eingeborenen Untertanen gehörten die Namas, ein Stamm der Hottentotten, und die Hereros. Die **Hereros** lebten von Schaf- und Rinderzucht. Mit den Kolonialherren wanderten 15.000 deutsche Siedler ein, deren Landnahme zu einem Aderlass für das Volk der Hereros wurde. Als eine Rinderpest ausbrach, verloren die Eingeborenen ihre wirtschaftliche Basis. Sie erhoben sich 1904 gegen die Kolonialherren in einem blutigen Aufstand, wurden besiegt und fast vernichtet.
Die Deutschen trieben die Überlebenden der Schlacht samt Frauen, Kindern und Vieh in die wasserlose Omaheke-Wüste. Ausbruchsversuche aus dem Todesrevier wurden mit Schüssen unterbunden. Von den 80.000 Menschen dieses Volkes überlebten 12.000 – nicht mehr als freie Rinderhirten, sondern in Reservaten. Gefangene, die in diesem drei Jahre dauernden Krieg in die Hände der Deutschen fielen, kamen in ein Konzentrationslager auf der Haifisch-Insel, die dem Kolonialgebiet vorgelagert war. Durch Ausbeutung ihrer Arbeitskraft, schlechte Ernährung, hygienische und gesundheitliche Vernachlässigung fanden 8.000 von ihnen den Tod.

Die Tragödie der Armenier

Das Schicksal der **Armenier** zu Beginn des 20. Jahrhunderts und der Umgang der Türkei mit dieser historischen Belastung ist heute eine Schlüsselfrage bei den Erwägungen geworden, die einem EU-Beitritt dieses Landes vorausgehen. Ein Jahrzehnt nach den Verbrechen der deutschen Kolonialmacht in Afrika gab es einen erneuten Völkermord in dem noch jungen Jahrhundert.
Die Armenier, Christen in einer muslimischen Umwelt, lebten nach einer langen, leidvollen Geschichte im Spannungsfeld zwischen zwei tief verfeindeten Staaten, dem griechisch-orthodoxen **Russland** und der muslimischen **Türkei**. Russland nahm für sich Schutzrechte über die armenischen Christen in Anspruch, ebenso meldete die Türkei Herrschaftsansprüche an. Auf dem Berliner Kongress 1878 wurde das Land geteilt. Den armenischen Christen unter osmanischer Herrschaft war freie Religionsausübung zugesichert worden. Die türkische Regierung setzte sich jedoch darüber hinweg. Ab 1894/1895 kam es zu blutigen Verfolgungen und Deportationen. Eine armenische Fluchtbewegung über die russischen Grenzen begann zugleich mit dem Leidensweg derjenigen Armenier, die unter osmanischer Herrschaft geblieben waren.

Dem ersten Vernichtungsschlag, geführt von Türken und Kurden 1909, folgte eine weitere Verfolgungswelle. Massaker und Verschleppungen verstärkten sich mit Ausbruch des Ersten Weltkrieges 1914 und fanden ihren Höhepunkt in der Deportation von 1,75 Mio. Armeniern nach Syrien und Mesopotamien. Dabei wurde mehr als eine Million Menschen systematisch und qualvoll ermordet. Das Deutsche Reich, Bundesgenosse der Türkei im Ersten Weltkrieg, empfand sich als unbeteiligter Zuschauer und umging auch die Stellungnahme, als es ein Jahr später still um die Armenierfrage wurde. Zu dieser Zeit war der größte Teil des Volkes ausgelöscht.

Genozide der kommunistischen Weltrevolution

Mit Lenins und Trotzkis Revolution 1917 breitete sich ein **kommunistisch-terroristischer Totalitarismus** aus. Es begann mit dem Bürgerkrieg im eigenen Land und setzte sich damit fort, dass unter Anwendung von Gewalt in den westlichen Nachbarländern Sowjetrepubliken errichtet werden sollten. Der Sieg im Großen Vaterländischen Krieg von 1941 bis 1945 erweiterte den Aktionsradius ins Globale, und die anschließende Verwirrung der Weltverhältnisse gaben der Sowjetmacht die Gelegenheit, während des Kalten Krieges Osteuropa zu beherrschen und dominierenden Einfluss auch in den Ländern Ostasiens und der Dritten Welt (Afrika, Süd- und Mittelamerika) zu erlangen.

Auftakt zu den Jahrhundertverbrechen war der **Bürgerkrieg** 1918 bis 1921, in dem Stalin seine Mitstreiter verschwinden und Zehntausende von Geiseln erschießen ließ. 1921/22 grassierte eine staatlich gelenkte Hungersnot, der Millionen zum Opfer fielen. In dieser Zeit beseitigten die Kommunisten 50.000 Menschen, die als Konterrevolutionäre aufgefallen sein sollen.
Ein „Konterrevolutionär" war jeder in ihrem Machtbereich, den die Geheimpolizei dieses Vergehens beschuldigte. Da die Sowjets Revolution in Permanenz unterhielten, hielten sie auch die Konterrevolution für einen Dauerzustand, und jeder stand unter Generalverdacht.
Die kollektivierte Landwirtschaft verlangte eine Planerfüllung von 150%, die Normen der Industrieproduktion wurden um 200% bis 400% gesteigert. Nichterfüllung war schon „Konterrevolution". Die genannten Normerhöhungen führten zu schwersten Repressionen. Ganze Züge von Männern, Frauen und Kindern kamen in Lager.

Zeitgleich mit den **Deportationen** liefen **Mordaktionen**. Einen Höhepunkt erreichten sie mit der Liquidation hoher Offiziere in den Säuberungsprozessen von 1937/38. Hauptverantwortlicher für diese Menschenjagd, die sich vor 1939 noch auf die eigenen Staatsbürger beschränkte, war der Diktator Stalin. Seine Mittäter bestanden aus einem kleinen Kreis, der sich in der Angstatmosphäre des Stalinismus in einer Doppelrolle sah: Seine Angehörigen waren gnadenlose Verfolger, die aber jederzeit selbst Opfer werden konnten. Der Geheimpolizei-Chef Berija zum Beispiel, eine „Bestie unter den Triebtätern", fiel nach jahrzehntelanger Mörderkarriere 1953 selbst seinen Henkern in die Hände.

Ein exemplarischer Fall sowjetischen Massenmords war die Liquidation von 15.000 polnischen Offizieren durch Genickschuss im Wald von **Katyn**, obwohl diese sich beim sowjetischen Einmarsch in Ostpolen im Herbst 1939 der Roten Armee ergeben hatten. Der sowjetische Ankläger im Nürnberger Prozess lastete dieses Verbrechen der deutschen Wehrmachtsführung an. Stillschweigend ließ er aber den Anklagepunkt fallen, als die Verteidiger ankündigten, Beweismittel vorzulegen, nach denen die Täterschaft der Sowjets einwandfrei erwiesen sei.
Erst im Oktober 1992 – die UdSSR gab es nicht mehr – kam diese Wahrheit ans Licht. Auf Drängen Polens trat im Oktober 1992 eine polnisch-russische Historikerkommission zusammen, die

feststellte: 15.000 Offiziere der polnischen Streitkräfte, darunter Staatsbeamte, Intellektuelle und Ärzte, die sich in sowjetische Gefangenschaft begeben hatten, waren als „Klassenfeinde" getötet worden.

Das waren nur die Verbrechen der sowjetischen Staatsführung. Hinzu kommen die Verbrechen ihrer Marionettenregierungen in Osteuropa. Zu ihnen gehören nicht nur die Gewalttaten während der Erhebung in Ungarn 1956 und des Prager Frühlings 1968, sondern auch die Opfer an der Berliner Mauer und die unendlich vielen Gequälten, Gefolterten und Verschleppten der Sowjetherrschaft in Europa. Auf das Konto der roten Weltrevolution gehen auch die Millionen Toten in **China** und **Kambodscha**.

Das Menschheitsverbrechen des germanischen Rassenwahns unter Hitler

Der Massenmord an den europäischen Juden war die Frucht Hitlerschen Judenhasses, dem Zentrum des Tatkomplexes. Den millionenfachen Mord in den Vernichtungslagern umschrieben die Nazis mit **Endlösung**. Die Täter dieses Genozids waren andere als jene, die in den Jahren 1933 bis 1941 den Antisemitismus bejaht hatten, indem sie die Judenhetze mitmachten und jüdische Mitbürger massiv drangsalierten. Teilweise führten ihre Taten zu Körperverletzungen und Sachschäden. Obwohl solche Vergehen bereits den Weg zum systematischen Mord ebneten, können diese zivilen Bürger nur insoweit als Täter genannt werden, als sie sich im Großen und Ganzen passiv verhielten.

Das Täterprofil der Mordaktivisten sah anders aus. Vor ihnen allen standen der Reichsführer der SS **Heinrich Himmler** und der Chef des Sicherheitsdienstes der SS (SD) **Reinhart Heydrich**. Er leitete die **Wannseekonferenz** vom 20. Januar 1942. Zu dieser Zeit war der Krieg gegen die Sowjetunion in vollem Gange und die Einsatzgruppen des SD (Mordkommandos) kamen mit den Erschießungen nicht mehr nach. Ein erstes Vernichtungslager war im Herbst 1941 in Chelmno errichtet worden, im November 1941 kam das zweite in Belzec hinzu.

Der Massenmord sollte nicht ins Stocken geraten: so stand die Planung eines reibungslosen und mit höchster Effektivität funktionierenden Lagersystems an erster Stelle. Es ging dabei darum, die Juden in dem von Deutschland beherrschten Kontinent zu sammeln und in Todesfabriken zu transportieren, die fern im Osten lagen. Wie das im Einzelnen zu geschehen hatte, wurde auf der Wannseekonferenz festgelegt: von der Auflösung der bisherigen Wohnungen der Opfer, über deren Deportation bis zur Tötung und Verwertung des noch Nutzbaren (Kleider, Koffer, Goldzähne, Haare, Brillen).

An diesem 20. Januar 1942 waren alle die versammelt, die maßgebend zur schnellen Endlösung beitrugen: Staatssekretäre der entsprechenden Ministerien, Vollzugsorgane der SS, örtliche Instanzen aus den besetzten Ostgebieten, Vertreter der Reichsbahn, die den Transport von Millionen Menschen besorgen sollte, und eine am Profit interessierte Industrie. Der Holocaust wurde hier bürokratisch geplant und organisiert.

Nachdem die Lager mit ihren Todesfabriken errichtet und die Fahrpläne logistisch entwickelt worden waren, begann die Tötungsmaschinerie zu laufen.

Sie am Laufen zu halten, war zuerst Aufgabe der Lagerkommandanten (z.B. Rudolf Höß in Auschwitz) und der Wachmannschaften der SS. Hinzu kamen das ebenfalls der SS angehörende technische Personal und Hilfskräfte, die aus verwendungsfähigen Häftlingen rekrutiert wurden und so lange im Lager arbeiteten, bis sich ihre Kräfte verbraucht hatten. Indirekt waren auch die Zulieferer der chemischen Industrie an den Massenmorden beteiligt, da sie das Vergasungsmittel **Zyklon B** herstellten, ein hochgiftiges Schädlingsbekämpfungsgas.

SS-Gruppenführer Hofmann — Rasse- und Siedlungshauptamt

SS-Gruppenführer Müller
SS-Obersturmbannführer Eichmann — Reichssicherheitshauptamt

SS-Oberführer Dr. Schöngarth
Befehlshaber der Sicherheitspolizei und des SD im Generalgouvernement — Sicherheitspolizei und SD

SS-Sturmbannführer Dr. Lange
Kommandeur der Sicherheitspolizei und des SD für den Generalbezirk Lettland, als Vertreter des Befehlshabers der Sicherheitspolizei und des SD für das Reichskommissariat Ostland. — Sicherheitspolizei und SD

Chef der Sicherheitspolizei und des SD, SS-Obergruppenführer H e y d r i c h, teilte eingangs seine Bestellung zum Beauftragten für die Vorbereitung der Endlösung der europäischen Judenfrage durch den Reichsmarschall mit und wies darauf hin, daß zu dieser Besprechung geladen wurde, um Klarheit in grundsätzlichen Fragen zu schaffen. Der Wunsch des Reichsmarschalls, ihm einen Entwurf über die organisatorischen, sachlichen und materiellen Belange in Hinblick auf die Endlösung der europäischen Judenfrage zu übersenden, erfordert die vorherige gemeinsame Behandlung aller an diesen Fragen unmittelbar beteiligten Zentralinstanzen im Hinblick auf die Parallelisierung der Linienführung.

Land	Zahl
A. Altreich	131.800
Ostmark	43.700
Ostgebiete	420.000
Generalgouvernement	2.284.000
Bialystok	400.000
Protektorat Böhmen und Mähren	74.200
Estland	– judenfrei –
Lettland	3.500
Litauen	34.000
Belgien	43.000
Dänemark	5.600
Frankreich / Besetztes Gebiet	165.000
Unbesetztes Gebiet	700.000
Griechenland	69.600
Niederlande	160.800
Norwegen	1.300
B. Bulgarien	48.000
England	330.000
Finnland	2.300
Irland	4.000
Italien einschl. Sardinien	58.000
Albanien	200
Kroatien	40.000
Portugal	3.000
Rumänien einschl. Bessarabien	342.000
Schweden	8.000
Schweiz	18.000
Serbien	10.000
Slowakei	88.000
Spanien	6.000
Türkei (europ. Teil)	55.500
Ungarn	742.800
UdSSR	5.000.000
Ukraine	2.994.684
Weißrußland ausschl. Bialystok	446.484
Zusammen: über	11.000.000

Abb. 6.1 Auszüge aus dem Protokoll der Wannseekonferenz

Die **Opfer des Völkermordes**: alle **Juden**, die man aus dem NS-Reich und dem von ihm beherrschten Europa zusammengetrieben hatte. Nachdem die NS-Regierung seit 1933 jedes jüdische Persönlichkeitsrecht nach und nach aufgehoben hatte, gab es für die propagandistisch verhetzten Deutschen nur mehr „den Juden" als gesichtsloses Feindbild. „Der Jude" war jedoch eine Erfindung der nationalsozialistischen Propaganda, die der Vielfalt und kulturellen Stärke jüdischen Lebens in Deutschland in keiner Weise gerecht wurde.

Es gab orthodoxe Juden, die nach den Geboten ihres Glaubens lebten und deren Rabbinern im christlichen Deutschland während der Monarchie und der Weimarer Republik der gleiche Respekt von Seiten des Staates zuteil wurde wie ihren katholischen und evangelischen Amtsbrüdern. Deutschnationale Juden, unter ihnen auch Frontkämpfer des Ersten Weltkrieges, trugen mit Stolz die Orden des Kaisers. Der Anteil bedeutender Wissenschaftler und Künstler war gerade in Deutschland, das sie als ihre Heimat liebten, besonders hoch und ihr Wirken fruchtbar. Die für die deutsche Wirtschaft und Kultur wirkenden Kosmopoliten unter den Juden deutscher Herkunft brachten ihrem Land materielle Gewinne und Ehren ein.

Zu den Mordopfern sind auch die **Sinti und Roma** zu zählen, die in Deutschland abwertend „Zigeuner" hießen. Im Gegensatz zu anderen europäischen Staaten war der Anteil deutscher Sinti und Roma, die in die Vernichtungslager deportiert wurden, gering. Viele von ihnen hatten Deutschland schon vor dem Krieg verlassen, nachdem sie 1938 ein **Zigeunergrunderlass** als Existenzen ohne Lebensrecht einstufte. 1940 begann ihre Verschleppung aus den europäischen Ländern, die unter nationalsozialistische Herrschaft geraten waren. Vor allem betraf dies die Länder Südosteuropas. Schon in den Sammellagern verhungerten viele und starben an Seuchen und Krankheiten.

Der Mord begann für jeden einzelnen und für jede Familie in dem Moment, in dem sie ihre Wohnung ein letztes Mal zuschlossen, die Schlüssel abzugeben hatten und die Lastwagen zum Abtransport bestiegen. Diese brachten sie zur Sammelstelle, meist das Nebengleis eines Vorortbahnhofs. Die Massentransportzüge standen auf großen Güterbahnhöfen bereit. In Viehwägen verladen, zusammengepfercht, mit wenig Wasser und ganz geringer Nahrung versorgt, gegen Hitze und Kälte schutzlos, begann die unendlich lange, qualvolle Reise in den Tod.

An der Verladerampe endete die Fahrt und es begann die **Selektion** mit der Trennung der Männer von ihren Frauen, der Mütter und Väter von ihren Kindern sowie der Einteilung in Arbeitsfähige und Todeskandidaten. Den noch einigermaßen Arbeitsfähigen war ein Aufschub gegeben, dessen Dauer von ihrer schwindenden Arbeitskraft abhing.

In der ersten Phase der Judenvernichtung des Sommers 1941 gab es zwei Tötungsverfahren. Die Opfer wurden an die Ränder großer Gruben geführt und von den Männern der Einsatzgruppen des SD erschossen. Viele von ihnen starben im Massengrab einen qualvollen Tod.

Die nervliche Beanspruchung der Täter machte notwendig, eine andere Methode einzuführen, nämlich die Tötung durch Gas in hermetisch abgeschlossenen Fahrzeugen. Nachdem man die Mordopfer in diese Wägen hineingepfercht hatte, schloss sich die Klappe, das Auto fuhr an, und dann schaltete sich der Gasfluss zum Motor in den Innenraum um. Bei der geringen Fassungskraft eines einzelnen Fahrzeugs aber stand der „Nutzen" für die NS-Verbrecher in keinem Verhältnis zum Aufwand.

Darum entstanden die **Gaskammern** der Vernichtungslager, die ab Herbst 1941 errichtet wurden: Chelmno, Belzec, Sobibor, Treblinka, Auschwitz-Birkenau und Majdanek. Ihre Erfinder und Betreiber rühmten Perfektion und Effektivität des Verfahrens. Ein gewisses Quantum Zyklon B in die hermetisch abgeriegelte Gaskammer geschüttet, führte dort in 3 bis 15 Minuten zum Tod. Die Mörder von Auschwitz konnten in einer Gaskammer auf einmal 2.000 Tötungen herbeiführen, wozu in Treblinka 200 Zehnerkammern gebraucht wurden. Es gab auch „Sonderbehandlungen" Einzelner, die zum Beispiel durch Benzin-Injektionen getötet wurden. Schwache, Alte, Kranke und Kinder hat man sofort vergast. Insgesamt kamen in diesen Lagern über drei Millionen Juden durch Giftgas ums Leben. Durch Massenerschießungen erhöhte sich diese Zahl noch.

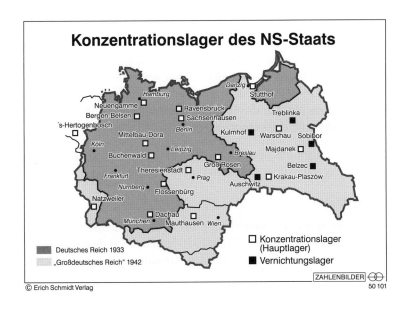

Abb. 6.2
Konzentrationslager
des NS-Staats

Dem NS-Rassekrieg fielen auch mehr als drei Millionen **russischer Kriegsgefangener** zum Opfer, die nach Auspressung ihrer Arbeitskraft dem Verhungern preisgegeben wurden. Auch die ungezählten Männer und Frauen, die verschleppte Zivilbevölkerung aus Weißrussland, der Ukraine und Polen – in Deutschland **Ostarbeiter** genannt – gingen auf ähnliche Weise zugrunde.
Es gab keine Gegenwehr von Seiten der Opfer. Die einzige auflehnende Verzweiflungstat war der **Aufstand im Warschauer Ghetto.** Nachdem 1942 im Juli 350.000 Juden aus diesem Großghetto in die Vernichtungslager abtransportiert worden waren, widersetzten sich die dort verbliebenen 60.000 dem Räumungsbefehl. Die SS wollte ihre Anordnungen gewaltsam durchsetzen. Am 19. April 1943 begann ein fürchterlicher Untergrundkampf der Bedrängten gegen ihre Mörder. Er dauerte bis zum 19. Mai, an dem sich ein kleiner Rest Überlebender ergab; 56.000 der Männer und Frauen waren im Kampf gefallen. Die jenseits der Weichsel Gewehr bei Fuß stehende Rote Armee sah zu.

Mit dem Vorrücken der Sowjets begannen die Betreiber der Todesfabriken, mögliche persönliche Konsequenzen ihrer Tätigkeit zu überdenken. Sie wollten die Spuren ihrer industriemäßigen Massenmorde beseitigen. Ein Befehl Heinrich Himmlers ordnete an, den Tötungsbetrieb einzustellen, die Vernichtungsanlagen zu zerstören und die Lager zu evakuieren. Im November 1943 beendete das erste Lager seine Aktionen, ab November 1944 stieg kein Rauch aus den Auschwitzer Krematorien mehr auf. Die Vernichtung der europäischen Juden forderte **sechs Millionen Opfer**.

Was wussten die Deutschen?

Dass von dem, was in Deutschland und in den von der Deutschen Wehrmacht besetzten Gebieten vorging, niemand etwas bemerkt haben wollte, ist völlig unwahrscheinlich und als Schutzbehauptung zu bewerten, die das Gewissen entlasten sollte. Dreimal gab es in der Friedenszeit eine Welle von Emigrationen: Zum ersten Mal sofort nach Hitlers Regierungsantritt, der von ersten Boykottmaßnahmen gegen Juden begleitet war. Das zweite Mal nach Erlass der Nürnberger Gesetze mit ihren Repressionen, die den bürgerlichen Tod der deutschen Juden einleiteten. Und schließlich war es das Jahr 1938, als nach der Annexion Österreichs viele bedrohte Menschen erneut Fluchtwege suchten. Die **Reichskristallnacht** im November des gleichen Jahres steigerte bei den Gefährdeten noch einmal den Willen, dem bedrohlich gewordenen Land zu entkommen.
Auch was 1942 mit den Juden geschah, blieb vielen Deutschen nicht verborgen. Das belegen spontane Aufzeichnungen Unbeteiligter aus den Kriegsjahren. Sie hatten die Wohnungsräumungen bemerkt und die mysteriösen Begleitumstände der Abholung ihrer Bewohner auf Lastwagen. Auch die seltsamen Vorgänge auf den Nebengleisen von Bahnhöfen konnten den Fahrgästen vorbeifahrender Züge nicht verborgen geblieben sein: Dort stiegen zivile Menschen, alltäglich gekleidet und von bewaffneten Schutzleuten begleitet, in Güterwaggons ein. Für die Todgeweihten war das – und wenn auch nur für einen kleinen Zeitbruchteil – ein Moment, der sie noch einmal mit der alten Welt verband.

Aus den Lageberichten des SD, den *Meldungen aus dem Reich*, geht hervor, dass trotz strengsten Geheimhaltungsgebots eine „Flüsterpropaganda" über das Schicksal der Juden umging.

Was wusste und was tat die Welt?

Die Reaktion des **Auslandes** auf die Verfolgung und Vernichtung der Juden im deutschen Machtbereich bot ein Spektrum divergierender Verhaltensweisen. Ende 1935 hatten 8.000 deutsche Juden den Freitod gesucht, 35.000 waren emigriert. Der Andrang auf den Konsulaten in den deutschen Großstädten stieg ins Extreme.

Die **Emigration** war allein schon dadurch beträchtlich erschwert, dass das Deutsche Reich von Ausreisenden eine Ablösungssumme verlangte. Das Schlimmste aber für die deutschen Juden war, dass die Länder, in denen sie Verwandte und Freunde hatten (z.B. Palästina und die Vereinigten Staaten) ihnen die Einreise außerordentlich erschwerten. Die britische Administration in Palästina setzte der Aufnahmekapazität enge Grenzen. Und die USA ließ nur Leute einreisen, die ein Affidavit vorweisen konnten, eine eidesstattliche Versicherung – in diesem Fall eines US-Staatsangehörigen –, für den Einwanderer zu bürgen, damit der dem Gastland bei eventuell eintretender Bedürftigkeit nicht zur Last falle.

International fanden die Leiden der deutschen Juden aus mancherlei Gründen keine Beachtung. Der Präsident der Zionistischen Weltorganisation **Chaim Weizmann** appellierte schon lange vor dem Krieg an die englische Regierung, dem nationalsozialistischen Deutschland ernsthafte Konsequenzen für seine Menschenrechtsverstöße anzudrohen. Das deutliche Desinteresse der Appeasement-Politiker in London ließ ihn dem Außenminister Lord Halifax gegenüber die Warnung aussprechen: *Heute zünden sie Synagogen an, morgen die britischen Kathedralen.*

Mit der Annexion Österreichs durch das Deutsche Reich brach über 400.000 Juden die Verfolgung herein. Die Resonanz darauf in den USA konnte Präsident Roosevelt nicht mehr einfach überhören. Er ergriff die Initiative, eine **Konferenz zur Lösung der Flüchtlingsfrage** im französischen Evian anzuregen. Auf der Konferenz (6. Juli–15. Juli 1938) stand die Lösung der Frage an, ob und wie die Einwanderung von 300.000 bis 400.000 erwerbsfähigen Juden bewerkstelligt werden könnte. Die Aufnahme von Alten und Kranken gestaltete sich schwierig, da die vertretenen Regierungen sich weigerten, Mittellose in Massen aufzunehmen. Die innen- und sozialpolitischen Probleme, die ihren Ländern daraus erwüchsen, könnten sie gegenüber ihren Bürgern nicht verantworten. Außerdem, so betonten einige, würden die anderen antisemitischen Staaten (Polen, Ungarn und Rumänien) auf gleiche Weise versuchen, ihre Juden loszuwerden. Das Ende dieser „Rettungsaktion" war enttäuschend. Keiner außer der Dominikanischen Republik bot Hilfe an. Die USA waren bereit, 27.000 Personen Asyl zu gewähren. Hitlers Antwort auf Evian kam sofort: *Wenn keine Auswanderung, dann Vernichtung.*

So bahnte sich eine vielfache Katastrophe an. Ungeachtet erfolgter oder nicht erfolgter Aufnahmezusagen machten sich **Flüchtlingsschiffe** von deutschen Häfen aus auf den Weg in die ersehnte Freiheit. Im März 1939 wurden 68 deutsche Einwanderer aus Buenos Aires abgeschoben, weil ihre Aufenthaltsgenehmigungen abgelaufen waren. Im gleichen Monat sank die herumirrende und von jedem Hafen abgewiesene „Capo" mit 750 jüdischen Flüchtlingen an Bord.

Im Juni 1939 – Krieg und Eskalation der Verfolgung stand für die deutschen Juden drohend am Horizont – ging die „St. Louis" mit 900 Emigranten auf die Reise, um einen aufnahmewilligen amerikanischen Hafen zu finden. Nach einer drei Wochen dauernden vergeblichen Suche kehrte das Schiff mit seiner Fracht Verzweifelter nach Deutschland zurück.

Bei Kriegsausbruch am 1. September 1939 befanden sich 500.000 jüdische Menschen innerhalb der deutschen Grenzen. Ihre Bitten um Immigration verhallten ungehört in der Welt. Hitler eroberte Europa. Die in die Tschechoslowakei, nach Holland, Belgien und Frankreich geflohenen Juden versuchten, über Lissabon zu entkommen. Wem das nicht gelang, wurde in diesen Ländern aufgestöbert und der Endlösung zugeführt.

Es gab in diesen fürchterlichen Zeiten aber auch Lichtblicke. In **Skandinavien** standen unerschrocken Regierungen und Volk den Gehetzten bei und halfen ihnen unterzutauchen oder die rettende schwedische Grenze zu überschreiten, wie es zum Beispiel 7.500 dänischen Juden durch die Solidarität ihrer nichtjüdischen Landsleute gelang. Zu rühmen ist auch die Hilfe Finnlands, das trotz seines Militärbündnisses mit Hitler-Deutschland souverän handelte und die Deportation seiner jüdischen Mitbürger verhinderte.

Euthanasie – Rassereinheit durch Mord

Den Wert eines Menschenlebens im NS-Staat bestimmte seine Rassereinheit und Gesundheit. Überwachung und Garantie dieser menschlichen Qualitätskriterien war Aufgabe des Rasse- und Siedlungshauptamtes. Es betrieb eine rigide Auswahl, die für die so genannte **Rassenhygiene** sorgen sollte. Sie galt verpflichtend für SS-Angehörige. Nach dem Krieg aber sollte sie jeden Deutschen betreffen. Schon kurz nach 1933 mussten Ehe schließende Paare ein Erbgesundheitszeugnis vorlegen. Bald standen den rassisch Ausgegrenzten auch die mit dem Stigma „lebensunwertes Leben" Gezeichneten gegenüber, die aufgrund von Krankheit oder Behinderung keinen „Wert" mehr hatten.
Die Tötung solchen Lebens entsprach ganz dem Willen Hitlers und wurde deshalb ab 1938 propagiert sowie mit Gesetz vom 1. September 1939 als **Euthanasie** (Gnadentod) legalisiert. Besonders bedroht von dieser Mordabsicht waren missgebildete Kinder, psychisch Kranke und Debile.

Die Liquidierung dieser laut NS-Jargon „unnützen Fresser" erfolgte wieder nach den Regeln der SS-Bürokratie. Am Anfang stand die „Erfassung", dann folgte der „Zugriff" und schließlich die Entfernung aus der Familie und Verbringung in dafür vorgesehene Anstalten. Manchmal erreichten die Opfer nicht einmal mehr diese. Im Durchgangslager Soltau waren beispielsweise 1.558 psychisch Kranke aus ostpreußischen Heilanstalten mit Dieselauspuffabgasen getötet worden. In den „ordentlichen Euthanasie-Anstalten", von denen Bernburg, Brandenburg, Grafeneck, Hadamar und Pirna-Sonnenstein zu trauriger Berühmtheit gekommen waren, injizierten Ärzte Salzlösungen und fanden auch andere Tötungsarten. Zwischen 1940 und 1941 fielen der Mordaktion 100.000 Menschen zum Opfer. Aufgrund kirchlicher Proteste der Bischöfe **Graf von Galen** und **Theophil Wurm** trat ab dem 23. August 1941 eine Pause ein. Später ging das Töten – wenn auch mit Einschränkungen – jedoch weiter bis 1944/45. Es mussten noch annähernd 30.000 Menschen sterben.

Das Morden nach der Zeitenwende von 1945

Mit dem Ende des Zweiten Weltkriegs hatte die Welt keinesfalls den Schutz der **Charta der Vereinten Nationen** genießen können. Zwar versprach sie allen Menschen ein Freisein von Angst, aber ein dauerhafter Frieden war nie Wirklichkeit geworden. Nach dem Krieg ging durch Europa noch einmal eine Mordwelle, angetrieben durch die Aufrechnung erlebter Leiden. Sie beschränkte sich nicht auf die 2,5 Mio. Opfer unter den aus Polen und der Tschechoslowakei vertriebenen Deutschen. Auch in den von Deutschland besetzt gewesenen Ländern wurden Kollaborateure gejagt. Erst nach dem Zusammenbruch des jugoslawischen Staatsverbands 1991 kamen zum Beispiel die Verbrechen des Präsidenten **Josip Tito**, die Massenmorde an Nichtserben nach dem Zweiten Weltkrieg, ans Tageslicht.

Krieg und Intensität der Verfolgungen durch Diktaturen mit Millionen von Opfern hatten dazu geführt, weltweit die Heiligkeit des Lebens zu missachten. Einige Beispiele seien im Folgenden erwähnt:

- Der **Bürgerkrieg in Kambodscha** (1970er Jahre) mit dem Wüten der Roten Khmer unter der Bevölkerung kostete schon in seiner Anfangsphase 1,3 bis 2,3 Mio. Menschenleben.

- Unzählbar bleiben die Menschen, die im unseligen Streit um die **Apartheid in Südafrika** umgebracht wurden, im Gegeneinander von Weißen und Schwarzen.
- Jahrzehntelang war der **Kongo** Schauplatz von **Bürgerkriegen** und **diktatorischen Grausamkeiten**.
- Die Morde des **Militärdiktators Pinochet** und seiner Todesschwadronen zwischen 1973 und 1990 bleiben im Gedächtnis nicht allein der **Chilenen**.
- Der **Nahostkonflikt** forderte auf beiden Seiten täglich seine zivilen Opfer, genauso wie auch der nicht endende **Krieg im Irak**. Der Giftgasangriff Saddam Husseins auf die kurdischen Landsleute in Halabja 1988 gab davon einen Eindruck.
- Der **Krieg Russlands** gegen das **tschetschenische Volk** in den 1990er Jahren forderte zahlreiche zivile Opfer, wie sie auch in Afghanistan täglich gebracht wurden.
- Aus **Ruanda** werden 1994 erschreckende Nachrichten geliefert: „800.000 Angehörige der Tutsi von Hutu-Milizen abgeschlachtet". Der Hass zwischen den Bevölkerungsgruppen endete in einem erbarmungslosen **Genozid**.
- Am 11. Juli 1995 ermordete die **Mladic-Soldateska** vor den Augen niederländischer Blauhelm-Soldaten 7.000 bosniakische Männer und Jugendliche in **Srebrenica**.

Vertreibungen

Im 20. Jahrhundert kam eine weitere Plage über die Völker: die **Vertreibung** von ihren Wohnsitzen. Die Begriffe „Zwangsumsiedlung" und „ethnische Säuberung" entstammen neuerer Zeit. Neben ethnographischen Motiven liegen diesen Aktionen auch handfeste machtpolitische und Ausrottungsabsichten zugrunde. Einige Beispiele seien herausgegriffen:

Nach dem Zerbrechen des Hitler-Stalin-Paktes 1941 deportierte die Sowjetunion die seit Jahrhunderten an der Wolga ansässigen **Wolgadeutschen**. Hungersnöte und Massaker dezimierten die vor dem Ersten Weltkrieg 700.000 Seelen starke Bevölkerung auf 350.000.

Nach der Niederlage Polens im Herbst 1939 wurde das westliche Polen zum Warthegau und man siedelte Deutsche dort an. Die dort beheimatet gewesenen Polen wurden weiter nach Osten verdrängt. Bei der gleichzeitigen Westverschiebung der UdSSR nach Ostpolen, das ihr von der Nazi-Regierung überlassen wurde, vertrieben die Russen wiederum die dort lebende polnische Bevölkerung. Mit dem Kriegsende 1945 behielten die Sowjets diesen Besitz und gaben den Polen als Ersatz die deutschen Ostgebiete der Schlesier, Ostpreußen und Pommern. Endergebnis dieser sechsjährigen Völkerwanderung waren zwölf Millionen Vertriebene und nun Heimatlose, zu denen auch die aus der Tschechoslowakei Vertriebenen gehörten.

Schon der erste arabisch-israelische Krieg von 1948 schuf das bis heute ungelöste Flüchtlingsproblem im Nahen Osten. Und das Ende des künstlich geschaffenen Jugoslawien ließ uralte Feindschaften zwischen den südslawischen Volksgruppen wieder aufflammen. Im Juli 1993 wurden Tausende muslimischer Flüchtlinge aus Bosnien-Herzegowina im Zuge einer ethnischen Säuberung von den Serben aus der Heimat vertrieben, in Konzentrationslagern gefangen gehalten, gefoltert und vergewaltigt.

Und immer noch reißen die Ströme von Vertriebenen nicht ab. Im Dezember 2005 meldete die BBC: *Im Osten des Kongo fliehen 11.000 Menschen vor Kämpfen der Regierungstruppen und UN-Soldaten mit ugandischen Rebellen.*

6.3 Anwaltschaft für das Leben – Menschenrechte und ihr Schutz

Menschenrechte

Die **UN-Menschenrechtsdeklaration** von 1945 wollte der Welt verbindliche Normen geben, um die in der ersten Jahrhunderthälfte zutiefst verletzten Menschenrechte künftig zu wahren, zu verteidigen und ihre Missachtung entsprechend zu bestrafen. Das zu schützende Gut waren die **Vier Freiheiten**, die US-Präsident Roosevelt am 6. Januar 1941 verkündet hatte. Es waren dies:

- Rede- und Meinungsfreiheit,
- Glaubensfreiheit,
- Freiheit von Not und
- Freiheit von Furcht.

Daraus folgte eine **Allgemeine Deklaration der Menschenrechte**. Sie wurde am 10. Dezember 1948 von den Vereinten Nationen verabschiedet. Es war ein Katalog völkerrechtlich unverbindlicher Empfehlungen, die bürgerliche, politische und soziale Rechte betrafen. Inzwischen gelten sie als völkergewohnheitsrechtlich anerkannt.

Die Sowjetunion und ihre Satelliten versuchten bei den KSZE-Verhandlungen, sich der Aufnahme einer Menschenrechtskonvention in die Schlussakte zu widersetzen; bald waren die Einsprüche von dieser Seite aber gegenstandslos. Dennoch blieb Genozid ein bio-politisches Instrument der Machthaber bis heute.

Strafverfolgung

Angesichts der Verbrechen des NS-Regimes kamen die alliierten Staaten rasch darin überein, die von Hitler und seinen Gefolgsleuten angerichteten Verbrechen so zu bestrafen, dass den kommenden Generationen eindringlich nahe gebracht wird: Willkürlich herbeigeführte Kriege und Völkermord sind todeswürdige Verbrechen. Diese Überzeugung liegt der Moskauer Erklärung vom Oktober 1943 zugrunde. Sie war die juristische Grundlage der in Aussicht genommenen Prozesse gegen die Hauptkriegsverbrecher und ihre Helfershelfer. Mit dem **Londoner Abkommen** vom Mai 1945 waren die drei Komplexe, die Gegenstand des Nürnberger Prozesses sein würden, festgelegt. Es waren dies:

- Kriegsverbrechen: Mord, Misshandlung von Kriegsgefangenen und Zivilpersonen, Deportation der Bevölkerung, Plünderung.
- Verbrechen gegen die Menschlichkeit: Mord, Völkermord, Versklavung und andere mit dem Makel der Unmenschlichkeit behaftete Handlungen.
- Verbrechen gegen den Frieden: Alle Aktionen, die einen Angriffskrieg vorbereiten.

Im November 1945 begann der **Hauptkriegsverbrecherprozess** in Nürnberg gegen die 22 Angeklagten der Führung des Deutschen Reiches. Er endete mit dem Urteilsspruch (1. Oktober 1946) und dem Vollzug der Todesstrafe durch den Strang bei zwölf Verurteilten. Es folgten weitere Prozesse, die die Köpfe des Netzwerkes der Nazi-Diktatur und ihre Erfüllungsgehilfen aburteilten.

Eine besondere Rolle spielte der erst 1963 in Gang gekommene **Auschwitz-Prozess**, der sich bis 1965 hinzog. Verurteilt als „verbrecherische Organisationen" wurden die NSDAP, Gestapo, SS und SD. Im Fernen Osten fanden ähnliche Gerichtsverfahren zur Ahndung der dort begangenen Verbrechen in Tokio statt.

> ## Allgemeine Deklaration der Menschenrechte
> ### Präambel
> Da die Anerkennung der angeborenen Würde und der gleichen und unveräußerlichen Rechte aller Mitglieder der Gemeinschaft der Menschen die Grundlage von Freiheit, Gerechtigkeit und Frieden in der Welt bildet,
> da die Nichtanerkennung und Verachtung der Menschenrechte zu Akten der Barbarei geführt haben, die das Gewissen der Menschheit mit Empörung erfüllen, und da verkündet worden ist, dass einer Welt, in der die Menschen Rede- und Glaubensfreiheit und Freiheit von Furcht und Not genießen, das höchste Streben des Menschen gilt,
> da es notwendig ist, die Menschenrechte durch die Herrschaft des Rechtes zu schützen, damit der Mensch nicht gezwungen wird, als letztes Mittel zum Aufstand gegen Tyrannei und Unterdrückung zu greifen,
> da es notwendig ist, die Entwicklung freundschaftlicher Beziehungen zwischen den Nationen zu fördern,
> da die Völker der Vereinten Nationen in der Charta ihren Glauben an die grundlegenden Menschenrechte, an die Würde und den Wert der menschlichen Person und an die Gleichberechtigung von Mann und Frau erneut bekräftigt und beschlossen haben, den sozialen Fortschritt und bessere Lebensbedingungen in größerer Freiheit zu fördern,
> da die Mitgliedstaaten sich verpflichtet haben, in Zusammenarbeit mit den Vereinten Nationen auf die allgemeine Achtung und Einhaltung der Menschenrechte und Grundfreiheiten hinzuwirken,
> da ein gemeinsames Verständnis dieser Rechte und Freiheiten von größter Wichtigkeit für die volle Erfüllung dieser Verpflichtung ist,
> verkündet die Generalversammlung
> diese Allgemeine Erklärung der Menschenrechte als das von allen Völkern und Nationen zu erreichende gemeinsame Ideal, damit jeder einzelne und alle Organe der Gesellschaft sich diese Erklärung stets gegenwärtig halten und sich bemühen, durch Unterricht und Erziehung die Achtung vor diesen Rechten und Freiheiten zu fördern und durch fortschreitende nationale und internationale Maßnahmen ihre allgemeine und tatsächliche Anerkennung und Einhaltung durch die Bevölkerung der Mitgliedstaaten selbst wie auch durch die Bevölkerung der ihrer Hoheitsgewalt unterstehenden Gebiete zu gewährleisten.

Die Verdrängungskapazität des Weltgewissens gegenüber den Mordtaten des Kommunismus war groß. Es gab weder eine Reaktion der Sozialistischen Internationale noch eine Kenntnisnahme durch die westlichen Alliierten der UdSSR. So war es nicht verwunderlich, dass sich Verbrechen gegen die Menschenrechte unter „Hammer und Sichel" zwischen 1945 und 1990 fortsetzten. Das Veto der Sowjetunion und Chinas im Weltsicherheitsrat* verhinderte, dass Menschenrechtsverletzungen in ihren Machtbereichen überhaupt bei UN-Versammlungen erwähnt wurden. Hingegen wurden solche, die zu Lasten Südafrikas oder Israels gingen, sehr wohl mit UNO-Sanktionen belegt.

Die Welt blieb unruhig und wurde weiterhin von Kriegen heimgesucht. Vietnam oder der Algerienkrieg mögen zwei Beispiele dafür sein. Darum wurde der Ruf nach einem **Internationalen Gerichtshof** immer lauter. Nach langen Verhandlungen lag im Juni 1998 der Entwurf des Status für den Gerichtshof vor. Er bedroht mit Strafe *jeden, der schwerer Verbrechen gegen die Völkergemeinschaft schuldig ist, wo auch immer und von wem sie auch immer begangen werden.* Die Verbrecher der Balkankriege sind ebenso angeklagt und auch schon verurteilt worden, wie Saddam Hussein, der sich vor einem Gericht seines Landes verantworten muss.

Die Bremser bei der Schaffung eines internationalen Strafgerichtshofes sind jedoch die USA. Washington fordert eine UN-Resolution, nach der US-Militärs, die Kriegsverbrechen verdächtigt werden, ausdrücklich von der Verfolgung durch die internationale Gerichtsbarkeit ausgenommen bleiben.

---

* Vgl. hierzu TELEKOLLEGMULTIMEDIAL Sozialkunde, S. 140ff.

Auf einen Blick

- Bereits seit dem **Altertum** sind **Massenmorde** bekannt. Im **20. Jahrhundert** steigert sich der **Völkermord** bis zum **Holocaust**.
- **Unterschiedliche Motivation** des **Völkermordes**: Ergebnis von **Kriegshandlungen**, **religiöser Fanatismus, Klassenkämpfe**.
- **Beispiele von Völkermorden: Rassekrieg** gegen die **Hereros in Deutsch-Südwestafrika**, **Ausrottung der Armenier** in der Türkei, Genozide der **kommunistischen Weltrevolution**, **ethnische Säuberungen** während des **Balkankonflikts**.
- Als Ausfluss des **germanischen Rassenwahns** werden im **Dritten Reich** unter **Hitler** die größten **Menschheitsverbrechen** begangen: die bürokratisch geplante Ermordung von sechs Mio. **europäischer Juden** und **zahlreicher Angehöriger** anderer **Bevölkerungsgruppen** (Sinti und Roma, russische Kriegsgefangene) sowie **Euthanasie** an **Behinderten**.
- Die **UN-Menschenrechtsdeklaration** von 1945 schafft **Schutz** durch **Strafverfolgung** von **Verbrechen gegen die Menschlichkeit**. Beispiele: **Nürnberger Prozess, Auschwitz-Prozess, Internationaler Gerichtshof** in **den Haag**.

Aufgaben zur Lernkontrolle

Epilog zu Nürnberg
Aus der doppelten Aufgabe, zu sühnen und zugleich neue Normen für das Verhältnis der Völker untereinander aufzustellen, entsprangen der Nürnberger Institution Schwierigkeiten. Der Versuch, den Angriffskrieg zu einem Verbrechen zu erklären, angesichts dessen die Staatsmänner persönlich haftbar sind und sich von der Souveränität der Moral und des Humanen nicht auf die Staatssouveränität berufen können, bleibt im Stadium des Versuches. Es ist daran erinnert worden, dass 1918, als man Wilhelm II. eines „Verbrechens gegen die Menschlichkeit" anklagen wollte, „weil er den Krieg verursacht habe", der englische Generalstaatsanwalt (...) eine solche Klage ablehnte; nicht weil sie rechtlich unzulässig sei, sondern weil „wir nicht wünschen, einer genauen Untersuchung der Geschichte der europäischen Politik während der vergangenen Jahre gegenübergestellt zu werden". Man hat heute in ähnlicher Situation nicht gezaudert. Man erinnerte an die Abmachungen von Haag und von Genf, die, zu ihrer Zeit auch neu, nur dann Wert gehabt hätten, wären ihnen alle Nationen gefolgt; man erinnerte an die These Ludendorffs vom totalen Krieg, die schon früher auch theoretisch derartige Abmachungen wirkungslos gemacht hätte. Aber es bleibt dabei: Von Nürnberg geht nur dann eine ordnende Kraft aus, wenn die zukünftige Politik der Mächte sich tatsächlich von den neuen völkerrechtlichen Normen leiten ließe, die zum ersten Mal in der Welt auf den Angriffskrieg des nationalsozialistischen Deutschlands angewandt worden sind. Hier liegt die eigenste Verantwortung der Sieger. Da die deutsche Geschichte mit der Geschichte der Siegerstaaten ein Ganzes bildet, da der Richterspruch des Internationalen Militärgerichtshofes aber seine Bewertung des Historischen nur für Deutschland trifft, ist damit einstweilen die zwiespältige Wirkung in unserem Lande fast unvermeidlich gewesen. Sie kann nur überwunden werden, wenn der Spruch sich nicht in diesem einem Fall erschöpft, sondern künftiges Geschehen beeinflussen wird.
In: Die Gegenwart, Freiburg 31.12. 1946, S. 10

Ein großes Vermächtnis – Amerikas Kampf gegen den Internationalen Strafgerichtshof
Am 17. Juli 1998 wurde nach mehrjährigen Verhandlungen der Entwurf des Statuts zur Annahme vorgelegt. Die Vereinigten Staaten lehnten ab. (...) Nur sieben Staaten, darunter China und der Irak, stimmten mit Washington. 120 Delegationen votierten für den Kompromisstext, darunter außer Israel alle engen Verbündeten der Vereinigten Staaten. Zu einer Änderung der amerikanischen Haltung führte das nicht. (...)
Damit wurde das große Nürnberger Vermächtnis Amerikas ausgeschlagen. (...) Man denke an die Worte aus der Nürnberger Anklageschrift Robert Jacksons, „dass nach dem gleichen Maß, mit dem wir die Angeklagten heute messen, auch wir morgen von der Geschichte gemessen werden". Und man erinnere sich an die Einsicht, mit der der amerikanische Chefankläger der Nürnberger Folgeprozesse (...), Telford Taylor, sein Werk über die Nürnberger Prozesse beschloss: „Das Kriegsrecht gilt nicht nur für mutmaßliche Verbrecher besiegter Länder. Es gibt keinen moralischen oder rechtlichen Grund, siegreichen Ländern Immunität gegenüber einer gerichtlichen Untersuchung zu gewähren. Das Kriegsrecht ist keine Einbahnstraße.
In: FAZ, 12.07.2002, S. 6

Die themengleichen Ausführungen berühren aus einer zeitlichen Distanz von 56 Jahren die Problematik internationaler Strafgerichtsbarkeit. Worin äußert sie sich und an welchem gegebenen Beispiel wird sie deutlich?

7. Der Kalte Krieg

Im August 2005 beging Polen den 25. Jahrestag der Gründung von Solidarnosc, als die Gewerkschafter dem Terror-Regime ihrer Volksrepublik das Streikrecht abgetrotzt hatten.
Dort, wo 1944 mit dem Verbot der freien Rede, durch Wahlmanipulation und Gewaltakte sowie mit verordneten Regierungen der Kalte Krieg begonnen hatte, wurde der Anfang vom Ende sichtbar. Polen war das erste Opfer des Ost-West-Konflikts, der das kommende halbe Jahrhundert die Menschheit in Atem hielt. In Polen mussten die westlichen Alliierten erstmals vor den Sowjets zurückweichen und das Land ihrem Herrschaftsanspruch überlassen.

1943	*Konferenz von Teheran (18.11.–01.12.)*
1945	*Konferenz von Jalta (04.–11. 02.); Potsdamer Konferenz (17.07.–02.08.)*
1946	*Drohrede Stalins gegen die Westalliierten (09.02.); Winston Churchills Fulton-Rede (05.03.); Stuttgarter Rede des US-Außenministers Byrnes (06.09.)*
1947	*Truman-Doktrin (12.03.); US-Außenminister Marshall verkündet den Marshall-Plan (05.06.); Wiedergründung der Kominform (22.09.)*
1948	*Staatsstreich der Kommunisten in Prag (22.02.); Ende des Alliierten Kontrollrates (20.03.); Währungsreform in Westdeutschland und Westberlin (21.06.); Beginn der Blockade Berlins durch die Sowjetbesatzung (22.06.)*
1949	*Gründung des Nordatlantischen Verteidigungsbündnisses NATO (04.04.)*
1950	*Ausbruch des Koreakrieges (25.06.)*
1952	*Stalins Deutschlandnote (10.03.)*
1955	*Gipfel-Konferenz über den Abbau der Spannungen im Kalten Krieg (18.–23.07)*
1958	*Zweite Berlin-Krise, Chruschtschows Ultimatum an die Westalliierten, ihre Sektoren in Berlin zu räumen (27.11.)*
1961	*Bau der Berliner Mauer (13.08.)*
1962	*Kubakrise (22.–28. 10.)*
1963	*Teststopp-Abkommen, Verbot von Kernwaffenversuchen (05.08.)*
1968	*Unterzeichnung des Atomwaffensperrvertrages (01.07.); Einmarsch der Truppen des Warschauer Paktes in Prag (20./21.08); Leonid Breschnew verkündet die Breschnew-Doktrin (12.11.)*
1969	*Chinesisch-sowjetische Grenzkonflikte an Amur und Ussuri eskalieren (02.–15.03)*
1970	*Atomwaffensperrvertrag tritt in Kraft (05.03.)*
1972	*Unterzeichnung des SALT 1-Vertrages (26.05.)*
1973	*Beginn der ersten Phase der KSZE-Verhandlungen (03.–07.)*
1975	*Unterzeichnung der KSZE-Schlussakte (30.06.)*
1979	*NATO-Doppelbeschluss (12.12.); Sowjet-Invasion in Afghanistan (27.12.)*
1984	*Genfer Abrüstungskonferenz (07.–28.02.)*
1987	*Gorbatschow und Reagan unterzeichnen den INF-Vertrag über den vollständigen Abbau von Mittelstreckenraketen (08.12.)*
1988	*Die UdSSR beginnt mit Abzug der Mittelstreckenraketen aus der DDR (25.02.)*
1990	*Unterzeichnung des VKSE-Abkommens über konventionelle Abrüstung in Europa (19.11.)*

7.1 Die Vorgeschichte des Kalten Krieges

Der **Kalte Krieg** war das Ergebnis des Ost-West-Konfliktes, wie man die zunehmende Feindschaft zwischen den USA und der UdSSR sowie den jeweiligen Verbündeten aus einer eurozentrisch-geographischen Sehweise nannte. Die Wurzeln des Konfliktes reichten bis in die 20er Jahre des 20. Jahrhunderts zurück. Die Revolution Lenins wollte nicht an den Grenzen Westeuropas stehen bleiben. Der **Bolschewismus*** erstrebte seine Krönung durch eine kommunistische „Weltrevolution", letztendlich also durch eine Diktatur des Proletariats in einer klassenlosen Gesellschaft. Die Unterwerfung anderer Staaten und deren Transformation zu „sozialistischen Satelliten" wurde dabei als geeignetes Mittel erachtet. Von Anbeginn ihrer Regierung über das russische Großreich bedienten sich die kommunistischen Machthaber daher der Außenpolitik, um das ihnen vorschwebende Ziel zu erreichen.

Die Demokratien des Westens standen deshalb der UdSSR voller Misstrauen gegenüber. Auch der Zugang zum Völkerbund blieb dem Staat verschlossen. Den einzigen Partner fand die Sowjetunion in dem nach dem Ersten Weltkrieg ebenfalls geächteten Deutschen Reich. Diese internationale Isolation war für die Russen so lange zu ertragen, wie das deutsch-russische Sicherheitsbündnis hielt. Mit Hitlers Regierungsantritt änderte sich die Lage schlagartig. Er hatte die KPD blutig verfolgt und im Bund mit dem faschistischen Italien den internationalen Kommunismus im Spanischen Bürgerkrieg militärisch angegriffen.

In dieser Situation suchte die UdSSR Anschluss an den Völkerbund. 1934 wurde sie in die Weltgemeinschaft aufgenommen. Da unterließen es die Sowjets mit Rücksicht auf ihre Anbiederung bei den westlichen Demokratien, weiterhin zu laut von der Weltrevolution zu reden. Stalin rief 1935 alle friedliebenden Völker zum Kampf gegen den Faschismus auf. Wer aber sollte mit der Sowjetunion in diesen Kampf gehen? England betrieb primär eine atlantische Politik und hatte dem Kontinent den Rücken gekehrt. Und Frankreich allein war den Aggressoren nicht gewachsen. Amerika, die nach 1941 alles entscheidende Großmacht, stand in den 30er Jahren den Entwicklungen in Europa sehr distanziert gegenüber. Bestenfalls galt das Interesse Amerikas noch der europäischen Wirtschafts- und Finanzpolitik. Doch von machtpolitischen Auseinandersetzungen hielt es sich fern.

1932 war **Franklin Delano Roosevelt** Präsident geworden. Die US-Außenpolitik sah sich Herausforderungen gegenüber, die sie besorgt machte. Hitler-Deutschland strebte nach der Herrschaft über Kontinentaleuropa als Ausgangsbasis für den Vorstoß in die Weiten des russischen Reiches. Das war nicht ohne Krieg zu haben. Japan bedrohte die US-Interessen im pazifischen Raum.

In der Frage, wie Amerika sich zu diesen Entwicklungen verhalten solle, standen sich in der amerikanischen Politik **Isolationisten** und **Internationalisten** schroff gegenüber. Während die einen für eine möglichst isolierte „Festung Amerika" eintraten, wollten sich die anderen durchaus international engagieren. Präsident Roosevelt war für eine Teilnahme am Weltgeschehen und nahm deshalb 1933 diplomatische Beziehungen zur UdSSR auf.

---

* Im kommunistischen Sprachgebrauch bis zu Stalins Tod der übliche Sammelbegriff für Theorie und Praxis des Sowjetkommunismus.

Die Vereinigten Staaten sahen sich den auf sie zukommenden Anforderungen ziemlich unvorbereitet gegenüber. Ihre Armee war nur 133.000 Mann stark. Zum Vergleich: Das durch die Bestimmungen des Versailler Vertrages in der Mannschaftsstärke dezimierte deutsche Heer stellte 100.000 Soldaten. Bei Ausbruch des Zweiten Weltkrieges in Europa hatte sich Amerikas Streitmacht auf 227.000 Mann erhöht, doch nur 75.000 davon konnten ausgerüstet und bewaffnet werden. Trotz dieser offensichtlichen Schwächen ließ der Präsident keinen Zweifel daran, dass der Isolationismus der Amerikaner ein überwundener Standpunkt sei.

Die **Sudetenkrise** im Herbst 1938 bot eine Möglichkeit der Solidarisierung der Friedliebenden. Auch die UdSSR meldete sich, um zu beweisen, dass ihr Friedensaufruf von 1935 ernst gemeint war, und gab gegenüber der Tschechoslowakei eine Beistandserklärung ab. Die Münchner Konferenz fand jedoch ohne die UdSSR statt. Hitler vereinnahmte das Sudetenland und im darauf folgenden März den ganzen Rest des Landes. Erst danach gab es halbherzige Konsultationen zwischen London, Paris und Moskau. Als sich im Sommer 1939 die Situation zuspitzte und die Russen zum Beistand für Polen bereit waren, zögerte Großbritannien, ein Defensivbündnis mit der Sowjetunion gegen Nazideutschland einzugehen.

Das scheiterte an Stalins Forderung, Polen und die baltischen Staaten in das Sicherheitsbündnis einzubeziehen und der Roten Armee Durchmarschrechte zu gewähren. In diesen Ländern war die Erinnerung an 1920 und an den antibolschewistischen polnisch-russischen Krieg noch zu lebendig. Der Schutz durch Sowjetrussland war es daher nicht wert, ihm arglos die Grenzen zu öffnen.

Stalin hingegen konnte abwarten, von welcher der beiden Seiten ihm das vorteilhafteste Angebot gemacht würde. Zu beiden hatte er Fühler ausgestreckt. Das ihm ideologisch konträre und verhasste Nazideutschland nahm dabei allein schon wegen des Wegfalls eines Zwei-Fronten-Krieges die russische Offerte an und schickte seinen Sonderbotschafter, um den **deutsch-russischen Nichtangriffspakt** abzuschließen. In einem **Geheimen Zusatzprotokoll** legten sie ihre Interessensphären fest und teilten Polen auf der Linie Narew, Weichsel, San. Den Kriegszügen und Eroberungen Hitlers in den folgenden zwei Jahren sah Stalin als unbeteiligter Zuschauer zu. Die UdSSR nahm sich die Osthälfte Polens, bediente sich territorial in den baltischen Staaten und zwang das Widerstand leistende Finnland nach dem Winterkrieg von 1939/40 zur Kapitulation. Das war der erste Schritt der weltrevolutionären Sowjetunion nach Westeuropa.

Der deutsch-sowjetische Krieg und die Anti-Hitler-Koalition

Am 22. Juni 1941 endete die deutsch-sowjetische Freundschaft. Die Wehrmacht fiel in Russland ein. Noch am selben Tag begrüßte Englands antikommunistischer Premierminister Winston Churchill die Sowjetunion als Freund und Verbündeten. Am 12. Juli schon lag ein Vertrag vor, der gegenseitige Hilfe festlegte und zugleich einen Separatfrieden mit Deutschland ausschloss. Am 29. Juli überbrachte ein Sonderbotschafter der USA Stalin die persönliche Botschaft seines Präsidenten, die USA stünden an der Seite der Sowjetunion. Stalin gab daraufhin der KPdSU die Anweisung, erst einmal keine weltrevolutionären Töne hören zu lassen und löste die Leitungszentrale der Kommunistischen Internationale auf. Zusätzlich verstärkte er die Propaganda für den **Großen Vaterländischen Krieg**. Die Betonung lag von nun an auf „vaterländisch", das irritierende Adjektiv „kommunistisch" wurde mit Rücksicht auf die Partner in London und Washington unterlassen.

Bevor Hitler im Winter 1942 den USA den Krieg erklärte, waren auch sie schon Verbündete der UdSSR. Die Hilfs- und Waffenlieferungen des **Leih- und Pachtgesetzes**, das bisher England zugute gekommen war, erhielt nun auch Russland.

Die Häupter der zwei verbündeten Mächte hatten gänzlich andere Meinungen. Roosevelt glaubte in Stalin einen Freund gefunden zu haben, der aufrichtig um Frieden und Freiheit für alle Völker mit ihm kämpfen würde. Er konnte – oder wollte – sich nicht daran erinnern, dass Stalin mit Hitler ein Bündnis zur Teilung Osteuropas geschlossen hatte, das nicht er beendet hatte, sondern Hitler.

Wie der Kreml-Herr dagegen über seine demokratischen Partner dachte, belegt ein Gespräch mit dem Chef der Kommunistischen Internationale in den Tagen des Kriegsausbruches 1939. Darin bekannte Stalin: *Der Krieg wird geführt von zwei Gruppen von kapitalistischen Staaten. Wir haben nichts dagegen, dass sie kräftig aufeinander einschlagen und sich gegenseitig schwächen ... Manövrieren wir eine Seite gegen die andere aus.*

Eine solche Einstellung erklärt auch, weshalb Stalin sich für Roosevelts und Churchills **Atlantikcharta** vom August 1941 nicht begeistern konnte. Das in ihr enthaltene Verbot territorialer Gewinne durch Gebietsabtretungen, der Verletzungen der Souveränität von Staaten und der Beeinträchtigung des Selbstbestimmungsrechtes von Völkern und Volksgruppen gefiel Stalin nicht. Die Charta akzeptierte er nur mit der Vorbehaltsklausel, dass die praktische Anwendung dieser Vorschriften von den

Abb. 7.1 „Stalin-Plakat"
Die Unterschrift lautet: „Wir kommen zum Überfluß". In der Hand Stalins ein Telegramm, vor ihm Briefe, rechts die „Prawda". Telegramm und Briefe haben die Aufschrift: „An den Genossen J.W. Stalin, Kreml, Moskau" und berichten über die großen Erfolge der Betriebe, Kolchosen und Sowchosen.

Umständen, Eigenheiten bestimmter Länder und ihren Bedürfnissen abhängt. Das heißt im Klartext: Die UdSSR behält sich gegenüber eroberten Territorien vor, nach den Umständen zu urteilen, unter denen die Eroberung zustande kam und dabei die Eigenheiten ihrer kommunistischen Denkart sowie den eigenen Landbedarf voranzustellen

7.2 Zerbrechen der Anti-Hitler-Koalition und das Entstehen zweier verfeindeter Lager

Wie schon nach dem Ersten Weltkrieg versprach Amerika der Welt auch nach dem Zweiten Weltkrieg den ewigen Frieden. Der alleinige Besitz der **Atombombe** und die Bilder von **Hiroshima** und **Nagasaki** mussten jeden künftigen Aggressor so schrecken, dass die USA mit mehr Erfolg als 1920 als ordnende Macht auftreten konnte. Doch schon bald nach Roosevelts Tod im März 1945 zeichneten sich Entwicklungen ab, die der US-Präsident vier Wochen vor seinem Tod bei der Konferenz von Jalta übersehen hatte.

Der Vormarsch der Sowjetstreitkräfte mit der brutalen Sowjetisierung der von ihnen eroberten Gebiete und der Missachtung aller Vereinbarungen zwischen den Alliierten ließ Schlimmes erwarten. In den vom Nazismus befreiten Ländern entstanden **Nationale Befreiungsbewegungen**, eine Umschreibung für nationalkommunistische Parteien. In keinem dieser Länder gab es demokratische Regierungsbildungen. Die Sowjets setzten ihre Leute ein, bevor auch nur ein wirklicher Demokrat auftreten konnte. Dafür mag das Einrichten der kommunistischen Herrschaft in **Deutschland** ein Beispiel sein: Am 30. April 1945 landete im noch umkämpften Berlin die aus Moskau entsandte **Gruppe Ulbricht**. Sie errichtete einen Staat, in dem zur Tarnung der Absichten der Regierung ein paar Alibi-Demokraten platziert waren. Lenin hatte solche Leute 25 Jahre vorher die „nützlichen Idioten" genannt.

Auch die Vorgänge in **Polen** bieten Einblick in die Methoden der Inbesitznahme eroberter Länder durch den Bolschewismus. Die polnische Exilregierung, die, in ihr Land zurückgekehrt, dort anfänglich demokratisch regierte, wurde zunächst von den westlichen Verbündeten der UdSSR genötigt, sich den sowjetischen Wünschen gegenüber aufgeschlossener zu zeigen. Als sie sich gegen eine kommunistische Regierungsbeteiligung wandte, wurde ihr im Juli 1945 von den Alliierten die Anerkennung entzogen.

Im von der Roten Armee besetzten Ost- und Mitteleuropa herrschte der Kommunismus mit seinen terroristischen Methoden. Er führte die Konzentrationslager der Nazis fort. Ausnahmslos als „Faschist" galt jeder, der eine kritische Haltung gegen diese Art, ein Land zu regieren, zeigte.

Noch vor der **Potsdamer Konferenz**, auf der die künftigen Grenzen Deutschlands erörtert werden sollten, hatte Stalin sie schon endgültig festgelegt. Die Forderung der Westmächte nach freien Wahlen in den besetzten Ländern blieb ebenso unerfüllt wie das, was in Jalta über die Behandlung des besiegten Deutschland vereinbart worden war. Dem Grundsatz der Atlantikcharta widersprach die sowjetische Annexion sowohl des östlichen Teils Polens als auch die der deutschen Gebiete östlich von Oder und Neiße ohne vorangegangene Friedensregelung.

Ein für die Zukunft verhängnisvoller Schritt war die Westerweiterung der russischen Zone. Im Tausch gegen ein Besatzungsrecht dreier Sektoren im Westen Berlins rückte die Rote Armee von Elbe und Mulde auf die Linie Lübeck-Hof vor. Dadurch gerieten Leipzig und Dresden, Erfurt und Jena, Schwerin und Rostock sowie die östlichen Stadtbezirke Berlins unter sowjetische Herrschaft. Geopolitisch war damit der Grundstein für die DDR gelegt.

Bald nahm die Kreml-Führung das östliche Mittelmeer ins Visier ihres Eroberungsdranges – Griechenland, die Türkei und den Balkan. Für den Kommunismus sicherten die sowjetischen Besatzer das jeweils eroberte Land durch **Volksfrontregierungen**. Sie nannten das die „Nationale Front der sozialistischen Kräfte". Dies waren mit der KP zwangsvereinigte Sozialdemokraten, wie in der deutschen Ostzone die SED. Auch Länder, die am Krieg nicht beteiligt gewesen waren, bekamen den russischen Expansionsdrang zu spüren.

Warnende Stimmen

Im Herbst 1945 weigerte sich die UdSSR, ihre Truppen aus dem Norden des Iran abzuziehen. Sie kündigte den Nichtangriffspakt mit der Türkei und verlangte Dardanellen-Stützpunkte. In Griechenland entbrannte ein von Kommunisten angezettelter Bürgerkrieg, den ihre Parteifreunde von Albanien, Bulgarien und Jugoslawien aus mit Waffenlieferungen unterstützten.

Im Frühjahr 1946 sprach Churchill in seiner Fulton-Rede von einem **Eisernen Vorhang**, der Westeuropa vom kommunistischen Osteuropa trenne:

Von Stettin an der Ostsee bis Triest an der Adria ist ein eiserner Vorhang über dem Kontinent niedergegangen. Hinter dieser Linie liegen alle Hauptstädte der alten Staaten Mittel- und Osteuropas: Warschau, Berlin, Prag, Wien, Budapest, Bukarest, Belgrad und Sofia.

Das waren nicht die ersten Warnungen. Schon Anfang 1945 kabelte der US-Botschafter in Moskau, Averell Harrimann: *Wir stehen vor einer barbarischen Invasion Europas. – Die amerikanische Politik überprüfen! – Jegliche Illusion bezüglich der Sowjetunion aufgeben!*

Die unerledigte **Iranfrage** wurde im Januar 1946 dem Weltsicherheitsrat vorgelegt, als Einmischung der UdSSR in die inneren Angelegenheiten eines anderen Staates. Es kam dabei zu einem heftigen Zusammenstoß der Vertreter Amerikas und Russlands. 14 Tage nach dieser Sitzung, am 9. Februar 1946 hielt Stalin eine große Rede, in der er sich auch mit den Ursachen des Zweiten Weltkrieges auseinandersetzte. Er nannte es die Ansicht aller Kommunisten, dass der Krieg nicht durch Hitler, sondern durch die „Machenschaften des Weltkapitalismus" verursacht worden war. Der Sieg in diesem Krieg wäre aber ausschließlich dem allen anderen Gesellschaftssystemen überlegenen sowjetischen zu verdanken gewesen. Er prophezeite einen neuen Krieg, aus dem die UdSSR, den Kapitalismus weit hinter sich lassend, als Sieger hervorgehen würde.

Am 22. Februar 1946 erreichte das Telegramm eines jungen Diplomaten der Moskauer US-Botschaft, George F. Kennan, das amerikanische Außenministerium. Es ging als das **Long Telegram** in die Nachkriegsgeschichte ein. Die Sowjets, so Kennan, wenden jedes Mittel an, um den Westen zu unterwandern, zu teilen und zu schwächen. Sein ernster Rat: eine **Politik der Eindämmung**.

Die Reaktion des Westens

Die Bedrohung des noch nicht in die Hände der Sowjets gefallenen westlichen Europas verlangte ein schnelles und entschlossenes Handeln der Amerikaner. Diese Einsicht lag auch der **Stuttgarter Rede** des US-Außenministers Byrnes im September 1946 vor Vertretern der deutschen Länder zugrunde. Der Kerngedanke war: Friede in Europa ohne Einfügung Deutschlands in ein demokratisches Staatensystem verhindere die wirtschaftliche Gesundung des Kontinents.

Europa war im Winter 1946/47 völlig verelendet, Hunger und eine Jahrhundertkälte hielten den Kontinent im Griff. Washington schickte den ehemaligen US-Präsidenten Herbert Hoover, um die Lage zu erkunden. Sein Bericht: Der Kontinent sei am Ausbluten, ohne Amerikas Hilfe drohe eine Hungerkatastrophe, die vor allem die Kinder träfe. Besonders in Frankreich und Italien mit ihren mitgliederstarken kommunistischen Parteien waren die Menschen anfällig für eine sowjetisch-kommunistische Unterwanderung.

Das Jahr 1947 brachte einen Wechsel im US-Außenministerium. George C. Marshall ließ die Welt wissen, die Politik der Geduld sei an ihr Ende gekommen. Es gelte, der sowjetischen Expansion mit einer **Containment-Politik** (Politik der Eindämmung) zu begegnen. Präsident Truman forderte vom Kongress die Bewilligung weiterer Mittel zur Aufrüstung. Im März 1947 sagte er den von der UdSSR bedrohten Staaten Griechenland und der Türkei finanzielle Hilfe zu und schickte militärische Berater. Seine Zusagen verband er mit der Verkündigung der **Truman-Doktrin**, der Lehre, dass Staaten, deren Freiheit in Gefahr gerate, mit dem Beistand der Vereinigten Staaten rechnen könnten.

Stalin hatte inzwischen durch Reden und Taten bewiesen, wie sehr er die Ideale der Atlantikcharta missachtete. Der in seinen Augen irrealen Weltsicht Roosevelts stellte er die ideologische Andersartigkeit des Weltkommunismus entgegen, mit all seiner machtpolitischen, militärischen und ökonomischen Realität. Stalin manifestierte die Bipolarität zwischen West und Ost, es entstand die so genannte **Zwei-Lager-Theorie**. Seinem Handeln gab er Gewicht durch die Wiederbelebung der **Kominform**, dem international aktiven Informationsbüro der Arbeiter- und kommunistischen Parteien.

Die freie Welt solidarisierte sich unter der Führung Amerikas im Kampf gegen den Hunger, der mit dem **Marshall-Plan** in Gang kam. Von ihm ging eine starke Signalwirkung aus. Es war der Startschuss für den Aufbruch der freien Welt in eine neue Epoche. 16 europäische Staaten, darunter auch Polen, die Tschechoslowakei und Finnland, konferierten über die Annahme des Plans. Die Westdeutschen waren durch ihre Militärgouverneure vertreten, die Ostdeutschen durften niemand schicken. Nach dem mehrheitlichen Beschluss zur Annahme erhielten die sowjetisch bevormundeten Staaten Weisung, den Molotow-Plan anzunehmen, einen Zusammenschluss der sozialistischen Länder in den Zwangswirtschaftsverhältnissen des **Comecon**, dem Rat für gegenseitige Wirtschaftshilfe (RGW). Was bisher ein Prozess wachsender Entfremdung der ehemals Verbündeten war und sich mit der Stalin-Rede vom 9. Februar 1946 zur Kampfansage des Weltkommunismus an die westlichen Demokratien steigerte, hatte nun die erste Frucht gebracht – die ökonomische Spaltung der Welt.

7.3 Der Kalte Krieg

Der Schwebezustand

Zwischen der Jalta-Konferenz (Februar 1945) und dem Anlaufen von Marshall-Plan und Comecon waren zweieinhalb Jahre vergangen. In früheren Zeiten brachen Kriege schneller aus. Warum nach 1945 dieser Schwebezustand zwischen Krieg und wieder Krieg? Die Existenz der Atombombe verbot übereiltes Handeln. So dauerte der Zustand des nicht erklärten Krieges ein halbes Jahrhundert hindurch, und man gewöhnte sich daran. Obwohl immer wieder der Dritte Weltkrieg nahe schien, versuchten die Menschen zwischen Kriegsfurcht und Friedenshoffnung zu leben.

Die Phasen des Kalten Krieges

Der **Kalte Krieg** vollzog sich in mehreren Phasen. Auf eine erste dramatische, mit großer Dynamik geladene Phase zwischen 1945/46 und 1961/62, die immer wieder an den Rand des großen Krieges führte, folgte eine längere Entspannung, die nicht zuletzt durch Konfliktlagen anderer Art als der Ost-West-Konflikt veranlasst wurde. Zudem hatte in der Sowjetunion nach Stalins Tod 1953 der ideologische Eifer etwas nachgelassen. Man war jetzt bereit, die Durchsetzung des Kommunismus als längerfristig anzusehen und einen Zustand der **Koexistenz** hinzunehmen. Dazu wurden die Ostblockstaaten auch durch die ökonomischen Verhältnisse gezwungen. Vom Rüstungswettlauf mit dem Westen überdehnt, vernachlässigten sie die Versorgungsgüterproduktion. An der Wende des siebten zum achten Jahrzehnt des 20. Jahrhunderts belebten sich die Impulse zum Kalten Krieg noch einmal mit dem sowjetischen Einmarsch in Afghanistan 1979 und dem Tauziehen um Bewaffnung und Reichweite von Mittelstreckenraketen. Schließlich brachte der Zusammenbruch des Sowjetimperiums das völlig unerwartete Ende des Kalten Krieges. Der Fall der Berliner Mauer war dafür das sprechende Symbol.

Beginn des Kalten Krieges

Die Realität des Marshall-Plans vertiefte den Graben zwischen Ost und West. Während die sozialistische Zwangsbewirtschaftung der Ernährungsengpässe und der Schwierigkeiten bei der Versorgung mit Gebrauchsgütern nicht Herr wurde, begann sich im Westen ein Aufbauwille zu regen, dem Erfolg beschieden war. Besonders sichtbar wurde die Gegensätzlichkeit der Wirtschaftssysteme an der Nahtstelle zwischen Ost und West, in Deutschland. Dabei kam **Berlin** die Rolle eines herausgehobenen Brennpunktes zu.

Als zwischen den Siegermächten die Besatzungszonen in Deutschland festgelegt wurden, rechnete Stalin damit, dass die Vereinigten Staaten nicht lange ihre Besetzung ausüben würden. Dabei hatte er selbst massiv dazu beigetragen, dass sich gerade in den USA eine starke antisowjetische Stimmung breit machte.

Dem Abzug der US-Truppen aus Europa, so lieb es dem Mutterland auch gewesen wäre, wollte niemand zustimmen. Ein Dammbruch vor der aufgestauten Sowjetmacht wäre die Folge gewesen. Die USA und Großbritannien waren zur Verteidigung der Demokratie bereit. Dennoch hielten die Sowjets an ihrem Plan eines kommunistischen Gesamtdeutschlands fest. Sie hatten dabei vier wesentliche Realitäten übersehen:

- Ihre territoriale Ausgangslage: die UdSSR beherrschte den kleineren Teil des ehemaligen Reiches und von der Hauptstadt auch nur die Hälfte.
- Die Rote Armee stieß bei der Bevölkerung auf Ablehnung.
- Die von der Sowjetischen Militäradministration eingesetzten deutschen KP-Funktionäre der SED waren nicht frei gewählt.
- Der Alltag mit unzulänglicher Ernährung und vorgeschriebenen Arbeitsnormen für eine Produktion, aus der sich maßgeblich Russland bediente, hielt die Sehnsucht nach einem Ende der sowjetischen Herrschaft wach.

Abb. 7.2 „Kalter Krieg"

Dazu kam, dass von der **Londoner Sechsmächtekonferenz** während des Frühjahrs 1948 die Botschaft ausging, dass eine westliche Teillösung des Deutschlandproblems – ohne Konsultation der UdSSR – vor der Verabschiedung stände. Die Sowjets hatten sich aus der internationalen Behandlung der Deutschlandfrage selbst ausgeschlossen. Nun konnten sie nur noch mit Drohungen und Gewaltmaßnahmen versuchen, die Sowjetisierung Deutschlands zu erreichen.

Der Kampf um Berlin begann schon mit den Wahlen zu der damals noch die gesamte Stadt repräsentierenden Stadtverordnetenversammlung am 20. Oktober 1946. Die SPD wurde stärkste Partei. Im Juni 1947 wählte das Stadtparlament **Ernst Reuter** (SPD) zum Oberbürgermeister. Die Sowjets hinderten ihn an der Ausübung seines Amtes. Nach dem Muster der Machtübernahmen in den so genannten Volksdemokratien Osteuropas sollte auch Berlin durch Pressekampagnen, Stör- und Gewaltaktionen sowie viele andere Einschüchterungsversuche geschluckt werden.

In eine heiße Phase geriet der Kampf um Berlin mit der **Währungsreform** in Westdeutschland am 21. Juni 1948. Einen Tag später führten die Sowjets in ihrer Zone eine ostdeutsche Gesamtwährung ein, deren Gültigkeit sie auf Westberlin ausdehnten, und verboten zugleich die westdeutsche D-Mark. Die Westmächte erklärten das für null und nichtig. Die russische Seite reagierte darauf mit der **Blockade von Westberlin**, der Abriegelung der Land- und Wasserwege.

An der Solidarität der USA und Englands mit Westdeutschland und Westberlin scheiterte die sowjetische Gewaltanwendung. Am 26. Juni begann die Versorgung der Westberliner durch die **Luftbrücke**. Sie endete nach 322 Tagen am 12. Mai 1949. (Vgl. Lektion 3.3)

Der Kalte Krieg in Südostasien

Seit 1863 war **Indochina** französische Kolonie. Um 1930 entstand dort eine im Wesentlichen kommunistisch-antikolonialistische Freiheitsbewegung, die **Vietminh**. Nach der japanischen Besatzungszeit rief **Ho Chi Minh** im September 1945 die Demokratische Republik Vietnam (DRV) aus. Das Land sollte als ein freier Staat in der französischen Union verbleiben. Doch Frankreich betrieb eine Rekolonialisierungspolitik, woraus sich ein Krieg entwickelte. Nach acht Jahren erbitterten Kampfes verloren ihn die Franzosen. Das Waffenstillstandsabkommen von Genf teilte das Land in eine nördliche Zone des Vietminh und eine südliche der französischen Besatzungsmacht. Die Demarkationslinie bildete der 17. Breitengrad.

Nach der Stabilisierung der Lage in Nordvietnam schloss Ho Chi Minh Hilfsabkommen mit der UdSSR und dem kommunistischen China ab. Seine starke Abhängigkeit von den sowjetischen Hilfslieferungen ließen ihn Moskau gegenüber hörig werden. Die Nordvietnamesen bestanden auf den im Waffenstillstandsabkommen von 1954 für 1956 vereinbarten Wahlen, die eine Wiedervereinigung von Nord und Süd hätten herbeiführen sollen. Doch das von den USA unterstützte Südvietnam verweigerte Wahlen und jede andere Abmachung. In der Folgezeit entwickelte sich der größte und langwierigste Waffengang des Kalten Krieges, ein Stellvertreterkrieg, den Nord- und Südvietnamesen für ihre Gönner Sowjetunion und China einerseits und die USA andererseits führten.

Der Indochinakrieg veranlasste ein militärisches Engagement der Großmächte. Die USA begründeten ihr Eingreifen mit der **Dominotheorie**. Nach dieser Theorie hätte der Fall Südvietnams an den fortschreitenden Kommunismus den Effekt, dass auch weitere ost- und südostasiatische Staaten dem Kommunismus preisgegeben würden, vergleichbar dem Fallen hintereinander stehender Dominosteine.

Ähnlich der Situation in Vietnam gestaltete sich auch die Lage in **Korea**. Die Kontrahenten hießen dort Nord- und Südkorea. Nach Abzug der amerikanischen und sowjetischen Truppen aus ihren Besatzungszonen kam es ab Juni 1950 zu bewaffneten Auseinandersetzungen zwischen Süd- und Nordkoreanern, die von den USA einerseits und von China andererseits militärisch unterstützt wurden. Als der Krieg ins Stocken geriet, dauerten die Waffenstillstandsverhandlungen zwei Jahre. Danach standen sich die feindlichen Brüder – so wie die Vietnamesen am 17. Breitengrad – an der Demarkationslinie des 38. Breitengrades gegenüber.

Rüstung und Revolte

Seit 1949 war die Sowjetunion auch Atommacht, womit alle Konflikte ein noch höheres Gefahrenpotential enthielten. Die US-Regierung betrieb von nun an noch mehr eine **Politik der Stärke** mit der Vervierfachung ihrer Rüstung; sie wirkte zudem auf ihre europäischen Verbündeten ein, ihre Verteidigungsfähigkeit zu erhöhen. 1949 hatten sich zehn europäische Staaten mit den USA und Kanada zur **NATO** zusammengeschlossen. 1955 trat die Bundesrepublik Deutschland mit ihrer inzwischen ins Leben gerufenen Bundeswehr dem Bündnis bei.

Die Konzentration der Abwehrkräfte des Westens beunruhigte die Sowjetunion, besonders die Bundeswehr, die man in Moskau als eine Art wiedererstandene Wehrmacht sah. Ihre Aufstellung hatte Stalin schon im Vorfeld mit seiner **Deutschlandnote** vom März 1952 verhindern wollen. (Vgl. Lektion 3.3)

Der **Tod Stalins** im März 1953 ließ die Menschheit aufatmen. Die Gefahr eines dritten Weltkrieges war nicht mehr so nahe. In Moskau hatte sich eine neue Regierungsmannschaft gebildet und in den Satellitenstaaten herrschte über den kommenden Kurs Unklarheit. Stalins Nachfolger im Kreml sahen Ulbrichts DDR-Ostintegration als gescheitert. Am 16. Juni 1953 gab der Sondergesandte Moskaus dem SED-Politbüro die Weisung, Ulbricht wegen seiner Erfolglosigkeit abzusetzen. Am nächsten Tag sammelten sich in Berlin Bauarbeiter zu einem Protestmarsch, um bessere Arbeitsbedingungen einzufordern. Daraus wurde ein Aufstand, der die ganze DDR ergriff und selbst den SED-Funktionären den Eindruck eines leidenschaftlichen Ausbruches der Unzufriedenheit vermittelte. Der Kreml schickte Panzer, um sein Gesicht zu wahren, und Ulbricht saß wieder im Sattel. (Vgl. Lektion 3.4)

Immer wieder erhoben sich während des Kalten Krieges die unterdrückten Völker des Ostblocks, in der Hoffnung, im Westen gehört zu werden und Hilfe zu erlangen. Im Juni 1956 begann ein Generalstreik in **Posen**. Seine ansteckende Wirkung zeigte sich in **Ungarn**, wo die Menschen nach Freiheit und nationaler Würde riefen. Aus Demonstrationen wurde eine Volkserhebung mit Straßenschlachten. Wieder rückten russische Panzerverbände vor, diesmal gegen Warschau und Budapest. Dort dauerten die Kämpfe vier Tage. Die Russen zogen sich zurück, die kommunistische Partei war unsichtbar geworden, die Freiheit schien nahe. Die Sympathien der freien Welt gehörten dem Heldenkampf der Ungarn. Von der UN-Generalversammlung wurde der sofortige Abzug der Sowjets gefordert und der Völkerrechtsbruch verurteilt. Doch ein britisch-israelisch-französischer Angriff auf Ägypten – es ging um Suezkanalaktien – lenkte das Interesse der Weltöffentlichkeit auf den Nahen Osten. Die UNO war jetzt damit voll beschäftigt. Der Freiheitskampf der Ungarn brach zusammen.

Brennpunkt Berlin

Zu Jahresbeginn 1958 protestierte die UdSSR beim Generalsekretär der UNO gegen die Einbeziehung Westberlins in die internationalen Verträge der Bundesrepublik. Im November kündigte der Ministerratsvorsitzende **Nikita Chruschtschow** das Viermächteabkommen über Berlin auf und forderte ultimativ den Abzug der Westalliierten aus der Stadt. Der Ministerrat des Nordatlantikpaktes betonte jedoch das Recht der Westmächte auf Präsenz.

Um in Berlin die zunehmende Fluchtwelle in den Westen zu verhindern, errichtete die SED-Führung im August 1961 die Berliner Mauer. (Vgl. Lektion 3.4) Konkrete Maßnahmen gegen den Mauerbau erschienen dem amerikanischen Präsidenten Kennedy wegen der daraus resultierenden Kriegsgefahr zu riskant.

Weitläufigkeit der Spannungen

Aber nicht allein die deutsche Frage blieb ein Gefahrenpotential im mühsam bewahrten Frieden. Zwischen 1960 und 1975 loderten überall Konflikte auf: im Kongo (einem der wichtigsten Kupferproduzenten), in Laos, Vietnam und Kambodscha. Die Gereiztheiten im Vorderen Orient eskalierten, und in Afrika entstanden nach Beilegung der Kongokrise durch die UNO neue Zonen des Kalten Krieges in Angola, Mozambique und Äthiopien.

Noch einmal gab es eine dramatische Weltsituation mit der **Kubakrise**. Nach der kubanischen Revolution von 1958 öffnete sich das Inselland dem Marxismus. Es verstaatlichte seine Wirtschaft und stellte enge Beziehungen zur UdSSR her, unter anderem durch ein Kapital-

Abb. 7.3 Nikita Chruschtschow

hilfe- und Handelsabkommen. Amerika, bisher bevorzugter Handelspartner, verhängte über Kuba im Februar 1962 eine Wirtschaftsblockade. Im Herbst stationierte Russland weitreichende Raketen auf der Insel. Darin lag eine äußerst ernste und direkte militärische Bedrohung der USA.
Präsident Kennedy verlangte am 22. Oktober den sofortigen Abbau und die Rückführung der sowjetischen Raketen- und Abschussanlagen und verhängte eine Seeblockade um Kuba. Der Kalte Krieg hatte einen Scheitelpunkt erreicht. Sowjetische Marineeinheiten bewegten sich auf den Krisenherd zu. Es vergingen sechs angsterfüllte Tage. Die Katastrophe eines Atomkrieges zeichnete sich ab. Da lenkte Chruschtschow ein, zog seine Kriegsschiffe zurück und einigte sich mit Amerika.
Ein Gewinn aus dem Fall Kuba war die Verbesserung des Krisenmanagements mit einem „heißen Draht", dem **Roten Telefon** zwischen Washington und Moskau. Auch wurden erste Schritte eingeleitet, um zu einem Teststopp-Abkommen für Kernwaffen zu kommen. Von der Unterzeichnung dieses Abkommens im August 1963 erhoffte man sich eine Verlangsamung, wenn nicht sogar eine Beendigung der rapiden Kernbewaffnung.

Prager Frühling

Solche Erwartungen erfüllten sich fürs Erste nicht. Im Sommer 1967 entstanden in der **Tschechoslowakei** Unruhen wegen der politischen und wirtschaftlichen Zustände. Es gab einen Wechsel in der Führung. Der neue KP-Sekretär **Alexander Dubcek** und der ebenfalls neue Ministerpräsident Cernik begannen mit **Reformen**, die sich noch ganz im Rahmen kommunistischer Ideologie bewegten. Deshalb sprach das Volk von „Sozialismus mit menschlichem Antlitz" und von dem, was da geschah als **„Prager Frühling"**.
Prag umgab der Hauch von Freiheit, der geeignet war, die sozialistischen Nachbarn anzustecken. Einer Propaganda-Kampagne aus Moskau gegen die Reformer folgte der Einmarsch der Truppen des Warschauer Pakts in Prag. Nach Abschluss der Strafaktion erließ der Oberste Sowjet unter Führung Leonid Breschnews ein neues Dogma, die **Breschnew-Doktrin**. Nach ihr war jeder sozialistische Staat zu totaler Unterwerfung unter die Gebote und Verbote des Kreml verpflichtet. Ein abweichendes Verhalten wurde mit dem Eingreifen der sozialistischen Bruderstaaten und Sanktionen bedroht.

Entspannungshoffnungen

Im Gegensatz zur Sowjetunion und ihren Verbündeten, die wieder ins Zwei-Lager-Denken verfielen, suchte die USA nach Wegen der Entspannung. 1967 legte die NATO die Generallinie einer **Doppelstrategie** fest: Bei einer Aufrechterhaltung der Verteidigungsbereitschaft sollte die Koexistenz der Blöcke zum Normalzustand werden, damit ein dauerhafter Friedenszustand entstehen könnte. Da traten Umstände ein, die auf beiden Seiten die Suche nach Ausgleich erleichterten.
Seit 1964 war es zwischen dem kommunistischen China und der UdSSR immer wieder zu Grenzzwischenfällen gekommen. Der neuralgische Punkt befand sich entlang den Flüssen Amur und Ussuri. Dort führte zwischen Russland und der hoch industrialisierten chinesischen Mandschurei die transsibirische Eisenbahn zu den Häfen der sowjetischen Pazifikflotte.
Unter dem Eindruck des Überfalls der Warschauer-Pakt-Staaten auf die Tschechoslowakei stieg an Chinas bedrohter Grenze die Reizbarkeit, insbesondere, als im März 1969 die Sowjets dort starke Truppenverbände zusammenzogen. Das Zerwürfnis im eigenen sozialistischen Lager stimmte die Sowjets geneigter, sich dem entspannungsbereiten Westen zu nähern.
Den USA kam das insofern gelegen, als ihr Überengagement in Vietnam für sie unerträglich geworden war. Sie konnten auf Dauer den Dschungelkrieg nicht mehr führen. In bilateralen Geheimgesprächen zwischen der US-Regierung und der Volksrepublik Vietnam wurde 1973 ein Waffenstillstand vereinbart.

Die Überwindung des Kalten Krieges

Der amerikanische Präsident **Dwight D. Eisenhower** war angesichts der Steigerung des Atomwaffenpotentials überzeugt, dass ein Krieg mit dieser Waffe das Ende der Menschheit herbeiführen würde. Die Abrüstung der Kernwaffen war zu einer Überlebensfrage geworden, die die gesamte Menschheit betraf. Inzwischen war man bei der Friedenssicherung vorangekommen: Es existierten Verträge über die Nichtweiterverbreitung von Atomwaffen und Entwürfe einer Konvention, die das Herstellen biologischer und toxischer Waffen verbieten sollte.
1969 begannen die sowjetisch-amerikanischen **SALT*-Gespräche** über die Begrenzung strategischer Rüstung in Helsinki. Sie fanden in der zweiten Hälfte der 70er Jahre ihren Höhepunkt in der Unterzeichnung der KSZE-Schlussakte und setzten sich in Folgegesprächen konstruktiv fort.

Es gab noch einmal einen Rückfall in den Kalten Krieg, nämlich als die Verhältnisse in **Afghanistan** 1979 den Einmarsch der Sowjets in das Land herausforderten. Dieses Handeln der russischen Führung war politisch, ideologisch und nicht zuletzt religiös-fundamentalistisch motiviert. Die glücklose Besetzung – des Widerstands der Bergvölker wurden die Russen nicht Herr – endete mit dem sowjetischen Abzug im Februar 1989.

Mit der Wahl **Gorbatschows** zum Generalsekretär des ZK der KPdSU im Jahr 1985 brach eine neue Epoche an. Es begann die Loslösung aus der gegenseitigen tödlichen Umarmung der Blöcke. Die Unterzeichnung des Abkommens über Konventionelle Abrüstung in Europa durch die Mitgliedstaaten der NATO und des Warschauer Paktes im November 1990 beendete schließlich den Kalten Krieg.

---

* SALT = *Strategic Arms Limitation Talks*

Auf einen Blick

- Trotz der alten **Feindschaft** zwischen dem **Bolschewismus** und dem **kapitalistischen Westen** kommt eine **Anti-Hitler-Koalition** zustande.
- Nach dem **Zweiten Weltkrieg** missachtete die **UdSSR** alle Abkommen mit den **Partnern** und richtete **kommunistische Regierungen** in ihren **eroberten Gebieten** ein.
- Auf dem Weg zur **Verschärfung** des Ost-West-Konflikts: Stalins Drohrede – Long Telegram – Wort vom „Eisernen Vorhang" – Stuttgarter Rede des US-Außenministers **Byrnes** – Containment-Politik – Truman-Doktrin.
- **Unterschiedliche Entwicklungen** in Ost und West führen zum **Kalten Krieg**, z.B. **Marshall-Plan** und **NATO** im **Westen**, **Comecon** und **Warschauer Pakt** im Osten.
- Der **Kalte Krieg** wird von **zahlreichen Konflikten** und **Krisen** begleitet, z.B. **Berlinkrise, Koreakrieg, Vietnamkrieg, Kubakrise, Prager Frühling, Afghanistankonflikt**.
- Die Situation entspannt sich durch die **SALT-Gespräche** und die **KSZE-Schlussakte**.
- Seit **1990** gilt der **Kalte Krieg** als **beendet**.

Aufgaben zur Lernkontrolle

Über Anlass und Bedeutung der NATO-Gründung schreibt der spätere US-Außenminister Henry Kissinger:

Die Brutalität, mit der (1948) der Staatsstreich in der Tschechoslowakei durchgeführt worden war, schürte Ängste vor weiteren Machtübernahmen ähnlichen Stils. (...) Aus diesem Grund schlossen sich 1948 mehrere westeuropäische Nationen zusammen und unterzeichneten den Brüsseler Vertrag, einen Verteidigungspakt, der dem Zweck diente, jeden militärisch unterstützten Versuch, eine demokratische Regierung zu stürzen, abzuwehren. Freilich lief jede Analyse der Kräfteverhältnisse in Europa darauf hinaus, dass die Europäer militärisch einfach nicht stark genug waren, um sich sowjetischer Übergriffe erwehren zu können. Die Vereinigten Staaten mussten also (...) in die europäische Verteidigung eingebunden werden. (...) Unter internationalem NATO-Oberbefehl schlossen sich amerikanische Truppen mit kanadischen den westeuropäischen Streitkräften an. Entlang der quer durch Mitteleuropa verlaufenden Trennlinie standen sich nun zwei Einflußsphären und zwei Militärbündnisse gegenüber. (...) Die Absicht (...) der Vereinten Nationen, durch ihren internationalen Zusammenschluss ihre Kräfte zur internationalen Bewahrung von Frieden und Sicherheit zu vereinen (...), hat offiziell einen neuen Schwerpunkt ins Spiel gebracht: Macht für den Frieden. (...) Der Außenpolitische Ausschuß des Senats nahm diese Anregung bereitwillig auf. Die meisten der Befürworter des NATO-Paktes, die vor den Ausschuß geladen wurden, stützten sich in ihrer Argumentation auf ein Papier des Außenministeriums, das den bezeichnenden Titel „Wie unterscheidet sich der Nordatlantikpakt von herkömmlichen militärischen Bündnissen?" trug. (...) Zur Überraschung der europäischen Verbündeten behauptete das Memorandum des Außenministeriums, die NATO habe nicht zum Ziel, den Status quo in Europa zu verteidigen. Dem Atlantischen Bündnis gehe es vielmehr um den Schutz von Prinzipien, nicht um Territorien; es stelle sich nicht Veränderungen entgegen, sondern allein dem Einsatz von Gewalt. Abschließend betonte die Analyse, dass der Nordatlantikpakt „sich gegen niemand richtet; er richtet sich nur gegen Aggression (...)." Und dennoch: Kaum ein Schriftstück des Außenministeriums ist von dem in der Regel misstrauischen Außenpolitischen Ausschuss des Senats mit so bedingungslosem Einverständnis aufgenommen worden wie dieses. Senator Connally war unerbittlich, wenn es darum ging, die Anschauung der Regierung durchzusetzen, dass die NATO ein Zusammenschluss sei, der sich gegen das Prinzip der Aggression und nicht gegen eine bestimmte Nation richtete.

Henry Kissinger, Die Vernunft der Nationen, München 1949

1. Was war beim erwähnten Staatsstreich von 1948 in der CSR typisch für die Art kommunistischer Machtergreifungen?

2. Hätte die NATO eine durch freie Wahlen zustande gekommene kommunistische Regierung verhindern können? Begründen Sie Ihre Meinung aus dem Text.

3. Welchen Charakter hatte der Nordatlantikpakt? Warum war die US-Demokratie so sehr darauf bedacht, ihn der amerikanischen Öffentlichkeit gegenüber so nachdrücklich zu rechtfertigen?

8. Vom Völkerbund zur UNO – Vision und Wirklichkeit einer friedlichen Welt

60 Jahre Vereinte Nationen, ihr Wirken hinterließ tiefe Spuren in der Geschichte dieses Jahrhunderts. Die UNO trat als Krisenmanager in Erscheinung, wenn der Weltfrieden gefährdet war oder sie sich irgendwo der Menschenrechte annehmen musste. In diesen globalen Fragen ist die 191 Mitglieder starke Weltorganisation präsent. Wie zu Beginn des Jahrs 2006, als sich dem Weltsicherheitsrat die Aufgabe stellte, der Provokation des Iran zu begegnen, der für sich Nuklearbewaffnung beansprucht und damit droht, den Staat Israel „auszuradieren".

1941	*Präsident Roosevelts Erklärung der Vier Freiheiten (06.01.); Treffen von Präsident Roosevelt und Premierminister Churchill, Beschluss der Atlantikcharta (09.–12.08.)*
1942	*Unterzeichnung des Paktes der Vereinten Nationen (01./02.01.)*
1943	*Beschluss der Außenminister der USA, UdSSR und Großbritanniens zur Errichtung einer Weltorganisation, um den internationalen Frieden zu sichern (19.–30.10.)*
1944	*Konferenz von Bretton Woods über Währungs-, Zahlungs- und Handelsfragen der Nachkriegszeit mit Beteiligung von 44 Nationen (01.–22. 07.); Konferenz von Dumbarton Oaks mit der Empfehlung, den Völkerbund durch die Vereinten Nationen zu ersetzen (21.08.–07.10.)*
1945	*Konferenz von Jalta (04.–11. 02.); Beginn der Gründungskonferenz der Vereinten Nationen (25.04.); Unterzeichnung der Gründungsurkunde der Vereinten Nationen durch Vertreter von 50 Ländern in San Francisco (26.06.); Inkrafttreten der Charta der Vereinten Nationen (24.10.)*
1946	*Erste Sitzung der UN-Generalversammlung (10.01.)*
1947	*Bildung der Kommission für konventionelle Abrüstung im Weltsicherheitsrat der Vereinten Nationen (13.02.); Einschaltung der Vereinten Nationen in den Palästinakonflikt (26.05.); Vermittlung der Vereinten Nationen im Konflikt zwischen den Niederlanden und der Nationalen Befreiungsfront von Indonesien (02.09.); Vorlage eines Teilungsplans zwischen israelisch und palästinensisch zu besiedelnden Gebieten durch die UNO (29.11.)*
1948	*Erklärung über die Menschenrechte durch die UN-Generalversammlung (10.12.)*
1949	*Vermittlung eines Waffenstillstands im indisch-pakistanischen Krieg um Kaschmir durch die UNO (01.01.)*
1950	*Resolution des Weltsicherheitsrates über die Bildung einer UNO-Streitmacht für den Einsatz in Korea (25.06.)*
1956	*Suezkrise – Waffenstillstandsaufforderung durch die Vereinten Nationen und Entsendung von Friedenstruppen (26.10.–06.11.)*
1987	*Resolution der Vereinten Nationen über einen Waffenstillstand im Golfkrieg (20.07.)*
1990	*Beschluss von Wirtschaftssanktionen gegen den Irak durch den Weltsicherheitsrat (06.08.)*
1992	*Beschluss eines Wirtschafts- und Waffenembargos gegen die Bundesrepublik Jugoslawien durch den Weltsicherheitsrat (30.05.)*
1995	*Friedensabkommen von Dayton (14.12.)*

8.1. Friedenssehnsüchte und Friedensordnungen

Friedenssehnsüchte und Versuche ihrer Verwirklichung

Die Menschheit erlebte verschiedene Arten von Frieden: Solche, die am Ende temporärer Kriege zustande kamen und verlängerten Waffenstillständen vergleichbar waren; und Zustände wahren Friedens, die einfach da sind, ungeachtet ehemaliger Feindschaften oder aufkommender Meinungsverschiedenheiten.

Das Bemühen, dauerhafte Friedensordnungen zu begründen, zieht sich als Traum vom „ewigen Frieden" wie ein roter Faden durch die Geschichte. Einer der ältesten Friedenszustände war die **Pax Romana** des Kaiser Augustus, das Ergebnis von Eroberungen. Roms Militärmacht garantierte ihren Bürgern Ruhe im Innern und Schutz vor äußeren Feinden.

In der europäischen Neuzeit stellte der Friedensschluss nach dem Dreißigjährigen Krieg insofern den Typus des idealen Friedens dar, als er einen langen und dauerhaften Frieden schuf, wie er im **Vertrag von Münster und Osnabrück** 1648 zugesichert wurde. Und trotz dieser Beteuerungen entstand daraus nicht der erträumte Idealfriede.

Eine Wende im Wesen der Friedensschlüsse kam mit dem **Frieden von Utrecht** nach dem Spanischen Erbfolgekrieg 1713/14. Es erschienen zwei neue Begriffe in der Diplomatie: **Europäisches Gleichgewicht** und **Konzert der Mächte**. Doch es war mehr Missgunst als Moral dabei im Spiel. Künftig sollte keine Frieden schließende Macht zu einer beherrschenden Stellung aufsteigen dürfen. Dies war die Politik der **Balance of Power**, des Gleichgewichts der Kräfte, das Grundmuster der Diplomatie für die folgenden zwei Jahrhunderte in Europa.

Die Erhaltung eines Gleichgewichtszustandes müsse der Wohlfahrt aller Völker, ihrer Freiheit und der Gerechtigkeit dienen. Einer tyrannischen Großmacht war damit der Weg zur Alleinherrschaft verbaut. Großbritannien übernahm die Rolle des Zünglein an der Waage, indem es die jeweils schwächere Staatengruppe unterstützte. Die nach dem Sieg über Napoleon gegründete **Heilige Allianz** (1815) der christlichen Herrscher Russlands, Österreichs und Preußens sollte ein dauerhafter Friedensbund nach den Prinzipien der christlichen Religion sein. Er hielt 40 Jahre.

Bis an die Schwelle zum Ersten Weltkrieg funktionierte diese Balancepolitik im Großen und Ganzen. Bei größerem Ungleichgewicht – und das war allein schon durch die waffentechnische Entwicklung an der Wende vom 19. zum 20. Jahrhundert gegeben – konnte man auf ausbalancierende Selbstregulierungskräfte nicht mehr voll vertrauen.

An der Wende zum 20. Jahrhundert mehrten sich die Anzeichen für einen kommenden Krieg. Wettrüsten und Gespräche über Rüstungsbeschränkungen bildeten den Hintergrund, vor dem sich die Beziehungen zwischen Österreich-Ungarn und dem Deutschen Reich einerseits und dem englisch-französisch-russischen Bündnis andererseits verschlechterten.

Die internationalen Beziehungen waren krisenanfälliger geworden, und unter den beunruhigten Menschen in Europa entstand Kriegsfurcht, die sich in einer massiven internationalen Friedensbewegung zu Wort meldete. Zar Nikolaus II. und der US-Präsident Theodore Roosevelt reagierten darauf. Auf ihre Initiative traten 1899 und 1907 die Vertreter der Nationen in Den Haag zu einer **Weltfriedenskonferenz** zusammen. Die Kriegsverhinderung konnten sie jedoch nicht erreichen. Sie mussten sich damit begnügen, für den eintretenden Kriegsfall Regeln aufzustellen, wie er auf möglichst humane Weise zu führen wäre.

Der Erste Weltkrieg aber hatte die Welt gelehrt, dass Kriege nicht humanisiert werden können, wie in Den Haag versucht. Sie dürfen überhaupt nicht vorkommen. Zur Erreichung dieses Zieles sind Friedenskonferenzen nicht geeignet, und die Vertreter der Nationalstaaten nur selten passende Anwälte des Friedens. Um zu einer gerechten Friedensordnung zu kommen, musste abseits von nationalen Einflüssen und fern von politischen, ideologischen oder gar wirtschaftlichen Denkmustern eine durch Vernunft begründete Übereinkunft entstehen, den Krieg in der ganzen Welt zu ächten.

Bereits im Zeitalter der Aufklärung wurde die Ansicht, Kriege seien unabwendbare Schicksale, mit Entschiedenheit zurückgewiesen. 1713 entwickelte der Abbé Saint Pierre seinen **„Weltfriedensplan"** in der Schrift *Abhandlung über den immerwährenden Frieden*. Der könne Realität werden durch eine Föderation der europäischen Staaten.

1795 erschien Immanuel Kants Schrift *Zum ewigen Frieden*. Im Zentrum steht hier die doppelte Einsicht: Krieg als Rechtsgang ist zu verdammen, der Friede unmittelbare Pflicht aller Völker. Darum fordert Kant zu seiner Verwirklichung einen **Friedensbund**, den auch er schon „Völkerbund" nennt. Da es aber keine oberste Gesetzgebung in einem frei sich zusammenschließenden Bund geben kann, muss er vom **Vertrauen** regiert werden. Die Umsetzung des Friedensideals in die Praxis bedarf dabei eines Schiedsrichters, der die Summe der Bündnispartner repräsentiert und nach folgenden Regeln urteilt:

- Demokratische Staatswesen sind Bedingung.
- Wo ein Friede geschlossen wurde, darf das nie mit dem Vorbehalt eines künftigen Krieges geschehen.
- Gewaltsame Einmischung in Verfassung und Regierung anderer Staaten soll verboten sein.
- Stehende Heere werden abgeschafft.
- Wenn ein Land angegriffen wird, entscheiden allein dessen Bürger frei über Ja und Nein zum Verteidigungskrieg.

Der Erste Weltkrieg und der Völkerbund

Drei Jahre hatten die USA dem europäischen Krieg zugesehen, bis sie eingriffen und ihm ein Ende bereiteten. Wie wollte man nach 1.500 Tagen des Hasses und gegenseitigen Blutvergießens zur Normalität zurückkehren? Der amerikanische Präsident **Woodrow Wilson** forderte von den Staatsmännern ein radikales Umdenken, die Abkehr von den bisher üblichen Bündnis- und Sicherungssystemen. An deren Stelle sollte ein auf gegenseitiges Vertrauen gegründeter Bund aller Völker treten.

Der **Völkerbund** wurde 1920 gegründet. (Vgl. Lektion 1.4) Zu diesem Zeitpunkt gehörten ihm als Vollmitglieder die 32 Siegermächte des Ersten Weltkrieges und 13 neutrale Staaten an. Deutschland und die UdSSR blieben von der Mitgliedschaft ausgeschlossen – das Deutsche Reich bis 1926, Sowjetrussland bis 1934. Unter dem Eindruck des Versailler Vertrages beschloss der Senat der USA 1919/20, dem Völkerbund nicht beizutreten und eine isolationistische Politik im Sinn von Bündnisfreiheit zu verfolgen. Die Abwendung der USA bewirkte zweierlei: Die Autorität der Weltorganisation wurde geschwächt und Frankreich gleichzeitig veranlasst, die Rolle einer Ordnungsmacht zu übernehmen.

Die Satzung des Völkerbundes belegte Kriegsverursacher mit Sanktionen. Länder, die sich noch nicht selbst verwalten konnten, wie das bei den deutschen Kolonien und dem der Türkei abgenommenen Palästina der Fall war, wurden als Mandatsgebiete an England und Frankreich übergeben. Der Völkerbund nahm sich der Bekämpfung der Sklaverei, des Flüchtlingsschutzes und sozialer

Fragen an. Es gab einen Internationalen Gerichtshof und eine internationale Arbeitsorganisation, den weltweiten Zusammenschluss der Arbeitgeberverbände.

Seiner eigentlichen Aufgabe wurde der Völkerbund aber nicht gerecht, nämlich der Bewahrung des Weltfriedens. Seine Ohnmacht bewies er beim Angriff Japans auf China (1931), beim italienischen Überfall auf Äthiopien (1935) und bei Hitlers Zerschlagung der CSSR (1938/39).

Gegenüber diesen gravierenden Misserfolgen zählten die kleinen Erfolge kaum: die Schlichtung des Konflikts um Wilna zwischen Polen und Litauen 1920, das Eingreifen zugunsten Griechenlands bei der italienischen Annexion Korfus 1923 und die Beilegung des Streits um die Ölquellen von Mosul 1926. Den Ausbruch des Zweiten Weltkrieges konnte der Völkerbund nicht verhindern. Das war gewissermaßen die Bankrotterklärung der Friedensorganisation.

8.2 Roosevelts freiheitlich-demokratisches Friedensmodell

Zu Beginn des Ersten Weltkrieges und an seinem Ende waren die USA die größte **Wirtschaftsmacht** der Welt. Sie hatten in diesem stark industrialisierten Krieg bei der Finanzierung, Herstellung und dem Überseetransport von Kriegswaffen und Ausrüstungsgegenständen mit England und Frankreich sehr gute Geschäfte gemacht. Allein in den drei Jahren, bevor die USA aktiv in den Krieg eingriffen, stiegen die Exportverträge mit einer 32fachen Steigerungsrate. Der wirtschaftliche Aufwärtstrend hielt auch nach dem Krieg an, als es galt, die Kriegswirtschaft auf den zivilen Alltag umzustellen.

Abb. 8.1 Franklin D. Roosevelt im Wahlkampf 1936

Außenpolitisch hatten die Vereinigten Staaten längere Zeit mit der europäischen Wirklichkeit wenig Kontakt. Als aber in den 30er Jahren mit der Expansion Japans in Asien, der Deutschlands in Europa und dem Griff Italiens nach Nordafrika die Welt in Unruhe geriet, begann der seit 1932 amtierende Präsident **Franklin Delano Roosevelt**, den Achsenmächten entgegenzutreten. 1941 standen die USA im Zweiten Weltkrieg an der Seite Großbritanniens und der Sowjetunion. Die isolationistische Epoche war vorbei.

Die Japaner hatten am 7. Dezember 1941 vor **Pearl Harbor** die US-Pazifik-Flotte angegriffen und einen Großteil versenkt. Noch im gleichen Monat war den Vereinigten Staaten von Deutschland und Italien der Krieg erklärt worden. Die Amerikaner gingen 1941/42 ganz anders motiviert in den Krieg als 1917. Hatten im Ersten Weltkrieg die US-Bürger den Deutschen gegenüber – amerikanische Familien deutscher Abstammung gab es viele – eine neutrale bis sympathisierende Haltung, so hatte sich das grundlegend geändert.

Ein Kriegsende, wie es 1918 Woodrow Wilson anbot, ohne Sieger und Besiegte, war zwar mit den Nachfolgern des deutschen Kaiserreiches verhandelbar, mit Nazideutschland aber nicht. Zwischen 1933 und 1941/42 war Deutschland so vieler Verbrechen schuldig geworden, dass allein das Ende der Naziherrschaft das Kriegsziel sein konnte. Und da der Keim zum Zweiten Weltkrieg sowohl in der französischen Rache- und Vergeltungspolitik als auch im deutschen Revisionismus zu finden war, wollte Roosevelt eine auf gänzlich anderen Fundamenten ruhende **Friedensordnung**. Die alten europäischen Mächte sollten – im Unterschied zum Völkerbund – an der Friedenssicherung überhaupt nicht mehr beteiligt werden. Eine Ausnahme im Konzept des US-Präsidenten stellte Großbritannien dar, dessen künftige Bedeutung er allerdings weit überschätzte. Frankreich wollte Roosevelt zu einem Friedenssicherungssystem ebenso wenig heranziehen wie ein vielleicht zu einem späteren Zeitpunkt außenpolitisch handlungsfähiges Deutschland.

Die Neuordnung der Welt begann mit dem Treffen von Präsident Roosevelt und dem britischen Premierminister Churchill in der ersten Augusthälfte 1941 auf dem britischen Schlachtschiff Prince of Wales im Atlantik. Am Ende ihrer Beratungen stand die **Atlantikcharta** mit dem für die Nachkriegsordnung wesentlichen Grundsatz, dem Verbot von territorialen Veränderungen ohne freie Zustimmung der betroffenen Völker. Es sei das Recht aller Völker, „sich diejenige Regierungsform zu wählen, unter der sie leben wollen". Nicht zu klären ist allerdings, ob sich das nur gegen Hitler-Deutschland und Japan richtete oder auch gegen die Sowjetunion, die im Bündnis mit Nazideutschland Grenzziehungen in Ostpolen vorgenommen hatte und damit diesem Grundsatz entschieden widersprach.

Da der Grund für das Scheitern der Friedenssicherung durch den Völkerbund an dessen Unfähigkeit gelegen hatte, wirksam gegen Friedensstörer vorzugehen, sollten für eine künftige Friedensorganisation **vier Weltpolizisten** als Ordnungsmächte betraut werden: die USA, UdSSR, Großbritannien und China.

Alle Kriegsanstrengungen der USA hatten dem Ziel der **One World** zu dienen, der Vorstellung Roosevelts, dass es eine natürliche Harmonie der Völker gäbe, so dass ein friedliches Zusammenleben aller möglich sein müsste. Das Fundament für das friedliche Zusammenleben in der Weltgemeinschaft wäre die Garantie der Vier Freiheiten. (Vgl. Lektion 6.3)
Als Roosevelt ein Jahr vor dem Krieg der USA gegen die Achsenmächte diese Ziele vortrug, verband er damit das Werben um materielle Unterstützung für Großbritannien, das gegen Deutschland und Italien im Kampf allein stand.
Die Absicht, eine Organisation für den Weltfrieden zu gründen, stieß in den USA nicht auf einhellige Begeisterung. Vielen war das Vorhaben zu wenig realistisch und der angestrebte Idealzustand zu schwer zu verwirklichen. Die Reaktion der unmittelbar beteiligten Regierungschefs schien den Skeptikern Recht zu geben. Stalin ließ wissen, dass Unabhängigkeit und Selbstverwaltung gewisser kleiner Länder am westlichen Rand der Sowjetunion nicht wieder hergestellt werden. Das bedeutete, die im Bündnis mit Hitler geraubten Gebiete des östlichen Polen und die baltischen Länder wollte er behalten. Dies war eine offene Ablehnung des in der Atlantikcharta verbrieften Selbstbestimmungsrechts der Völker.
Churchill reagierte auf die in der Charta verkündete Entkolonialisierung mit dem Argument, es fände damit ein Eingriff in das allein Großbritannien zustehende Recht der Verwaltung seiner Kolonien und Dominien statt. Die französische Exilregierung – das Mutterland war noch unter deutscher Besatzung – meldete an, sie beanspruche freie Hand zum Schließen künftiger Bündnisse, was ihrem Rang unter Großmächten zukäme.
Trotz dieses Verhaltens verabschiedete das US-Repräsentantenhaus die **Fulbrigth-Resolution**, eine Entschließung, die auch diese Staaten beim Aufbau der internationalen Friedenssicherung begrüßte. Offenbar war 1943 auch in den USA das Bewusstsein um den Stellenwert der Friedenssi-

cherung noch nicht geschärft genug, denn in Meinungsumfragen nach dem wichtigsten Zukunftsproblem des Landes erhielt „dauerhafter Friede" nur 13%.

Im Herbst 1943 beschloss die Konferenz der Außenminister der USA, UdSSR und Großbritanniens neben dem vorrangigen Ziel der Kapitulation Deutschlands und Japans als zweites die internationale Organisation für Frieden und Sicherheit auf der Welt durchzusetzen. Schon 1942 war zu erkennen, dass die USA als einziges Land wirtschaftlich gestärkt aus dem Krieg hervorgehen würden. Die Vereinigten Staaten hatten zwischen 1941 und 1945 ihr Nettosozialprodukt von 117 auf 201 Mrd. Dollar nahezu verdoppelt.

Darum sahen sich die USA als Verfechter des One-World-Gedankens in der Pflicht, Hunger und Not in den von Krieg zerstörten Ländern zu bekämpfen und damit auch einem vorhersehbaren Chaos entgegenzuwirken. Nach dem Ersten Weltkrieg war dies schon einmal der Nährboden für totalitäre Ideologien und politischen Radikalismus.

Erste Schritte wurden im Sommer 1944 mit der **Währungskonferenz von Bretton-Woods** eingeleitet. Sie stand unter dem Motto: „One world and open door!" (Eine Welt und eine Handelspolitik der offenen Tür.) Die Sowjetunion war dabei nur durch einen Beobachter vertreten.

Die **Konferenz von Jalta** im Februar 1945 befasste sich vor allem mit dem nun kurz bevorstehenden Ende des Krieges in Europa und den kurzfristig zu lösenden Fragen. Roosevelt, der bald nach der Konferenz von Jalta verstarb, glaubte wohl nicht mehr an die One World. Im Dezember 1944 telegraphierte er Stalin, dass ihn die Zukunft beunruhige. Zu diesem Zeitpunkt schritt die Einverleibung Osteuropas durch den kommunistischen Block zügig voran.

Die Jalta-Verhandlungen hinterließen auf Seiten der westlichen Delegationen überwiegend den Eindruck, dass die Harmonie einer Vier-Mächte-Weltregierung durch zwei ideologisch, gesellschaftlich und politisch extrem gegensätzliche Systeme irreal geworden sei. Die Sowjetunion war dem Westen gegenüber im Vorteil wegen der militärisch geschaffenen Realitäten. In der Frage, wie auftretende Meinungsverschiedenheiten beseitigt werden sollten, kam man überein, dass die Atlantikcharta das Maß aller Dinge bleiben müsse. Sie stellte damit bereits die **Charta der Vereinten Nationen** dar.

In ihrem Geiste sollte eine Schlichtungsinstanz urteilen, der **Sicherheitsrat der Vereinten Nationen**. Der in der späteren Praxis sichtbar gewordene Pferdefuß war dabei das **Vetorecht** nach **Artikel 24** der Charta der Vereinten Nationen. Machte ein Mitglied davon Gebrauch, blockierte es damit eine Entscheidung des Rates. Die spätere Geschichte der UNO ist eine Kette dramatischer Sitzungen solcher Art, weil die Zuspitzung des Ost-West-Gegensatzes zahlreiche Konfliktlösungen überschattete und wegen der notwendigen Einstimmigkeit scheitern ließ.

Die **Gründungskonferenz der UNO** (United Nations Organization) begann im April 1945 und zog sich über zwei Monate hin. Schließlich wurde die Charta am 26. Juni 1945 von 50 Staaten in San Francisco unterzeichnet; sie trat am 24. Oktober 1945 in Kraft.*

Die zentrale Rolle des Weltsicherheitsrates und sein Handicap, das Veto-Instrument, ließ schon auf dieser Konferenz die mit so viel Optimismus begrüßte UNO und ihre Weltfriedenssicherung nicht effektiver erscheinen als Wilsons Völkerbund. Die Staaten, die noch vor 1945 Hitler-Deutschland den Krieg erklärt hatten, genossen in der Weltgemeinschaft einen Sonderstatus. Die Achsenmächte und ihre Verbündeten traf hingegen die **Feindstaatenklausel** des Artikels 107 der Charta. Ihnen blieb die Mitgliedschaft verwehrt. Die Brandmarkung als Feindstaat haftete der Bundesrepublik Deutschland und der DDR bis zu ihrer Aufnahme im Jahr 1973 an.

---

* Zu den Organen und Aufgaben der UNO vgl.: TELEKOLLEG MULTIMEDIAL Sozialkunde, Lektion 11.

8.3 Die Vereinten Nationen – eine Leistungsbilanz

Wirkungsweise der Vereinten Nationen

Zu den schwierigsten Aufgaben der Weltorganisation gehörte der Schutz der Menschenrechte. In dem Sinn, wie sie von der UNO wahrgenommen wurden, hatten diese Rechte vorher international nie eine Bedeutung gehabt. Es war stets der Heimatstaat eines Bürgers, der ihm in der Welt Schutz bot. Mit der **Allgemeinen Erklärung der Menschenrechte** der Generalversammlung der Vereinten Nationen vom 10. Dezember 1948 war die Grundlage geschaffen für Menschenrechtskonventionen mit den Mitgliedstaaten.

UN-Kommissionen begannen damit, sich über Menschenrechtsverletzungen zu informieren. Dagegen etwas zu unternehmen, blieb ihnen meist verwehrt. Die Menschenrechte wurden in weiten Teilen der Welt so missachtet, dass die betroffenen Regierungen in der Arbeit der UN-Kommissionen eine Einmischung in ihre inneren Angelegenheiten sahen. So mussten sich die UN-Sonderbeauftragten und ihre Arbeitsgruppen darauf beschränken, Informationen einzuholen und die delinquenten Staaten behutsam an die Besserung der Verhältnisse zu gemahnen. Wo nach Krieg und Bürgerkriegen die Menschenrechte weiterhin gefährdet blieben, ließ die UNO im Zug ihrer **Friedensmissionen** in größerer Zahl und für längere Dauer ihre **Blauhelmsoldaten** zur Sicherung der Menschenrechte zurück.

So etwa nach dem Ende des Bürgerkrieges 1992 in El Salvador. Seitdem ist in San Salvador eine Beobachtungsgruppe von 300 Mann stationiert. Ebenfalls 1992 stationierte die UNO 22.000 Blauhelmsoldaten in Kambodscha, um zu gewährleisten, dass nach der Schreckensherrschaft der Roten Khmer die Rückkehr menschlich erträglicher Zustände möglich würde. Im selben Jahr übernahmen 14.000 Freiwillige nach dem Bürgerkrieg den Schutz der Bevölkerung und die Sicherheit ihrer Versorgung in Slawonien, Bosnien und der Herzegowina.

Aus der Arbeit der UNO erwuchsen verschiedene Übereinkünfte, wie zum Beispiel die **Genfer Flüchtlingskonvention** (1951) und die **Konvention über Verhütung und Bestrafung des Völkermordes** (1946). Mit der Verhinderung, dass auch Kriegsverbrechen und Verbrechen gegen die Menschlichkeit die üblichen Verjährungsfristen zugestanden bekamen, leisteten die Vereinten Nationen einen Beitrag zur Sühne von Verbrechen dieser Art. Einen besonderen Rang im Menschenrechtsschutz nahm der Kampf gegen die vielfältigen Diskriminierungen ein. So engagierte sich die UNO in Südafrika im Kampf gegen die Rassendiskriminierung und verhalf letztendlich dem Land, die Apartheid zu überwinden.

Trotz des gewaltigen Betruges Stalins an den Verbündeten der Anti-Hitler-Koalition und obwohl er die große Vision der One World Roosevelts zerstört hatte, bewährte sich die UNO als Institution der **Friedenssicherung**. Das Feindschaftsverhältnis der Supermächte zueinander aber lähmte die dringend notwendige Sicherung des an vielen Brennpunkten der Welt bedrohten Friedens.

Die UNO und ihre weltweiten Einsätze

In den ersten Nachkriegsjahren galten die Aktivitäten der UNO den Konflikten zwischen Palästinensern und dem Staat Israel. Nach dessen Gründung im Mai 1948 begann die **Nahostkrise**. 1949 wurde Israel Mitglied der Vereinten Nationen. Aus Kriegen und siedlungspolitischen Maßnahmen erwuchs nach einer Entspannungsphase ein beidseitiger Dauerterror, der die Welt nach wie vor in Atem hält.

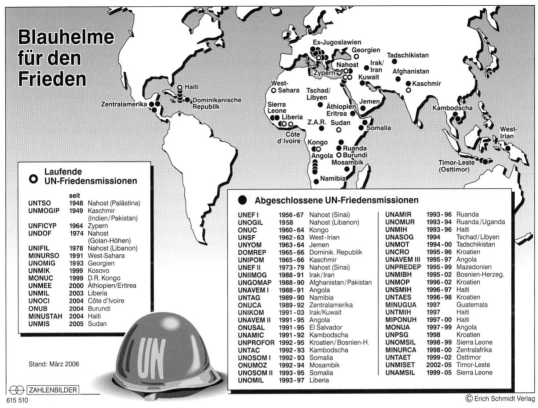

Abb. 8.2 Blauhelme für den Frieden

Einen zweiten Krisenherd in der Nachkriegszeit stellten die Kämpfe der Nationalen Befreiungsfront von **Indonesien** gegen die niederländische Kolonialherrschaft dar. Auf Druck der Vereinten Nationen gab das Königreich der Niederlande seine Souveränitätsrechte auf dem Malaysischen Archipel im Dezember 1949 an Indonesien ab.

Auch durch den indisch-pakistanischen Streit um Kaschmir wurde die Aufmerksamkeit der UNO in Anspruch genommen. Der lange Krieg war hauptsächlich religiös motiviert. Zwei Waffenstillstände brachte die UNO zustande, einen bereits 1949, einen zweiten im September 1965. Doch erst im Sommer 1972 konnten Pakistani und Inder sich auf eine Demarkationslinie einigen und Frieden schließen.

Der Ausbruch des **Koreakrieges** im Sommer 1950 brachte die erste sehr ernste Gefahr eines neuerlichen großen Krieges. Der Weltsicherheitsrat verurteilte den Vorstoß Nordkoreas über den 38. Breitengrad nach Süden und beschloss die militärische Intervention. Um den Frieden wiederherzustellen, kam eine UN-Truppe unter dem Kommando der USA den angegriffenen Südkoreanern zu Hilfe. Die militärische Intervention beruhte auf einer Resolution des Weltsicherheitsrates, die sich auf Artikel 39 der UN-Charta stützte. Nach diesem Artikel war ein militärisches Eingreifen der UNO bei einer Aggression wie dieser geboten.

Erst der **Zweite Golfkrieg** 1991 ließ wieder einen Offensivauftrag an die Streitkräfte der Vereinten Nationen zu, weil die UdSSR kein Veto einlegte. Alle militärischen Aktionen der UNO in den 40 Jahren zwischen dem Krieg in Korea 1950 und diesem Golfkrieg mussten wegen fehlender Deckung durch Artikel 39 der UN-Charta den freiwilligen Blauhelmsoldaten übertragen werden, d.h. Mitgliedsländer stellten freiwillig ihre Streitkräfte zur Verfügung. Im Kampf gegen Saddam Hussein 1991 unterstellten sich nicht nur Truppenkontingente aus den europäischen Ländern Großbritannien, Frankreich und Italien dem UNO-Kommando, sondern auch aus den arabischen Staaten Ägypten, Oman, den Vereinigten Emiraten und Syrien.

Eine folgenschwere Krise – folgenschwer, weil sie sich unmittelbar negativ auf den Freiheitskampf der Ungarn auswirkte – entstand 1956 um den **Suezkanal**. Nach geheimer Absprache mit Israel bombardierten britische und französische Flugzeuge die Kanalzone, und ihre Truppen landeten bei Port Said. Die UNO verlangte von den Aggressoren den sofortigen Rückzug. Ihre Forderung wurde von den USA und der UdSSR unterstützt. Nach Abzug der Briten und Franzosen besetzten Blauhelme der UNO die Zone.

Auf der im östlichen Mittelmeer gelegenen Insel **Zypern** entstand aus religiösen und kulturellen Ursachen Streit zwischen den türkischen und griechischen Bewohnern, nachdem die Insel aus der britischen Oberhoheit entlassen war. Er führte 1963 zum Bürgerkrieg zwischen den beiden Volksgruppen. Im März 1964 griffen UN-Friedenstruppen ein und stellten die Ruhe notdürftig wieder her.

Mit fortschreitender **Entkolonialisierung** wurde auch Afrika zum Schauplatz von Bürgerkriegen und Anarchie mit all den Begleiterscheinungen, die für die Völker dieses Erdteils schlimmste Zustände schufen.

Im ehemaligen **Belgisch-Kongo** entstanden 1958/59 Unruhen, als das Land auf dem Weg in die Unabhängigkeit war. Sie dauerten nach der Souveränitätserklärung von 1960 noch fort. Auch hier griffen die Vereinten Nationen ein und schickten Blauhelmsoldaten, die bis 1964 dort blieben.

In den 60er und 70er Jahren war die Weltorganisation mehrmals gefordert, Unruhen auf dem afrikanischen Kontinent zu begegnen; 1966 war es Rhodesien, 1978 Südafrika. Hier brachten Wirtschaftssanktionen einigermaßen erträgliche Zustände. Eine leichte Entspannung im Kalten Krieg und die Annäherung zwischen China und den Vereinigten Staaten stärkten dabei die Sicherheitsbemühungen der UNO.

Die seit Ende des Ersten Weltkrieges unter südafrikanisches Mandat gestellte ehemalige Kolonie Deutsch-Südwestafrika verlangte die Anerkennung als unabhängiger Staat **Namibia**. 1989/90 wurde unter Einsatz von UN-Truppen der ehemaligen Kolonie der Weg in die Eigenstaatlichkeit gebahnt.

Ein besonders dunkles Kapitel der UN-Geschichte war der Genozid in **Ruanda** 1994. Im schwarzafrikanischen Bürgerkrieg spielte sich vor den Augen der Völkergemeinschaft ein Massenmord an 800.000 Menschen ab. Der damalige UN-Generalsekretär Boutros Boutros-Ghali musste sich das Versagen der dort stationierten UNO-Schutztruppe vorwerfen lassen.

Bürgerkriege und ethnische Säuberungen beunruhigten die Weltöffentlichkeit bis zum Ende des Jahrhunderts, wie beispielsweise die **Balkankonflikte**.

Nach dem Tod des jugoslawischen Präsidenten Tito im Jahr 1980 begann der Zerfallsprozess des nach 1918 künstlich geschaffenen Staates. (Vgl. Lektion 1.3) Die serbische Polizei knüppelte Unruhen im albanisch bevölkerten Kosovo nieder. Im Sommer 1991 erklärten Slowenien und Kroatien ihre Unabhängigkeit, im Herbst Bosnien und die Herzegowina. Daraufhin ging die überwiegend aus Serben bestehende Bundesarmee gewaltsam gegen sie vor. Die Konfliktparteien in Kroatien akzeptierten den von der UNO vermittelten Waffenstillstand und die UNO entsandte 15.000 leichtbewaffnete Blauhelmsoldaten in drei Schutzzonen. Der serbische Präsident Milosevic schürte alte ethnische Rivalitäten und propagierte ein von Nichtserben befreites Großreich. Im April 1992 begannen die bosnischen Serben ihre Offensive mit Luftangriffen auf Bosnien.

Der UN-Sicherheitsrat beschloss ein Wirtschafts- und Waffenembargo gegen Jugoslawien, das nun nur noch aus Serbien und Montenegro bestand. In der Folge musste der Sicherheitsrat verschiedene Resolutionen verabschieden, so die über die Einrichtung von Sicherheitszonen in Bosnien-Herzegowina. Die UNO verhängte Flugverbote für Militärflugzeuge über diesem Gebiet und beschloss die Einrichtung eines **Internationalen Kriegsverbrechertribunals** zur Ahndung der schlimmsten Verbrechen, die seit dem Ende des Zweiten Weltkrieges in Europa verübt wurden. Nach dem **Frieden von Dayton** im Dezember 1995 – er teilte Bosnien-Herzegowina in einen serbischen und einen kroatisch-muslimischen Teil – wurde eine UN-Friedenstruppe (IFOR) unter dem Befehl der NATO in Bosnien stationiert, um die Einhaltung des Abkommens zu garantieren.

Die Welt war, wie dieser Krieg bewies, nicht friedlicher geworden. Es wurden 250.000 Menschen getötet, viele davon in den entsetzlichen Massakern der ethnischen Säuberungen, für die der Name des Ortes **Srebrenica** steht.

Der **11. September 2001** mit dem Angriff auf das World Trade Center in New York rückte den Menschheitstraum von der One World wieder in weite Ferne. So wie es nahezu ein halbes Jahrhundert den Ost-West-Gegensatz gegeben hatte, war mit dem fundamentalistisch-islamischen Terror dem Frieden in der Welt ein neuer Feind erwachsen. Ihm sagte die zivilisierte Welt den Kampf an. Sie solidarisierte sich mit den USA und stimmte der im Sicherheitsrat eingebrachten **Antiterror-Resolution** zu, der Aufforderung, den organisierten Terror dadurch zu bekämpfen, dass ihm die Finanzierung, Rekrutierung und Bewaffnung unmöglich gemacht werden sollte.

Obwohl die UNO in der zweiten Hälfte des 20. Jahrhunderts die wesentliche Kraft der Friedenssicherung bezüglich der Konfliktlagen Naher Osten, Kalter Krieg und Entkolonialisierung war, konnte die Menschheit in den sechs Jahrzehnten ihres Bestehens die Vier Freiheiten nie völlig genießen: In weiten Teilen der Welt gab es und gibt es keine Meinungs- und Redefreiheit. Die Hungerepidemien in Schwarzafrika, die „Favelas" genannten Elendsquartiere in Brasilien oder die Villas miserias Argentiniens existierten fort. Die Freiheit von Not blieb ein papiernes Versprechen, ebenso wie die Religionsfreiheit vor allem in religiös-fundamentalistischen Staaten kaum oder gar nicht vorhanden ist.

Und die Freiheit von Furcht? Die Atombombendrohung bannte den Ausbruch eines Dritten Weltkrieges. Ansonsten aber ließen Kriege, Bürgerkriege und Terroranschläge die Welt nicht zur Ruhe kommen. Auch die Angst vor Folterung und dem Verschwinden in anonymer Haft ohne Anklage und gerichtliche Überprüfung griff um sich.

Die Bilanz lässt somit das Fazit zu, dass zweimal in einem Vierteljahrhundert amerikanische Präsidenten – Wilson mit der Idee eines Völkerbundes und Roosevelt mit der Vision der One World – in der Einschätzung der Natur des Menschen einer verhängnisvollen Selbsttäuschung erlagen.

8.4 Die One World des weltrevolutionär-sowjetischen Friedens

Die reale Ausgangslage der **UdSSR** am Ende des Zweiten Weltkrieges: Sie sollte sich nach Meinung ihrer Verbündeten in einer One World unter westlicher Dominanz integrieren.

Die Bilanz der Sowjetunion nach diesem Krieg ließ das jedoch so einfach nicht zu. 20 Mio. Sowjetbürger waren getötet worden. Die Verluste des Volksvermögens beliefen sich nach sowjetischen Angaben auf 128 Mrd. Dollar, nach Schätzungen der USA auf 20 Mrd. Darum musste das Land die für den Wiederaufbau nötigen eigenen Kräfte konzentrieren und aus eroberten Gebieten möglichst viel an materiellem Gewinn herausholen.

Die Rote Armee war drastisch zu reduzieren, ebenso die Rüstungsausgaben. Das war bei der in den Augen der Sowjets fortbestehenden Gefahr eines erneuerten militaristischen Deutschlands eine sicherheitspolitisch gefährliche Situation. Die Niederlage Russlands im Ersten Weltkrieg mit dem Frieden von Brest-Litowsk war der Kreml-Führung ebenso noch im Bewusstsein wie die jüngste deutsche Invasion bis zur Linie Leningrad-Moskau-Stalingrad. Als **Siegermacht** – das war sie seit 1814 nicht mehr – wollte die UdSSR nun auch als eine Weltpolitik gestaltende Großmacht respektiert werden und nicht als US-Kostgänger erscheinen.

Roosevelts Idee der One World passte nicht ins sowjetische Konzept. Aus Stalins Sicht war die Welt in zwei Lager gespalten: Einerseits in das imperialistisch-kapitalistische Lager des Westens, das nur vorgab, demokratisch zu sein, und andererseits in das antiimperialistisch-volksdemokratische des Ostens. Aus dieser Sicht war die One World Roosevelts eine expansive Weltpolitik mit dem Ziel der Versklavung der Völker unter die Herrschaft des Kapitals. Darum musste auch die sowjetisch beherrschte Welt die Marshallplanhilfe zurückweisen, hätte doch allein schon ihre Annahme sie in die Abhängigkeit der westlichen Kapitalisten gebracht.

Die Strategie des Kommunismus bei der Schaffung der sozialistischen Welt

Ausgehend vom **marxistischen Grundgedanken**, dass „der Monopolkapitalismus der Trusts und Kartelle im Interesse parasitärer Aktienbesitzer" den Drang unendlicher Ausdehnung in sich trägt, und in letzter Konsequenz dadurch seine Weltherrschaft begründet, ist die Sammlung aller Gegenkräfte geboten. In den Industrieländern sind dies die Arbeiter, in der Dritten Welt all die Menschen, die unter dem Existenzminimum leben. Ihr Zusammenschluss führe für die „Verdammten dieser Erde" ein besseres Zeitalter herauf, wenn sie denn den Kampf wagten. Die Führung in diesem Kampf müsse die Sowjetunion übernehmen, ihr zur Seite stehen die brüderlich kommunistischen Parteien aller Länder.

Diese Thesen verkündete der sowjetische Delegationsleiter Shdanow auf der Konferenz osteuropäischer, italienischer und französischer KP-Führer 1947. Um diese Ziele weltweit durchzusetzen, gründete die Bewegung des Weltkommunismus das **Kommunistische Informationsbüro** (Kominform), das mit Rücksicht auf die kapitalistischen Bündnispartner des Zweiten Weltkriegs zum Schweigen verurteilt war. Dies war die Schaltstelle, die entweder in bestehenden Staaten kommunistische Regierungsbildungen bewirkte – auch durch gewaltsamen Umsturz – oder in den Ländern der Dritten Welt Boden zu gewinnen suchte. Es war die Rede von der „natürlichen Bundesgenossenschaft" der Sowjetunion mit den „rückständigen" Völkern Asiens, Afrikas und Lateinamerikas. Was man allerdings in der Sowjetunion unter „One World" verstand und wie man sich die Schaffung einer solchen „Einen Welt" dachte, bewies die Praxis des Kalten Krieges. Die One World des Proletariats wurde durch unterschiedliche Maßnahmen erreicht:

◆ Annexion

◆ Einverleibung der Länder, die in den sowjetischen Machtbereich geraten waren und in denen kommunistische Regierungen eingesetzt wurden

◆ Anzetteln von Revolutionen in der Dritten Welt.

Friedliche Koexistenz –
Ein Meilenstein auf dem Weg zur Einheit einer sozialistischen Welt

Weil die ganze Welt den großen Krieg fürchtete, mussten auch im Ostblock Wege eines friedlichen Neben- und Miteinanders gefunden werden. Der dafür passende Begriff hieß Koexistenz. Dabei verlor der Kommunismus keinesfalls seine weltrevolutionären Ziele aus den Augen. Weltrevolution durch Koexistenz war das Motto, nicht Koexistenz statt Weltrevolution – wie es so oft im Westen interpretiert wurde.

Weil es das **Gleichgewicht des Schreckens** gab, brauchte damit der weltrevolutionäre Krieg nicht aufgegeben werden. Die Kommunisten verfolgten eine Strategie verschleierten Krieges im Frieden. Auch sie propagierten die One World. Durch Gründungen humanitärer und pazifistischer Organisationen, denen äußerlich nichts Marxistisches anzumerken war, versuchten sie weltweit Einfluss zu bekommen. Dieser Unterwanderung dienten Institutionen wie beispielsweise die in Helsinki ansässige **Weltfriedensbewegung**, gegründet 1949. Sie wurde repräsentiert durch den **Weltfriedensrat**, der stets seine politische und finanzielle Unabhängigkeit betonte. Aber 1990/91 zeigte sich, dass er ein Instrument des Sowjetregimes und der Staaten des Warschauer Paktes war, politisch stark beeinflusst und finanziell abhängig.

◆ In der **Geschichte** gab es **zahlreiche Versuche, dauerhafte Friedensordnungen** zu schaffen, z.B. **Pax Romana, Friede von Münster und Osnabrück, Friede von Utrecht**.

◆ Bereits **Immanuel Kant** versucht in seiner Schrift *Zum ewigen Frieden*, eine **Weltharmonie** auf **Vernunft** zu begründen.

◆ Auf der **Weltfriedenskonferenz** in **Den Haag** werden **Regelungen** zur **Humanisierung** der **Kriegsführung** getroffen.

◆ Der von **Wilson** initiierte **Völkerbund** scheitert vor allem an den **Konsequenzen des Versailler Vertrags**.

◆ **F.D. Roosevelt** verkündet seine Idee der **One World** und die **Vier Freiheiten**.

◆ Mit der **Atlantikcharta** wird der Grundstein für die **Charta der Vereinten Nationen** gelegt, zugleich missachtet **Stalin** deren zentralen **Inhalte**. Es zeigten sich immer mehr **Diskrepanzen** zwischen den **westlichen Alliierten** und der **UdSSR**.

◆ Nach der Gründung der **UNO** zeigt sich das **Vetorecht** als **lähmendes Element** im **Sicherheitsrat**.

◆ Obwohl es seit ihrer **Gründung** zahlreiche **Krisenherde** gab und gibt, schaffte es die **UNO**, sich als **Krisenmanager** für die **Menschenrechte** einzusetzen. Ihre **Friedenstruppen** sind als **Blauhelmsoldaten** weltweit an **Kriegsschauplätzen** im Einsatz.

Aufgaben zur Lernkontrolle

Im Folgenden finden Sie eine Zusammenfassung von Informationen über die UNO, ihre Grundsätze, Ziele und Organe.

Die Vereinten Nationen
In einer Präambel und 19 Kapiteln verzeichnet die Charta die Ziele und Grundsätze, die Verpflichtungen der Mitglieder, die Struktur und Aufgaben der Organe der Vereinten Nationen. Hierzu zählen:
- Den Weltfrieden und die internationale Sicherheit zu wahren
- Freundschaftliche ... Beziehungen zwischen den Nationen zu entwickeln
- Eine internationale Zusammenarbeit herbeizuführen und die Achtung vor den Menschrechten und Grundfreiheiten zu fördern und zu festigen

Die Generalversammlung
In ihr sind alle Mitgliedstaaten vertreten; entsprechend dem Völkerrechtsprinzip der souveränen Gleichheit aller Nationen verfügt hier jeder Mitgliedstaat, unabhängig von seiner Größe, über eine Stimme. Die Generalversammlung tritt jährlich einmal für etwa drei Monate zu einer ordentlichen Tagung zusammen, gelegentlich aber auch zu Sondersitzungen, und sie kann alle Angelegenheiten beraten, für die sie nach der Charta zuständig ist. Ihre Beschlüsse, die sie in der Regel mit einfacher Mehrheit der abgegebenen Stimmen fassen muss, haben den Charakter bloßer Empfehlungen (mit Ausnahme organisatorischer Entscheidungen). Neue Mitglieder nimmt sie auf Empfehlung des Sicherheitsrates mit Zweidrittelmehrheit auf. Zu Beginn einer jeden Jahrestagung wählt die Versammlung ihren Sitzungspräsidenten.

Zur Erreichung ihrer Ziele verpflichten sich die Mitglieder, grundsätzlich auf jede Gewaltandrohung oder -anwendung, „die gegen die territoriale Unversehrtheit oder die politische Unabhängigkeit irgendeines Staates gerichtet oder sonst mit den Zielen der Vereinten Nationen unvereinbar ist", zu verzichten und ihre internationalen Streitigkeiten friedlich beizulegen (Artikel 2).

Um die Einhaltung dieser Bestimmungen zu gewährleisten, verfügt die UNO über den Sicherheitsrat als politische und den Internationalen Gerichtshof als richterliche Instanz. Gegen Staaten, die den Weltfrieden verletzen, kann der Sicherheitsrat Zwangs- und Sanktionsmaßnahmen anordnen, die für alle Mitglieder verbindlich sind.

Der Sicherheitsrat trägt der Charta zufolge die Hauptverantwortung für die Wahrung des Weltfriedens. Entsprechend verfügt er über weitreichende Kompetenzen, Maßnahmen zur Friedenswahrung oder -schaffung in die Wege zu leiten. Hierzu kann er besondere Instrumente einsetzen, wie z.B. die Friedenstruppen („Blauhelme"), Hilfsorgane wie die Sonderkommission für die Vernichtung von Massenvernichtungswaffen im Irak (UNSCOM) oder die Internationalen Tribunale für Kriegsverbrechen in Ruanda (ICTR) und für Verbrechen im früheren Jugoslawien (ICTY).

Dem Sicherheitsrat gehören seit 1964 15 Mitglieder an; fünf davon haben gemäß der Charta den Status ständiger Mitglieder: Frankreich, Großbritannien, Russland (seit 1991 in der Nachfolge der Sowjetunion), USA und die Volksrepublik China. Die zehn nichtständigen Mitglieder (fünf aus Asien und Afrika, je zwei aus Lateinamerika und Westeuropa, eines aus Osteuropa) werden für zwei Jahre von der Generalversammlung mit Zweidrittelmehrheit gewählt, wobei in jedem Jahr fünf Mitglieder neu bestimmt werden.

Die Beschlüsse des Sicherheitsrates bedürfen der Mehrheit von neun Stimmen einschließlich der Zustimmung aller fünf ständigen Mitglieder, die damit über ein Vetorecht verfügen.

Der Generalsekretär der Vereinten Nationen wird auf Vorschlag des Sicherheitsrates von der Generalversammlung für fünf Jahre gewählt. Er besitzt wenige aus der Charta abgeleitete politische Kompetenzen, kann jedoch vom Sicherheitsrat mit der Vorbereitung und Durchführung Frieden sichernder Maßnahmen beauftragt werden. Mit seinem allgemeinen Auftrag, zur Wahrung des Weltfriedens beizutragen, und aufgrund seines unabhängigen Status kann er als neutrale Autorität internationale Konflikte lösen helfen.

1. Machen Sie sich – gegebenenfalls unter Verwendung weiterer Materialien – mit den Informationen gut vertraut.

2. Geben Sie Beispiele für Einsätze der UNO und begründen Sie entweder deren Misserfolg oder Erfolg anhand Ihrer Kenntnisse über Geschichte und Organisation der Vereinten Nationen.

9. Pulverfass Naher Osten

Ein halbes Jahrhundert Nahostkonflikt – Streit um ein Land, auf das sowohl Araber als auch Juden Anspruch erheben. Der regional begonnene Konflikt hat weltpolitische Dimensionen angenommen und eine höchst gefährliche Brisanz. Zwischen der islamischen und der westlichen Welt klafft ein tiefer Graben. Der fundamentalistische Widerstand gegen die im Irak und in Afghanistan gewählten Vertreter der Demokratien macht sich breit. Auch dort leben, wie in Israel schon lange, die Menschen in der ständigen Furcht vor Selbstmordattentätern und Autobomben.

1897	*Erster Zionistenkongress in Basel (29.–31.08.)*
1917	*Balfour Declaration (02.11.)*
1937	*Vorschlag eines Teilungsplans für Palästina durch die englische Mandatsverwaltung (07.07.)*
1942	*Forderung der Zionisten nach unbeschränkter Aufnahme in Palästina (11.05.)*
1947	*Palästinafrage vor der UNO (02.04.); Resolution zur Teilung Palästinas (26.11.); gewalttätige Proteste der Araber (27.11.)*
1948	*Abzug britischer Truppen aus Palästina, Gründung des Staates Israel und Angriff der arabischen Staaten (14.05.)*
1950	*Sperrung des Suezkanals durch Ägypten, Wirtschaftsboykott der Arabischen Liga gegen Israel (06.02.)*
1955	*Überfall Israels auf Gaza (28.02.)*
1956	*Suezkrise, Beginn des zweiten israelisch-arabischen Kriegs (29.10.–06.11.)*
1964	*Erste arabische Gipfelkonferenz, Gründung der PLO (13.–17.01.); zweite Gipfelkonferenz (05.–11.09.)*
1967	*Sechstagekrieg (05.–10. 06.)*
1973	*Jom-Kippur-Krieg (06.10.)*
1979	*Ägyptisch-israelischer Friedensvertrag (26.03.); Ausrufung der iranischen Republik durch Khomeini (02.04.); Einmarsch sowjetischer Truppen nach Afghanistan (27./28.12.)*
1980	*Israels Annexion Jerusalems (30.07.); erster Golfkrieg des Irak gegen den Iran (22.09.)*
1990	*Zweiter Golfkrieg (02.–08.08.)*
1991	*Beginn der UNO-Mission gegen den Irak (15.01.)*
2001	*Terroristischer Anschlag auf das World Trade Center in New York (11.09.)*
2003	*Vorstellung der Road Map als Friedensplan seitens des Nahost-Quartetts (30.04.)*

9.1 Der Nahe Osten und Israels Staatsgründung

Den **Nahen Osten**, einst die Länder des osmanischen Reiches, bilden heute die arabischen Staaten und Israel. Im Ersten Weltkrieg stand das Osmanische Reich, verbündet mit Deutschland und Österreich, gegen England und Frankreich im Krieg. Die westlichen Alliierten schürten Aufstände bei der arabischen Bevölkerung gegen die türkische Herrschaft. Man versprach ihr die Eigenstaatlichkeit, wenn sie zum Sieg beitrüge. (vgl. Lektion 1.3.) Sie glaubten der Zusage, wagten die Erhebung und nach den ersten militärischen Erfolgen riefen sie erfolglos einen Araberstaat aus.

Der Sonderfall Palästina und die jüdische Einwanderung

In den letzten zwei Jahrzehnten des 19. Jahrhunderts verstärkte sich die jüdische Einwanderung nach Palästina. Die Bewegung des **Zionismus** spielte dabei die wesentliche Rolle. Die Zionisten forderten einen eigenen **Judenstaat**, weil nur ein solcher ihnen ein Leben in Sicherheit, Freiheit und Würde möglich mache. Veranlasst worden war diese Forderung durch einen zunehmend aggressiveren **Antisemitismus**, der sich vom früheren christlichen dadurch unterschied, dass nicht der Glaube, sondern die Rasse den Ausschlag gab. Die Pogrome des Zaren Alexander III. hatten zwischen 1881 und 1914 2,5 Mio. Juden aus Osteuropa vertrieben, die meisten in die Vereinigten Staaten und nach Palästina.

In Wien, dem Zentrum des rassistischen Antisemitismus, bildete sich die zionistische Gegenbewegung. Ihr Kopf war **Theodor Herzl**, sein Lebensziel ein den Juden gehörender Staat. Seit 1897 fanden von Herzl organisierte **Zionistenkongresse** statt, Plattformen, um sich in der Welt Gehör zu verschaffen. Zu einer Zeit, als der Zionismus mehr eine Idee als eine wirksame Organisation war, kamen die zionistischen Einwanderer nach Palästina. Ab 1901 begann eine ideell vom Zionismus getragene und materiell von ihm unterstützte planmäßige Besiedlung. Alle Tagungen der Zionisten gipfelten in dem Aufruf: *Gebt dem jüdischen Volk einen rechtlich gesicherten Staat im Land seiner Väter!*

Entwicklung zur Staatsgründung Israels

1909 stand die erste Stadt der Juden, **Tel Aviv**. In den Kibbuzim, den landwirtschaftlichen Kollektivsiedlungen, lebten 1911 schon 12.000 Menschen. Bei einer Gesamtbevölkerung Palästinas von einer halben Million betrug der Anteil der Juden weniger als zehn Prozent. Dennoch lösten die zionistischen Einwanderungen bei den arabischen Einwohnern Unruhe aus. Der souveräne Palästinenserstaat, der ihnen von England für den Aufstand gegen die Türken als Belohnung versprochen wurde, war vergessen.

Die englische Regierung, die den Weltkrieg gewinnen wollte, bemühte sich um den Kriegseintritt der USA an ihrer Seite. Dabei fand sie die Unterstützung vieler amerikanischer Juden. Englands Außenminister Lord Balfour sandte deshalb im November 1917 dem Zionistenführer Lord Rothschild einen Brief, die **Balfour Declaration**. Namens der Regierung seiner Majestät bot er darin eine nationale Heimstatt für das jüdische Volk an.

Nach dem Krieg stand Palästina unter britischem Völkerbundsmandat. Zwischen 1919 und 1939 steigerte sich die Zuwanderung um 400.000 Menschen. Der unerträgliche Verfolgungsdruck durch die Nationalsozialisten ließ die Zahl jüdischer Einwanderer zwischen 1930 und dem Jahr der Staatsgründung Israels 1948 von 50.000 auf 250.000 anwachsen. Ungeachtet der dramatischen Entwicklung, die das Schicksal der Juden in Deutschland 1935 und 1938 nahm (vgl. Lektion 2.7.), stellte die britische Regierung sich jedoch der jüdischen Einwanderung entgegen.

1945 enthüllte sich vor den Augen der Welt das Grauen des **Holocaust**. Neue Auswandererschiffe kamen nach Palästina. Die britische Regierung jedoch kehrte zur Mandatspolitik von 1939 zurück. Sie drängte die Ankommenden ab oder verbrachte sie in Lager. Auf Weisung der Londoner Regierung legten die Mandatsbehörden in Palästina die Arbeit der zionistischen Organisationen lahm und verschärften die Bestimmungen über Landerwerb.

Doch auf Druck der USA gab England das Völkerbundsmandat auf und stimmte der Teilung des Landes zu. Am 14. Mai verließen die Briten das Mandatsgebiet. Am gleichen Tag begann die arabische Bevölkerung, sich mit Waffengewalt der Teilung zu widersetzen. Am Abend dieses 14. Mai verkündete **David Ben Gurion** den unabhängigen souveränen **Staat Israel**. Unmittelbar darauf erfolgte die diplomatische Anerkennung durch die USA und die UdSSR. Mit den Kriegserklärungen durch Ägypten, Saudi-Arabien, Trans-Jordanien, Libanon, Irak und Syrien kam es zum israelischen **Unabhängigkeitskrieg**, dem ersten israelisch-arabischen Krieg.

9.2 Kriege, Bürgerkriege und Friedensversuche

Der Unabhängigkeitskrieg verlief für Israel anfangs nicht glücklich. Schließlich aber eroberte es Gebiete, die über die im Teilungsplan vorgesehenen hinausgingen; 800.000 Araber waren geflohen. Nach langen und zähen Verhandlungen vermittelte die UNO einen **Waffenstillstand** zwischen Israel und seinen Gegnern. Die UNO empfahl, den Konflikt durch eine Internationalisierung Jerusalems und die Rückkehr der Flüchtlinge zu entschärfen. Doch die Situation war festgefahren. Die arabischen Staaten erkannten Israel nicht an, und international wurde die Waffenstillstandsregelung nicht gebilligt.

Am dringendsten der Lösung bedurfte das Flüchtlingsproblem. Eine Million Araber lebten als Vertriebene in Lagern jenseits der neuen israelischen Grenzen. In den vom Hilfswerk der Vereinten Nationen vorgelegten Zahlen zeigt sich der dramatische Anstieg: 1951 wurde die Million überschritten, 1978 waren es schon 1,75 Mio. 1995 registrierte die Hilfsorganisation drei Millionen Menschen, die unter unwürdigen Bedingungen lebten.

Die **Eigentumsverhältnisse** nach der Staatsgründung Israels blieben rechtlich ungeregelt. Die von den geflohenen Arabern freiwillig oder unter Zwang aufgegebenen Immobilien gehörten nun dem Staat Israel, der sie an israelische Siedler vergab. Das Westjordanland samt Ostjerusalem wurde jordanischer Verwaltung unterstellt.

Im Februar 1955 überfielen die Israelis das ägyptisch verwaltete Gaza. Ägypten sperrte den Suezkanal und verstaatlichte ihn. Großbritannien, Frankreich und Israel führten 1956 einen Präventivschlag aus der Luft gegen Ägypten und landeten Truppen in Port Said. Damit lösten sie den zweiten israelisch-arabischen Krieg aus. Der ägyptische Präsident **Nasser** – militärisch erfolglos – konnte daraus politische Gewinne erzielen, denn jetzt stand den Arabern die mit Raketen drohende UdSSR zur Seite. Ihre Militär- und Wirtschaftshilfen unterstützten die Feinde Israels.

Im Januar 1964 trat die erste **Arabische Gipfelkonferenz** in Kairo zusammen. Den Anlass dazu bot die von den Israelis betriebene unkontrollierte Ableitung von Jordanwasser, um die Negev-Wüste zu bewässern. Ein Ergebnis des Zusammenschlusses der arabischen Staaten war die Gründung der **Palästinensischen Befreiungsorganisation** (PLO).

Seit 1966 gehörten Zwischenfälle an der syrisch-israelischen Demarkationslinie zum Alltag. Ägyptens Militär sperrte jetzt häufig die Meerenge von Tiran für israelische Schiffe. Mit einem Präven-

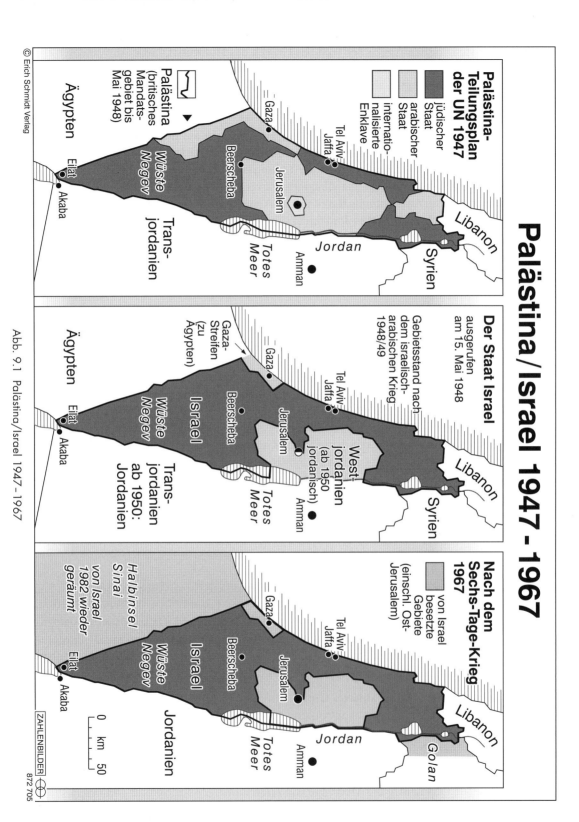

Abb. 9.1 Palästina/Israel 1947–1967

tivschlag gegen die Luftwaffen Ägyptens, Jordaniens und Syriens entschied Israel den **Sechstagekrieg** im Juni 1967 für sich.

Seit seiner Staatsgründung hatte Israel 20 Jahre hindurch einen immerwährenden Kampf um die Existenz geführt. Am Ende des Sechstagekrieges verbuchte es folgende **Eroberungen:** den Gazastreifen, die Sinaihalbinsel, das Westufer des Jordan (Westjordanland), die Altstadt von Jerusalem (Ostjerusalem) und die syrischen Golanhöhen.

Seitdem sind 1,6 Mio. Menschen auf der Flucht. Mit der Aussichtslosigkeit für die Araber, reguläre Kriege gegen Israel zu gewinnen, wuchs die Guerilla-Tätigkeit der islamistischen Freiwilligen der Fedajin (Opferbereite). Außer ihnen hielt auch die PLO und ihre **Palästinensische Befreiungsarmee** (PLA) den Terror gegen alles, was israelisch war, aufrecht.

Am höchsten jüdischen Feiertag Jom Kippur schlugen ägyptisch-syrische Truppen 1973 gegen Israel los und begannen damit den **Jom-Kippur-Krieg**. Die Ägypter stießen entlang des Suezkanals in die Sinaihalbinsel vor. Die Syrer griffen die Golanhöhen an. Nach zwei Tagen erfolgte mit einem ungeheuren Materialeinsatz die israelische Gegenoffensive.

Um die Kampfhandlungen zugunsten der arabischen Seite zu unterstützen, setzte die 1960 in Bagdad gegründete **OPEC*** das Erdöl als politische Waffe ein und zwang die USA, ihre israelfreundliche Haltung aufzugeben. Nach einem militärischen Patt versuchte die UNO zusammen mit den Großmächten eine Waffenruhe durchzusetzen. Die UdSSR drohte mit militärischem Eingreifen. Auf Weisung der US-Regierung, die wegen Israel nicht einen Dritten Weltkrieg riskierte, nahm die sich sträubende israelische Regierung die UN-Resolution an. Doch die Genfer Nahost-Friedenskonferenz im Dezember 1973 scheiterte ebenso wie alle nachfolgenden.

Die Interessenvertretung der Araber geriet zunehmend in die Hände der PLO. In ihr entstand ein Gegensatz zwischen Gemäßigten und Radikalen. Die PLO-Mehrheit vertrat den Anspruch auf einen eigenen Staat. Führer der Palästinenser war **Jasir Arafat**, der seit den 60er Jahren die politische Partei **Al Fatah** aufgebaut hatte. Ihre Partisanengruppen verübten Terroranschläge vor allem in israelisch besetzten Gebieten, wo über 90 neue Siedlungen errichtet worden waren. Eine im Januar 1976 vorgeschlagene Resolution des Sicherheitsrates betonte das Recht der Palästinenser auf einen eigenen Staat und verurteilte die israelische Siedlungspolitik. Ein US-Veto verhinderte jedoch den Beschluss.

Mit dem Amtsantritt des neuen US-Präsidenten **Carter** im Januar 1977 wandelte sich die Israel-Politik Amerikas. Er regte Verhandlungen zwischen den Feinden im Nahostkonflikt an. 1978 kam es zum Treffen der Regierungschefs von Ägypten und Israel bei Präsident Carter in **Camp David**. Weitere Verhandlungen führten im März 1979 in Washington zur Unterzeichnung des **Friedensvertrages**.

Ein wirklicher Friede erwuchs daraus aber nicht, denn Israels Siedlungspolitik blockierte die Friedensbemühungen. Erst mit der sich abzeichnenden Wende in der UdSSR lebte das Bemühen um Frieden auch im Nahen Osten wieder auf.

Der israelische Ministerpräsident **Itzhak Rabin** gab Friedensgesprächen neue Chancen. Er trat in Verhandlungen ein, die stark gestört wurden durch die terroristischen Aktivitäten der Hamas und des Djihad. Im September 1993 vereinbarten Rabin und Palästinenserführer Arafat die Vorberei-

---

* OPEC= *O*rganization of the *P*etroleum *E*xporting *C*ountries (Organisation der Erdöl exportierenden Länder)

tungen eines Friedensabschlusses. In Oslo wurde in Geheimgesprächen über die Autonomie der Palästinensergebiete verhandelt. Sie führten zu den Friedensbeschlüssen Oslo I (1992) und Oslo II (1995). Auf dieser Linie wollte Rabin, unterstützt von einem Großteil des israelischen Volkes, der Gewaltspirale ein Ende setzen. Im November 1995 fiel er jedoch dem Attentat eines israelischen Gegners seiner Verständigungspolitik zum Opfer.

Der spätere Ministerpräsident **Benjamin Netanjahu** beteuerte zwar seinen Friedenswillen, doch entgegen dem im Friedensvertrag Vereinbarten zog er weder Truppen aus den besetzten Gebieten ab, noch verlangsamte er den Siedlungsbau. Fortgesetzte Anschläge islamischer Terroristen waren zudem wenig geeignet, den Friedensabsichten Taten folgen zu lassen.

Die wieder feindlicher gewordene Atmosphäre stand auch dem Friedensbemühen der israelischen Regierung von Ministerpräsident **Barak** im Weg. Der Oppositionsführer und spätere Ministerpräsident **Ariel Sharon** provozierte im September 2000 eine **Intifada***, als er durch die Menge auf dem auch den Muslimen heiligen Tempelberg von Jerusalem marschierte. Sharon und die im Likud-Block verbundenen Parteien kamen 2001 an die Regierung. Der islamische Terror hatte zu dieser Zeit alle Maßstäbe gesprengt. Der Albtraum in Israel waren die Selbstmordattentate islamischer Fundamentalisten.

Dennoch ließen internationale Friedensbemühungen nicht nach. Im April 2003 trat das **Nahost-Quartett** (USA, Russland, UNO und EU) mit einem neuen Friedensplan, der **Road Map**, an die Öffentlichkeit. Ihr Ziel war die Sicherung der Existenz Israels und der Aufbau eines Palästinenserstaates.

Sharon verfolgte aber weiterhin eine Politik der Gewalt. Doch musste auch er im Herbst 2005 erste Schritte zum Abzug aus dem Gazastreifen einleiten. Betroffen vom Abriss ihrer Häuser waren 8.000 von 240.000 Siedlern.

Die Lage im palästinensisch-israelischen Konflikt zu Beginn des Jahres 2006: Ariel Sharon erkrankte so schwer, dass er regierungsunfähig wurde. Zur gleichen Zeit standen Neuwahlen der Regierung der palästinensischen Autonomiebehörde an, die die radikal-islamische Partei der Hamas gewann. Damit verschärfte sich die Konfliktsituation.

9.3 Der militante Islamismus

Aktivitäten des militanten Islamismus

Der ägyptische Präsident Abdel Nasser, anfällig für säkulare Ideen und bereit zu einem ägyptisch-israelischen Friedensvertrag, geriet während seiner Präsidentschaft (1956–1970) in Gegensatz zu den islamischen Fundamentalisten. Bald spaltete sich die arabische Welt in Staaten unter der Herrschaft nationalistischer Offiziere (Ägypten, Libyen), traditionelle Monarchien (Saudi-Arabien und die Scheichtümer am Persischen Golf) und Bewegungen religiös-islamischer Fundamentalisten, die durch Terror von sich reden machten. Was jedoch alle islamischen Kräfte einte, war die Feindschaft zu Israel.

Die Revolution des **Ayatollah Khomeini** von 1979 lenkte die Aufmerksamkeit der Welt über die Vorgänge in Palästina hinweg auf den im **Iran** entstehenden Gottesstaat. Sie war ausgelöst worden

---

* Palästinensischer Widerstand in den von Israel besetzten Gebieten.

durch den Bankrott des Schah-Regimes, das Massenarmut, Arbeitslosigkeit und die steigende Inflation nicht mehr bewältigte und in einem selbstgefälligen Feudalismus verharrte. Der charismatische geistliche Führer Khomeini rief im April 1979 die **Islamische Republik Iran** aus. Er verstand seine Revolution als eine gewaltsame Neuordnung aller Lebensbereiche. Die führende Rolle in seinem Staat nahm die Geistlichkeit ein. Schnellgerichte fällten Todesurteile, deren Opfer die Repräsentanten des alten Regimes sowie religiös und politisch Andersdenkende waren. Auch außenpolitisch dachte Khomeini radikal. Sein Handeln galt der Vernichtung Israels und seiner Helfer, den USA.

Die **Theokratie** – ein für den Westen mittelalterlich anmutender Gottesstaat – hatte die einst blühende Wirtschaft des Iran ruiniert und die Gesellschaft um Jahrhunderte zurückgeworfen. Die „Gottesmänner" regierten mit Willkür und extremer Unduldsamkeit. Arbeitslosigkeit, Hunger und Korruption waren in Persien nie so schlimm wie unter ihnen.

Abb. 9.2 Abdel Nasser und Nikita Chruschtschow

Ein weiterer Feind war für die fanatischen Iraner das sozialistisch-laizistische Regime des **Saddam Hussein** im **Irak**. Dessen Truppen marschierten im September 1980 in den Iran ein und lösten damit den **Ersten Golfkrieg** aus. Er dauerte bis 1988. 1987 verabschiedete der UN-Sicherheitsrat eine Waffenstillstandsresolution, die vom Iran abgelehnt wurde. Im März 1988 erlebte das Land schwere irakische Raketenangriffe mit dem Einsatz von Giftgas und Flugzeug-Bombardements auf die kurdische Bevölkerung in der Stadt Halabja. Der **Waffenstillstandsresolution** der UNO folgten im August 1988 beide Parteien.

Zwei Jahre danach besetzte der Irak das Erdölexportland **Kuwait** und annektierte es als seine Provinz. Ein halbes Jahr verging, bis im Januar 1991 nach vergeblichen UN-Resolutionen und Sanktionen der Weltsicherheitsrat ultimativ den Rückzug forderte. Eine starke Koalition der Streitkräfte von 26 Nationen stellte sich unter US-Kommando der UNO zur Verfügung. Die „Operation Wüstensturm" zur Befreiung Kuwaits begann mit der Vertreibung der irakischen Truppen und massiven Bombenangriffen auf Ziele im Hinterland. Im Verlauf des Krieges schickte Saddam Hussein Scud-Raketen gegen Saudi-Arabien. Doch das militärische Debakel war nicht mehr aufzuhalten. Bei ihrem Rückzug hatten die Iraki die Ölfelder Kuwaits in Brand gesteckt und damit Umweltschäden im größten Ausmaß angerichtet.

Die UNO stimmte dem Waffenstillstandsbegehren des Irak unter der Bedingung zu, dass er seine Massenvernichtungswaffen sowie die chemischen und biologischen Kampfmittel zerstöre.

11. September 2001 und seine Vorgeschichte

Am Morgen des **11. September 2001** verübten Terroristen einen Anschlag auf das **World Trade Center** in New York.
Amerika war im 20. Jahrhundert aktiv an zwei großen Weltkriegen beteiligt gewesen. Nie war sein Staatsgebiet von Feinden angegriffen worden. Der Überfall von Pearl Harbor galt der US-Flotte, nicht den amerikanischen Bürgern. Ein Angriff auf die pulsierende Weltmetropole New York mitten im Frieden lag außerhalb jeglicher Vorstellungskraft. 5.000 Menschen hatten an diesem Tag ihr Leben verloren.

Die Sympathie der Westeuropäer für das schwer getroffene Amerika teilten manche außereuropäische Völker nicht. In der zweiten Hälfte der 70er Jahre wurde ein Riss sichtbar zwischen den Ländern des Nahen und Mittleren Ostens und den USA. Das Bild des „hässlichen Amerikaners" fand Verbreitung. Mit dem Erstarken des militanten Islamismus verschärfte sich die Feindschaft. Öffentliche Verbrennungen von Amerikas Sternenbanner wurden zum Ritual des Anti-Amerikanismus. Hier artikulierte sich ein Protest, dessen tiefere Ursache in der Nahostpolitik der USA lag. Das unbegrenzte Erschließen neuer Siedlungen der Israeli, so die Kritik, hielten die USA offensichtlich für rechtens. So scheiterten dem entgegenstehende Sicherheitsratsbeschlüsse der Vereinten Nationen stets am Veto der USA. Die islamische Welt empfand die USA als Schutzmacht Israels und damit als ihren Feind.

Der Kampf der Vereinigten Staaten gegen den Terrorismus

Die erste Reaktion des US-Präsidenten **George Bush jun.** auf die Tragödie des 11. September war die Kampfansage an den internationalen Terrorismus. Bushs Ankündigung, die Terroristen aufzustöbern und auszubrennen zielte auf **Osama Bin Laden** und seine Organisation **Al Quaida**. Man glaubte, sie in den Bergen Afghanistans aufspüren zu können.

Afghanistan hatte in der Zeit nach dem Zweiten Weltkrieg 20 Jahre hindurch als Monarchie seinen neutralen und blockfreien Kurs fortgesetzt, bis Militärputschisten das Land in nicht endende Unruhen stürzten. Die Sowjetunion wollte die unübersichtlichen Zustände nutzen und marschierte 1979 in Afghanistan ein. Als 1989 die sowjetischen Truppen abrückten, war fast ein Viertel der Bevölkerung geflohen. Die Opferbilanz des afghanischen Bürgerkrieges ist erschreckend: Zehntausende Tote, Millionen Flüchtlinge, ein zerstörtes Land; das Einzige, was blühte, war ein skrupelloser Heroinhandel. Nach 1994 weitete sich der Bürgerkrieg aus. Die radikal-islamischen **Taliban-Milizen** terrorisierten das Volk.

Zusammen mit einer afghanischen Befreiungsarmee besiegten die USA kurz nach ihrem Einmarsch die Taliban. Der Versuch, einen demokratisch-islamischen Staat zu schaffen, unterstützt von der UNO, den USA und der EU hatte anfangs einigen Erfolg. Doch trotz ständiger Präsenz internationaler Friedenstruppen und der Stabilisierung demokratischer Regierungskräfte blieb Afghanistan eine neuralgische Zone in diesem Raum.
Mit seinem Vorgehen in Afghanistan hatte George Bush sein Ziel – die Gefangennahme Bin Ladens und die Zerschlagung der Al Quaida – verfehlt. Das Phantom Bin Laden war nicht zu greifen.

Da nahm er sich vor, mit einem großen Schlag den militanten Islamismus zu treffen und das mit der geballten Gewalt der größten Militärmacht der Erde. Er erklärte den von Saddam Hussein regierten Irak für einen „Schurkenstaat", gegen den ein Krieg unvermeidlich sei, und behauptete, es sei erwiesen, dass der Irak über Massenvernichtungswaffen verfüge. Die Einwilligung Saddam

Husseins, Waffeninspektoren der UNO ins Land zu lassen und die Raketen zu verschrotten, konnte George Bush nicht befriedigen. Er wollte das gefährliche Regime durch Krieg beseitigen und eine irakische Demokratie aufbauen.

Der Sicherheitsrat sprach sich gegen eine kriegerische Lösung der Irak-Krise aus und für eine Fortsetzung und Ausweitung der Waffeninspektionen. Die USA beugten sich dem Votum nicht. Am 17. März 2003 forderten die USA Saddam Hussein ultimativ auf, ins Exil zu gehen. Nach Nichterfüllung griffen die USA zusammen mit Großbritannien und anderen Staaten (darunter Spanien, Italien, Polen) an. Die USA hatten sich über das Angriffsverbot der UNO hinweggesetzt.

Der Krieg verlief nicht so, wie die Regierungen in Washington und London erwartet hatten. Er wurde zu einem blutigen Guerilla-Krieg ohne absehbares Ende und mit vielen Opfern an Menschen auf beiden Seiten.

9.4 Der Nahe Osten und der Kampf um Erdöl

In der zweiten Jahrhunderthälfte gewann eine Macht zunehmend an Gewicht, die weder politisch noch militärisch diesen Rang erkämpft hatte, sondern einfach nur durch ihr Vorhandensein von enormer Relevanz war – **Erdöl**.

Erdöl als treibende Kraft von Motorisierung und Industriewachstum

Die erste Ölbohrung von wirtschaftlichem Wert erfolgte 1859 in Pennsylvania. Nach Entdeckung des ungeheuren Wertes als Treibstoff stieg die Nachfrage und es begann die Erschließung neuer Ölfelder. Um 1900 waren die Hauptförderer Russland und die USA, die Vereinigten Staaten waren der wichtigste Exporteur. Ihre Erdölindustrie entwickelte sich in der Zwischenkriegszeit von einer jährlichen Förderrate von 442 Mio. Barrel auf 1.300 Mio. Barrel. Die USA lieferten damit zwei Drittel der Weltproduktion. Nach dem Zweiten Weltkrieg wurden dem gestiegenen Erdölbedarf entsprechend neue Ölmärkte erschlossen, allerdings in Regionen, die als extrem neuralgische Punkte der Weltpolitik galten – im Nahen und Mittleren Osten.

Die Förderländer in der islamischen Welt

Das im Streit zwischen der Türkei und Großbritannien zum britischen Mandatsgebiet gewordene ölreiche Gebiet um Mosul ging 1926 an den **Irak**. Konzessionär für die Ausbeutung der Ölfelder war die Iraq Petroleum Company (IPC) mit je einer Viertelbeteiligung zweier britischer, einer amerikanischen und einer französischen Gesellschaft.

1929 gewannen größere Ölvorkommen um Kirkuk an Bedeutung. Seit 1952 wuchs die irakische Ölförderung stetig. Der Staat verlangte eine Gewinnbeteiligung. Die Einnahmen daraus ermöglichten größere Entwicklungsprojekte, Flutkontrollen und Bewässerungsanlagen.

Die 1964 entstandene Iraq National Oil Company, eine ausländische Firmengruppe, bestimmte Produktionsmengen, Export- und Preispolitik. Nur fünf Prozent der Förderkapazität durfte im Irak verarbeitet werden. 1972 wurde die IPC verstaatlicht. Beim Aufbau einer irakischen Ölindustrie halfen die UdSSR und der französische Staatskonzern ELF.

Nach dem Vorbild der nach 1923 zum Musterstaat aufgestiegenen Türkei versuchte Reza Pahlevi nach seinem Regierungsantritt auch im **Iran** das Land umzuformen. Der große Erdölreichtum blieb allerdings noch unentdeckt. Erst nach dem Zweiten Weltkrieg, d.h. nach der sowjetischen und britischen Besatzung, wurde die Pahlevi-Dynastie unermesslich reich.

Die iranischen Erdöl-Ressourcen bildeten das Fundament einer gigantischen Petrol-Industrie, als deren Hauptnutznießer sich das Schah-Regime erwies. Die Machtübernahme durch die geistlichen Führer der Revolution vertrieb den Schah; der Ölreichtum wurde verstaatlicht

1933 wurden Erdölvorkommen auch in **Saudi Arabien** entdeckt. 1950 begann die systematische Förderung und damit auch der Aufstieg zum führenden Exportland. Nach dem Bau einer Mittelmeer-Pipeline verdoppelte sich bis 1970 der Export. Saudi Arabien besitzt mit über 20 Mrd. Barrel ein Viertel der Welt-Ölreserven und liefert ein Drittel des OPEC-Anteils.

Auch **Libyen** gehörte zu den Profiteuren des Ölgeschäfts. Seine Produktion stieg von 0,9 Mio. 1961 auf 160 Mio. Barrel im Jahr 1970. Die Politik des Landes ist von einem starken Panarabismus und einer antiwestlichen Haltung bestimmt, die sich mit dem Staatsstreich des Oberst **Gaddafi** und der Ausrufung einer libysch-arabischen Republik im Jahre 1969 noch steigerte.

In den **Vereinigten Arabischen Emiraten** waren die Ölvorkommen unterschiedlich verteilt. Das stärkste Öl-Land Abu Dhabi verfügte über 13% der Welterdölreserven.

Die Länder **Bahrain**, **Katar**, **Oman**, und **Saudi Arabien** gründeten den Kooperationsrat der arabischen Golfstaaten, eine Wirtschaftsgemeinschaft nach dem Vorbild der EG.

Trotz Produktion der USA, Mexikos, Ecuadors, Venezuelas, Großbritanniens und Norwegens bleiben die Ölstaaten des Nahen und Mittleren Ostens die leistungsstärksten Ölförderländer.

Erdöl als Waffe

Im Jom-Kippur-Krieg erwies sich das Erdöl als wirksame Waffe. Die OPEC-Staaten drosselten 1973/74 drastisch ihren Export, wodurch sich die Preise vervierfachten und zugleich der Effekt eintrat, dass den Menschen der westlichen Industrieländer ihre Abhängigkeit von den islamischen Staaten deutlicher bewusst wurde. Dabei war der Preisanstieg für Kfz-Kraftstoff noch die geringste Belastung. Viel schlimmer wirkten sich Gewinneinbußen und der Beschäftigungsrückgang in den vielen erdölabhängigen Industriezweigen aus.

Die Nutzung des Erdöls bleibt das zentrale Problem der Weltwirtschaft. Der Welttagesverbrauch verdoppelt sich Prognosen zufolge zwischen 1990 und 2025 von 66,1 Mio. Barrel auf 120,9 Mio. Barrel – auch ein Appell an die Weltgemeinschaft, zu friedlichen Lösungen der Krisen im Nahen und Mittleren Osten zu finden.

- ◆ Der **Nahostkonflikt** ist begründet im **Nebeneinander** von **Arabern** und **Juden** in **Palästina**.

- ◆ Der **Zionismus** hatte als **Reaktion** auf den **rassistischen Antisemitismus** die **Gründung** eines **jüdischen Staates** zum Ziel.

- ◆ Mit der **Balfour Declaration** schwinden die **Hoffnungen** der **Araber** auf einen eigenen **Staat**.

- ◆ Nach der Aufgabe der **britischen Mandatsverwaltung** und der **Ausrufung** des **Staates Israel** bricht der **Unabhängigkeitskrieg** aus. In der **Folgezeit** musste sich das Land bis heute **ständig** gegen seine **arabischen Nachbarn** wehren (**Sechstagekrieg, Jom-Kippur-Krieg**).

- ◆ Mit dem **Bürgerkrieg im Iran**, den beiden **Golfkriegen**, dem **Krieg in Afghanistan** und dem **11. September 2001** wird der **militante Islamismus** zu einem **Problem weltweiten Ausmaßes**.

- ◆ Der **Kampf um Erdöl** war und ist ein **zentraler Konfliktherd** zwischen dem **industrialisierten Westen** und den **arabischen Ländern** des **Nahen** und **Mittleren Ostens**.

Aufgaben zur Lernkontrolle

Zum 2. Jahrestag des Todes von Itzhak Rabin erschien im Spiegel folgender Beitrag:

Der ermordete Frieden
Von Jürgen Hogrefe

Es war die größte Demonstration, die Israel je gesehen hatte: 200.000 Menschen kamen auf den Rabin-Platz von Tel Aviv, um zwei Jahre nach dem Attentat auf Regierungschef Jizchak Rabin des folgenschwersten politischen Mordes in der 50jährigen Geschichte ihres Staates zu gedenken. Der so machtvoll erscheinende Aufmarsch war zugleich Ausdruck tiefer Verunsicherung einer zerrissenen Nation, die an ihrer Zukunft zweifelt. Erst allmählich begreifen viele Israelis, daß der Anschlag nicht nur dem geläuterten General a. D. und dem Friedensnobelpreisträger galt. Der Mord zielte weiter. Er war ein Anschlag auf den liberalen zionistischen Staat, wie Rabin ihn verkörperte, und ein Schlag gegen jenen Friedensprozeß, den eben nur einer wie Rabin wagen konnte.

Nach Rabins Tod hatte Israel mit hauchdünner Mehrheit den Rechten Benjamin Netanjahu an die Macht gewählt, weil der dem von blutigen Attentaten heimgesuchten Volk Sicherheit versprach. Doch der Konfrontationskurs des Araber-Feindes Netanjahu, seine forcierte Siedlungspolitik auf palästinensischem Boden, provozierte schreckliche Anschläge der Todeskommandos. Bei einem einzigen Sprengstoffattentat zweier „Märtyrer" der islamischen Hamas auf einem Markt in Jerusalem starben 15 Menschen.

Netanjahu brachte den Friedensprozeß nun völlig zum Erliegen und reagierte mit Staatsterror über die Grenzen Israels hinaus. (...) Anfang Oktober wurde bekannt, daß Agenten des Geheimdienstes Mossad (...) einen Giftanschlag auf den in Jordanien lebenden Hamas-Führer Chalid Mischal verübt hatten. Die Täter wurden gefasst. Israel musste zu deren Rettung einen erklärten Todfeind aus lebenslanger Haft entlassen: den Hamas-Gründer Scheich Jassin, dessen Fundamentalismus Israel und Palästina gleichermaßen bedroht. Seither zweifelt nicht nur jene Hälfte der Israelis, denen Netanjahu immer ein Ärgernis war, an den Fähigkeiten des Premiers, der offenkundig planlos durch die sich auftürmenden Probleme stolpert und dabei bloß ein Ergebnis erzielt: Alle entscheidenden Fragen bleiben offen. Das aber könnte durchaus Teil des Kalküls der religiösen und nationalistischen Kräfte hinter Netanjahu sein, die kein aufgeklärtes Gemeinwesen im Sinn der zionistischen Tradition, sondern einen Staat streng nach dem Geist der biblischen Gesetze wollen, in dem Palästinenser keinen Platz haben. (...) Angst, so das Kalkül der Netanjahu-Lobby, eint die Menschen, bedrohte Juden zumal. Wohl auch gegen diese aussichtslose Perspektive gingen die 200.000 zum Gedenken an Rabin auf die Straße: an jenen Premier, der eine andere Vision von ihrem Staat hatte, dem er endlich Frieden bringen wollte – und einem Attentat zum Opfer fiel, in das, wie sich nun herausstellt, ein Spitzel des Geheimdienstes verstrickt war.

Der Spiegel. Sonderausgabe, Jahreschronik 1997, S. 248f.

1. Der Autor bezeichnet Israel als eine „zerrissene Nation". Worin zeigt sich die Spaltung in diesem Bericht?

2. Wie haben sich aus heutiger Perspektive die Verhältnisse im Nahen Osten seit dem Tod Rabins entwickelt?

10. Wandlungen des Krieges – vom Krieg der Nationen zu terroristischer Gewalt

Im Februar 2006 gedenkt man nach 90 Jahren im Bischofspalais hoch über Verdun einer der verlustreichsten Schlachten des Ersten Weltkrieges. Es ist Erinnerung und Mahnung zugleich. Andere Meldungen berichten über alltäglich gewordene Mordanschläge, Selbstmordattentate und Vergeltungsaktionen auf dem Kampfplatz des Terrorismus in Bagdad und Basra, Beirut und Haifa, Tel Aviv, Kabul und Kundus. Der Terrorismus anstelle des erklärten Krieges ist heimisch geworden in unserer Welt.

1911	*Erster Bombenabwurf eines italienischen Kriegsfliegers bei Tripolis (November)*
1913	*Entwicklung eines kriegsfähigen U-Bootes zur Serienreife*
1914	*Geschütz-Bewaffnung des deutschen Heeres mit Kanonen einer Reichweite bis 120 km*
1915	*Erstes Versuchsmuster eines englischen Panzers, genannt „Tank" (September)*
1916	*Erster Fronteinsatz englischer Tanks in der Somme-Schlacht (15.09.); Schlacht um Verdun (21.02.–12.12.)*
1937	*Bombardierung von Guernica durch deutsche Flugzeuge der Legion Condor im Spanischen Bürgerkrieg (26.04.)*
1940	*Deutscher Luftangriff auf London (24.08.); englischer Luftangriff auf Berlin (25.08.)*
1943	*Beginn der US-Luftoffensive auf deutsches Reichsgebiet bei Tage (27.01.)*
1944	*Erster Einsatz von Trägerraketen (V1) als Kriegswaffe im Luftkrieg (12.06.)*
1945	*Zerstörung Dresdens durch alliierte Bomberverbände (13.02.); Zündung der ersten Atombombe durch die USA (16.07.); Atombombenabwurf auf Hiroshima (06.08.) und Nagasaki (09.08.)*
1949	*Zündung der ersten sowjetischen Atombombe (29.08.)*
1952	*Zündung der ersten Wasserstoffbombe durch die USA (01.11.)*
1953	*Kubanische Revolution (26.07.)*
1967	*Unruhen bei Schah-Besuch in Berlin, Tod von Benno Ohnesorg (02.06.)*
1968	*Attentat auf Studentenführer Rudi Dutschke (11.04.)*
1974	*Mord der RAF an Kammergerichtspräsident von Drenkmann (10.11.); Verbot der IRA in England, Schottland und Wales (29.11.)*
1975	*Verschärfung des Terrors der ETA (November)*
1977	*Morde der RAF an Siegfried Buback (07.04.), Jürgen Ponto (30.07.), Hanns-Martin Schleyer (18.10.)*
1979	*Geiseldrama in der US-Botschaft in Teheran (04.11.)*
1988	*Flugzeugabsturz durch terroristischen Anschlag über Lockerbie (21.12.)*
1993	*Erster Terroranschlag auf das World Trade Center in New York (26.02.)*
1995	*Bombenanschlag auf das Federal Building von Oklahoma (19.04.)*
1998	*Bombenanschläge auf die US-Botschaften in Kenia und Tansania (07.08.)*
2001	*Terroranschlag auf das World Trade Center in New York (11.09.)*

10.1 Der konventionelle Krieg

Der Satz des Militärtheoretikers **Carl von Clausewitz** (1780–1831), der Krieg sei *eine bloße Fortsetzung der Politik mit anderen Mitteln*, hat, gerade was die Mittel betrifft, viele Wandlungen durchgemacht.

Die Legitimität des Krieges hatte stets zwei völkerrechtliche Standbeine, nämlich das **ius ad bellum** und das **ius in bello**. Bezeichnet ersteres das den Staaten grundsätzlich zugestandene Recht auf Kriegsführung, so sind mit dem zweiten Begriff die Rechtsvorschriften gemeint, die der Kriegsführung so etwas wie zivilisatorische Grenzen setzen sollen.

Über zwei Jahrhunderte lang, vom Spanischen Erbfolgekrieg (1701–1714) bis zum Deutsch-Französischen Krieg 1870/71, fanden in Europa Waffengänge unter Gleichen statt. Generell waren die Parteien ebenbürtig hinsichtlich ihrer zivilisatorischen Standards, der Ausrüstung und Bewaffnung. Das endete, als im späten 19. Jahrhundert die imperialistischen Mächte Kolonien erwarben. Da stießen moderne Heere mit naturhaft-einfachen Kriegern zusammen, wie in der Schlacht von **Omdurman** 1898, als ein englisch-ägyptisches Expeditionskorps aufgrund seines technisch-taktischen Vorteils die Lanzenreiter des Mahdi-Aufstandes ohne große eigene Verluste erschoss.

Die Kriege des 19. Jahrhunderts gipfelten alle in einer großen, die Entscheidung herbeiführenden Schlacht (1854: Sewastopol, 1859: Solferino, 1870: Sedan). Blieben die Methoden weitgehend auch gleich, so begannen sich dennoch schon die Konturen des modernen Krieges abzuzeichnen. Menschenmassen wurden auf Schlachtfelder getrieben. Die **Völkerschlacht von Leipzig** 1813 war ein erster Beleg dafür, wie billig Menschenleben geworden waren. Die drei Tage der Schlacht forderten 120.000 Mann.

Ein Jahrhundert später war die Schwelle zum **Vernichtungskrieg** überschritten. Im Ersten Weltkrieg fielen bei **Verdun** 400.000 Mann auf französischer und 350.000 auf deutscher Seite. Und schon der erste Tag der Schlacht an der **Somme** forderte das Leben von 60.000 Briten. Am Ende des Mordens hieß die Bilanz: 500.000 Deutsche und 650.000 Briten.

Für die Menschen daheim war der Krieg immer ein fernes Geschehen. Erst wenn fremde Heere ins Land kamen, begann das Leiden auch für die Zivilbevölkerung. Das war so in den vergangenen Jahrhunderten und dauerte fort bis zum Ersten Weltkrieg. Zwischen 1914 und 1918 sah die deutsche Bevölkerung keinen feindlichen Soldaten. Dagegen wurden Belgier und Franzosen, Polen und Russen Opfer von Verwüstungen, Zerstörungen, Repressalien sowie materieller und seelischer Not.

10.2 Der technisch perfektionierte und totale Krieg

Das 20. Jahrhundert – Beginn eines neuen Kriegszeitalters

Mit dem **Ersten Weltkrieg** brach eine neue Epoche des Waffenhandwerks an. Die Kriegstechnik erlebte eine Revolution wie noch nie zuvor. Auch erreichte der Krieg den Alltag eines jeden Menschen und krempelte ihn radikal um. Das Gesicht des Krieges hatte sich verändert. Bunte Röcke und blitzende Säbel waren Vergangenheit. Die neuen Massenheere trugen einheitlich feldgrau und das erdfarbene Khaki. Den Transport der Armeen übernahm fahrplangenau die Eisenbahn. Vor allem aber gab es nicht mehr die Zweidimensionalität der Kriegsschauplätze. Das Doppel von Land- und Seekrieg hatte sich erweitert: Auch in der Luft und in der Tiefe des Meeres wurde nun gekämpft.

Abb. 10.1 Truppentransport nach Frankreich 1914

Einem gänzlich neuen Kriegsgeschehen sahen die Menschen sich daher gegenüber, als Flieger sie angriffen. Der erste **Bombenabwurf** ereignete sich im italienisch-türkischen Krieg von 1911/12, als ein italienisches Flugzeug Bomben auf zwei Oasen abwarf. Das war 30 Jahre vor den verheerenden Flächenbombardements auf Großstädte im Zweiten Weltkrieg.

Darüber hinaus experimentierte man seit langem damit, das neu entwickelte **Unterwasserschiff** kriegstauglich zu machen. Kurz vor dem Ausbruch des Krieges konnten die notwendigen Dieselmotoren in Serie hergestellt werden. Die Ausrüstung der U-Boote mit dem Kreiselkompass machte sie hochseetüchtig und frontfähig.

Die Blöcke der verfeindeten Großmächte, die den großen Schlag erwarteten, hatten es in ihrer industriellen Vorbereitung und im Forschungsbereich der **Waffentechnik** schon weit gebracht. Es gab mechanische Schusswaffen, vom Maschinengewehr über das leichte Feldartilleriegeschütz bis zur größten Kanone des Krieges (Kaliber 42 von Krupp). Ein neues Gerät war der Flammenwerfer, dessen Behälter mit zehn Liter Flammenöl der Soldat im Tornister trug, und der auf eine Entfernung von 60 Metern eine Feuerwand aufbaute.
Die Engländer konstruierten ein motorisiertes Kettenfahrzeug, den **Tank**, der alles niederwalzte und aufgrund seiner Stahlpanzerung selbst unangreifbar war.
Die chemische Industrie beider Seiten experimentierte mit **Giftgas** für den Einsatz an der Front.

Wie stark der Entwicklungsschub in der Totalisierung des Krieges war, bewiesen die Luftwaffen, als 1939 der **Zweite Weltkrieg** begann. Aus Doppeldeckern waren Bomber- und Jagdgeschwader geworden. Die Zerstörung der Stadt Guernica durch deutsche Bomber der Legion Condor im Spanischen Bürgerkrieg ließ ahnen, was noch kommen würde. Zwischen Herbst 1939 und Sommer 1940 flogen die Bombenflugzeuge ihre Angriffe auf Warschau, Coventry, London und Rotterdam. Die Städte wurden schwer getroffen, Tausende Zivilpersonen fanden den Tod.

Am 24. August 1940 griff die deutsche Luftwaffe London an; am 25. flog die Royal Air Force mit 81 Flugzeugen den ersten Angriff auf Deutschlands Hauptstadt. Mit der Zerstörung Hamburgs im Sommer 1943 trat der alliierte Luftkrieg in die Phase der **Flächenbombardements** ein, die ganze Stadtviertel, später ganze Städte zerstörte und zigtausende Opfer unter der Zivilbevölkerung forderte, in Hamburg 55.000. Berlin war von 1943 bis 1945 den Großangriffen der Alliierten ausgesetzt. Einer davon, den die US-Air Force am 6. Oktober 1944 mit 1.250 viermotorigen Fernbombern flog, forderte 27.000 Menschenleben.

Am einprägsamsten im Gedächtnis blieb die **Vernichtung Dresdens** am 13. Februar 1945 unter dem Kommando des britischen Luftmarschalls Arthur Harris. Die von Deutschland gestarteten Vergeltungsschläge aus der Luft gegen England mit unbemannten Flugkörpern blieben dagegen wirkungslos. Nach dem Krieg arbeiteten die Konstrukteure der so genannten V-Waffen als Pioniere des Weltraumfluges, wie zum Beispiel Wernher von Braun.
Der Luftkrieg ist ein Beispiel für den im modernen Krieg unsichtbar gewordenen Feind, der aus 1.000 Metern Höhe Bomben, Luftminen und Brandbomben wirft. In den Kellern erwarten die Opfer ohnmächtig ihr Schicksal.

Wie im Ersten Weltkrieg, so entwickelte sich auch im Zweiten Weltkrieg die Waffentechnik selbsttätig weiter. Die Phosphorbomben der Flächenbombardements auf Köln und Dresden kehrten als **Napalm-Bomben** wieder, deren klebrige Brandmittel Temperaturen von 1.200 Grad erzeugten und in Vietnam ganze Wälder in Asche legten.

Größtes Ziel militärischer Forschung im Zweiten Weltkrieg war die strategische Nutzung der **Atomkraft**. Der wissenschaftlich-technische Vorsprung Amerikas war für die Gegenseite nicht mehr aufholbar. Am 16. Juli 1945 zündeten die USA die erste **Atombombe** über Land. Die Atombombenabwürfe auf Hiroshima und Nagasaki setzten dem Jahrhundertkrieg ein Ende.

Wie sich der totale und perfektionierte Krieg auf die Betroffenen auswirkte

Gegenüber dem Ersten Weltkrieg brachte der folgende eine völlige **Anonymisierung**. Die sich gegenüberstehenden Kämpfer waren ebenso gesichtslos geworden wie die Angreifer und ihre zivilen Opfer im Luftkrieg. Das, was früher „Schlachtfeld" hieß, hatte sich in ein Areal für den Einsatz von Massen perfektionierter Kriegstechniker entgrenzt. Der Kampf Mann gegen Mann trat dagegen zurück. Auch die Zivilbevölkerung offener Städte – nach Artikel 25 der Haager Landkriegsordnung genoss sie den Schutz der Nichtkombattanten – war wie ihre Wohnstätten und ihre Habe dem Luftkrieg ausgeliefert.
Das Vorgehen der deutschen Besatzung gegen die Bevölkerung Polens und der Sowjetunion hatte schon längst die Maßstäbe zivilisierter Kriegsführung verlassen. Zahlreiche Zivilisten fielen der Massenvernichtung zum Opfer oder wurden als Arbeitssklaven nach Deutschland verschleppt. Allein 1944 ersetzte die deutsche Industrie über 7,5 Mio. eigener Arbeitskräfte durch so genannte **Ostarbeiter**.

10.3 Krieg und Bürgerkrieg im Zeitalter atomarer Bedrohung

Wettrüsten im Zeichen der Atomfurcht

Die **Waffentechnik** perfektionierte sich auch im **Kalten Krieg**. Was war die Artillerie von 1914 mit ihren weit tragenden Kanonen gegenüber Marschflugkörpern, was der amerikanische B-17-Bomber mit seinen Luftminen gegenüber der Atombombe?

Die Bewaffnung auch von Flugzeugträgern mit nuklear bestückten ferngesteuerten Raketen machte weitere Fortschritte. Die Atombombe wurde zur thermonuklearen **Wasserstoffbombe** mit potenzierter Vernichtungsgewalt weiterentwickelt. Das Vokabular der Waffentechnik hatte sich um ABC-Waffen vergrößert; damit waren atomare, biologische und chemische Waffen gemeint. Es gab Mehrstufenraketen mit Reichweiten von 8.000 Kilometern und einer Treffsicherheit, die durch Computersteuerung verbürgt war. Die **Interkontinentalrakete** kombinierte Atomkraft mit Raketentechnik. In den 60er Jahren lagerten weltweit 62.000 Atomsprengköpfe. Ihre Nuklearkapazität hätte siebenmal jede Stadt der Erde vernichten können.

Die friedlose Welt des Kalten Krieges war gefesselt in einem atomaren Patt. Bewaffnete Konflikte blieben deshalb geographisch begrenzt und unterhalb der atomaren Hemmschwelle. Die Unterbrechung der Spirale nuklearer Rüstung war stets das Gebot der Stunde.

Ein Beispiel kriegerischer Auseinandersetzung nach 1945 – Indien und Pakistan

Großbritannien hatte 1947 den indischen Subkontinent aus seiner Herrschaft entlassen. So entstanden die beiden Staaten **Indien** und **Pakistan**, die noch einige Zeit britische Dominien blieben. Nach blutigen Kämpfen zwischen dem islamischen Pakistan und dem hinduistischen Indien im Jahr 1965 hielten die Kriegswirren bis 1971 an, als sie durch die Gründung Bangladeschs endeten. Der Streit um Bengalen war nicht wie ein regulärer Krieg verlaufen. Bürgerkriege, Verhängung von Ausnahmezuständen und putschendes Militär hielten die Menschen in Atem. Doch alles bewegte sich unterhalb der Grenze einer unkontrollierbar gewordenen Kriegsführung. Dies war insofern positiv, als die Region sowohl von indischen als auch von pakistanischen Atomversuchen tödlich bedroht war.

Kriege während der Entkolonialisierung

Auch ohne einen großen Krieg fanden regional begrenzte militärische Konflikte statt, vor allem dort, wo im Zeitalter der Entkolonialisierung die ehemals imperialistischen Mächte mehr oder weniger willig ihre Herrschaft aufgaben und widerstreitende Kräfte sich zu regen begannen. So geschah es 1954 in **Algerien**, als der algerische Nationalismus seitens der FLN (Nationale Befreiungsfront) zu einem Aufstand führte, an dessen Ende ein selbständiges Algerien stehen sollte. Frankreich sandte 500.000 Mann regulärer Truppen, um die Erhebung zu unterdrücken. Auf beiden Seiten kam es zu schweren Ausschreitungen, unter denen besonders die Zivilbevölkerung litt. Die Anerkennung der von der FLN getragenen algerischen Exilregierung durch die Arabische Liga heizte den verspäteten Kolonialkrieg an, nicht zuletzt deshalb, weil es der FLN möglich war, in Tunesien und Marokko ein eigenes Heer aufzustellen. Von hier aus wurden die algerischen Guerillaeinheiten mit Waffen und Nachschub versorgt.

Als Frankreichs Regierung ein Autonomiegesetz verabschiedete, das den Algeriern entgegenkam, erhob sich die OAS, ein Geheimbund der Algerienfranzosen. Durch Terrorakte im eigenen Land wie im französischen Mutterland wollte diese Organisation Algerien für Frankreich retten.

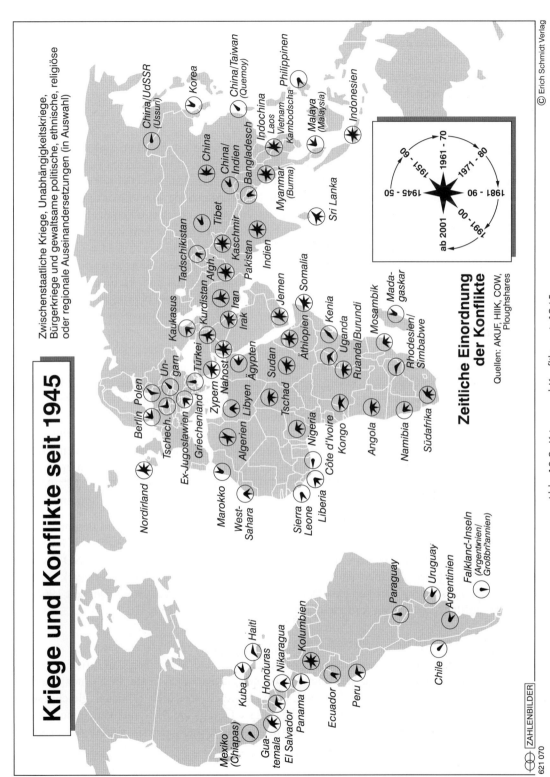

Abb. 10.2 Kriege und Konflikte seit 1945

Hier zeigten sich alle Elemente des nachimperialen Kolonialkrieges: Aufstände der eingesessenen Bevölkerung, Festhalten der alten Kolonialmacht an ihrem afrikanischen Besitz durch Truppenentsendung, von außen gesteuerter Bürgerkrieg in der Kolonie und Bildung eines nationalistischen Widerstands. Etwas gänzlich Neues war dabei das Agieren von terroristischen Gruppen. Dieses Phänomen tauchte vermehrt überall in der Welt auf.

Bürgerkriege

Während die Großmächte immer vernichtendere Waffensysteme entwickelten und zugleich in einer regen Vermittlerdiplomatie ihre Anwendung zu verhindern suchten, näherten sich lange schon vorhandene Konflikte dem gewaltsamen Ausbruch. Das schrecklichste Beispiel war der extrem aggressive Nationalismus in **Jugoslawien**, dem staatlichen Kunstgebilde von 1920. (Vgl. Lektion1.3) Nachdem mit Titos Ende die langjährige Einheit des Vielvölkerstaates von den nach Selbständigkeit strebenden Slowenen, Kroaten, Bosniern und Albanern in Frage gestellt worden war, und das Großserbentum des Milosevic mit härtester Brutalität dagegen vorging, brach der Krieg aus, mit einer Menschenjagd und Massenvernichtung von Minderheiten. Auf dem Höhepunkt der ethnischen Säuberungen vertrieben die Serben Abertausende von Muslimen aus ihrer Heimat. Groß war die Zahl derer, die in improvisierten Konzentrationslagern nach grausamen Folterungen ermordet wurden. Zwischen 1991 und 1995 hielt die Ausrottung an, bis UN-Friedenstruppen unter einem NATO-Kommando eingriffen. (Vgl. Lektion 6.1)

Ebenfalls mit härtester Grausamkeit geführte Bürgerkriege entstanden nach dem Ende der weißen Kolonialherrschaft in **Afrika**. Erbitterte und verlustreiche Kämpfe begleiteten über ein halbes Jahrhundert und bis in die Gegenwart hinein die Entwicklung der jungen afrikanischen Staaten nach 1945. Der Kampf galt dabei nicht mehr den alten imperialistischen Mächten; vielmehr fand er innerhalb der schwarzafrikanischen Volksgruppen statt.

Es begann 1952 mit dem Mau-Mau-Aufstand in **Kenia**. Die letzten Kämpfe um die Selbständigkeit **Namibias** fanden um 1990 statt. Der afrikanische Kontinent wurde von immer neuen Kriegen heimgesucht: So zum Beispiel in **Biafra** (1967–1970), wo der Bürgerkrieg schon im ersten Jahr eine Million Tote forderte, in **Mozambique** (1976–1992) mit 100.000 Toten, und nicht zuletzt in **Ruanda** (1994) mit dem ethnisch motivierten Ausrottungskrieg der verfeindeten Hutu und Tutsi.

Eine bis in die Gegenwart nicht zur Ruhe gekommene Region war der **Kongo**. Seit Beginn der Unabhängigkeit der afrikanischen Kolonien gegen Ende der 50er Jahre gelang es nicht, im Gewirr bewaffneter Konflikte einen kongolesischen Gesamtstaat zu bilden. Auch die von der UNO bewirkte Beruhigung 1963 brachte keinen dauerhaften Frieden. Im Zeitalter höchster Entwicklung der Kriegstechnik marschieren dort Kindersoldaten in die Bürgerkriege des Kongo. Der seit 1968 immer wieder aufflackernde Krieg forderte inzwischen fünf Millionen Tote.

Die Guerillakriege der zweiten Jahrhunderthälfte

Das Wort **Guerilla*** entstand, als die Spanier zwischen 1808 und 1814 einen Volkskrieg gegen die napoleonische Besatzung führten. Wie damals, so versteht man auch heute noch unter Guerillakämpfern irreguläre Kombattanten. Sie sind völkerrechtlich regulären Soldaten gleichgestellt, wenn sie ihre Waffen offen tragen. Vor allem die jüngste Geschichte Süd- und Mittelamerikas berichtet von ihren Aufständen. Die Kämpfer traten in Land- und Stadtguerillas auf, die sich in Kleinkriegen für Arme und Verelendete einsetzten.

---

* Span. guerra = Krieg

Von erheblicher Bedeutung in Südamerika waren die revolutionären Landguerillas des **Fidel Castro** auf **Kuba**. Als Anführer einer revolutionären Studentengruppe gründete er 1955 von Mexiko aus die Guerillagruppe „Bewegung des 26. Juli". Er errang dabei große Popularität, stürzte 1959 den Diktator und wurde selbst ein diktatorischer marxistisch-leninistischer Regierungschef.

In **Guatemala** führte von 1960 bis 1996 eine von der PGT (Guatemaltekische Arbeiterpartei) getragene Guerillagruppe einen Kleinkrieg.

In **San Salvador** war seit 1977 eine am elfjährigen Bürgerkrieg wesentlich beteiligte Volksbefreiungsfront (FLP) aktiv.

Kolumbien hatte das Nationale Befreiungsheer und die Kolumbianisch Revolutionären Streitkräfte. Dem Bürgerkriegs- und Bandenwesen fielen zwischen 1948 und 1963 dort 200.000 Menschen zum Opfer.

In **Uruguay** trat 1963 die Organisation der Tupamaros auf, sozialrevolutionäre Stadtguerillas, die von 1963 bis in die 70er Jahre terroristisch aktiv waren. Sie führte keinen Guerillakrieg in der eigentlichen Bedeutung des Wortes. Ihre Bekanntheit lag begründet in terroristischen Anschlägen, die vor allem von den verelendeten Bevölkerungsteilen mit Begeisterung aufgenommen wurden. Die Grenzen zwischen Guerilleros und Terroristen verliefen fließend, denn häufig entpuppten sich angebliche Guerillakämpfe als Terroraktionen ohne sozial motivierten Hintergrund.

10.4 Der Terrorismus und seine Eskalation

Wie weit sich die Kriegsführung als kämpferische Auseinandersetzung offener Gegnerschaft von ihrem Ursprung entfernt hat, zeigt sich an der Entwicklung terroristischer Gewalt. Der Krieg an der Wende des 20. zum 21. Jahrhunderts ist zum hinterhältigen Anschlag geworden, insbesondere dort, wo er von Selbstmordattentätern geführt wird.

Allgegenwärtig und verheerend hat der Terrorismus eine neue Qualität von Schrecken und Vernichtung angenommen. Er will die politische und auch oft gesellschaftliche Veränderung durch die direkte Aktion.

Der moderne **Terrorismus** hat seine Wurzeln im **Anarchismus** des 19. Jahrhunderts. Dessen These lautete: Freie, vernünftige Menschen können auch ohne Staat zusammenleben. Das Ideal des Anarchisten war die herrschaftsfreie Welt.

Drei Grundmuster des Terrorismus

◆ **Irredentistisch-sezessionistischer Terrorismus**

Bevölkerungsteile in einem Land, die, von ihrem Mutterland abgetrennt, den Anschluss daran suchen oder einen selbständigen Staat gründen wollen, sind **Irredentisten**. Die **ETA** ist beispielsweise eine solche Gemeinschaft, die seit ihrer Gründung im Jahr 1959 einen Staat der Basken fordert.

Die Irisch-Republikanische Armee **IRA** kämpft für ein geeintes und selbständiges Irland. Seit 1916 versucht die prokatholische Organisation als militanter Arm der Partei Sinn Fein das protestantische Nordirland durch gewaltsame Aktionen gegen dessen englisches Mutterland an die Republik Irland zu binden.

Die Autonomiebewegung Korsikas entstand aus der verbotenen **Nationalen Front zur Befreiung Korsikas** (FNLC). Seit 1976 erstrebt diese Organisation die Lösung von Frankreich.

Die **Kurdische Nationalbewegung** (PKK) erstrebt einen eigenen kurdischen Staat. Die aus der Türkei emigrierten Kurden trugen mit terroristischen Aktionen in der Mitte der 90er Jahre die Kurdenfrage in ihre Gastländer; so auch in die Bundesrepublik, wo sie durch Autobahnblockaden und andere gefährliche Aktivitäten ein Sicherheitsrisiko darstellten.

◆ **Religiös-fundamentalistischer Terror**

Fundamentalistisch ist im Allgemeinen das kompromisslose Festhalten an politischen oder religiösen Grundsätzen. Die aktuelle Erscheinungsweise ist der religiös-fundamentalistische Terror der Moslems, die einen ursprünglichen Islam zur Grundlage des politischen und sozialen Lebens machen wollen.

Inspiriert davon ist zum Beispiel die palästinensische Seite bei der Auseinandersetzung von Muslimen und Zionisten im nun schon 60 Jahre dauernden Kampf der **Palästinenser** gegen den Staat Israel. Al Fatah, Hamas, PLF, Islamischer Dschihad, Hizbollah heißen die Kampforganisationen der Palästinenser. Sie folgten dem im Jahr 2004 verstorbenen Palästinenserführer Jasir Arafat. Ihrem Terror antwortete **israelischer Gegenterror** mit der Ermordung führender Gegner und der Bombardierung palästinensischer Lager. Aber auch gezielte militärische Vergeltungsschläge durch Artillerie und Luftangriffe scheute Israel nie. Mit Beginn der 70er Jahre trug die israelische Luftwaffe ihre Angriffe bis tief in palästinensische Wohngebiete hinein. Nach der Eskalation gegenseitigen Terrors 2001, repräsentiert durch Arafat und Sharon, setzte Israels Ministerpräsident den Sitz Arafats in Ramallah einem Dauerbombardement aus.

Dieser schmutzige Krieg blieb nicht auf die Nahostregion beschränkt. Um der Welt die Palästinenserfrage stets neu bewusst zu machen, dehnten die Araber ihre Guerillatätigkeit auch auf Unbeteiligte aus, nach Griechenland, Italien und Deutschland, wofür der Anschlag auf die israelische Olympiamannschaft 1972 in München ein Beispiel gab.

Im israelisch-arabischen Raum hielt die PLO und ihre **Palästinensische Befreiungsarmee (PLA)** den Terror gegen alles, was israelisch war, aufrecht.

Abb. 10.3 Militante palästinensische Gruppen

2001 erreichte der islamistische Terrorismus die Vereinigten Staaten. Am Morgen des **11. September** steuerten vier Passagierflugzeuge der American Airlines, die von muslimischen Selbstmordattentätern entführt worden waren, ihre Attentatsziele an. Eine Boeing 757 stürzte in das Pentagon, den Gebäudekomplex des US-Verteidigungsministeriums. Eine Boeing 767 rammte den Nordturm des World Trade Centers. Die auf den Südturm angesetzte Maschine riss Minuten nach dem Einsturz des Nordturms dessen Zwilling nieder. Die vierte Maschine hatte ihr Ziel noch nicht erreicht, als sie über Pennsylvania abstürzte.

Das Jahrhundertverbrechen des Angriffs auf das World Trade Center hatte seine Vorläufer. Am 21. Dezember 1988 stürzte ein US-Verkehrsflugzeug über dem schottischen Ort **Lockerbie** durch eine im Gepäck verborgene Sprengladung ab, die Täter waren libysche Terroristen. Ein erster Bombenanschlag muslimischer Fanatiker auf das **World Trade Center** in New York hatte schon im Februar 1993 stattgefunden. Zwei Jahre später starben bei einem Sprengstoffanschlag gleicher Herkunft auf das **Federal Building** in Oklahoma City 168 Menschen. Am 7. August 1998 kam es zu schweren Bombenanschlägen auf die US-Botschaften in **Kenia** und **Tansania**. Bei diesen beiden Attentaten hatte der saudische Multimillionär **Osama Bin Laden** als Drahtzieher die Hände im Spiel. Er war auch der Initiator des 11. September.

Völkerrechtlich anerkannte Staaten konnten ebenfalls in einen zum Terror bereiten Fanatismus verfallen. Am 4. November 1979 besetzten Hunderte von Studenten nach einem Aufruf des Ayatollah die US-Botschaft in Teheran und nahmen die Botschaftsangehörigen als Geiseln. Khomeini verlangte von der US-Regierung, den Schah und sein Vermögen auszuliefern und die in den USA eingefrorenen iranischen Bankguthaben freizugeben. Als das nicht geschah, hielten die Revolutionäre weiterhin die US-Botschaft besetzt. Erst im Januar 1981 kam das Geiseldrama zu einem Ende.

Das Selbstmordattentat, die Opferung des eigenen Lebens als Einsatz für das Gelingen des Mordanschlags, macht den islamischen Fundamentalismus in seiner terroristischen Ausformung so gefährlich und unangreifbar. Jeder Mensch ist bedroht, überall und jederzeit; vor den Attentätern gibt es keinen Schutz, weder für das Kind auf dem Schulhof, noch für die Frau am Gemüsestand, nicht für Bus- oder Bahnreisende, noch für Kaufhauskunden oder Kinobesucher. Der Täter verschwindet für immer mit seiner Tat. Er bleibt unangreifbar für Verfolger, Ankläger, Richter und Strafe.

◆ **Befreiungspsychologischer Terror**

Dem befreiungspsychologischen Terror liegt stets eine gesellschaftspolitische Motivation zugrunde, egal ob diese real begründet oder idealistisch verblendet ist.

Seit den 60er Jahren folgte die Jugend weltweit den Glücksverheißungen einer Gesellschaftslehre, die Neomarxismus mit psychoanalytischer Anthropologie verband. Die **Neue Linke** in der Bundesrepublik fand eine breite jugendliche Gefolgschaft, vor allem unter Studenten und älteren Schülern. Den jugendlichen Nonkonformisten, die sich durch Sprache, Gesinnung und Kleidung zu jener gesellschaftsverändernden Bewegung bekannten, blieb der Zugang zur Mehrheit der Bevölkerung versperrt. Keinesfalls waren die **Achtundsechziger**, so nannten sie sich, Terroristen; in der überwiegenden Mehrzahl waren sie Mitläufer einer Mode. Zur action directe fanden sie sich vielleicht einmal bereit, wenn sie sich spontan und von der Masse gedeckt Straßenschlachten mit der Polizei lieferten.

Die Terroristen der **Roten Armee Fraktion** (RAF) waren dagegen Einzelne, zumeist aus „gutbürgerlichen" Häusern stammende Söhne und Töchter. Der zu allen Zeiten übliche Generationskonflikt prägte sich gerade bei der Jugend der ausgehenden Adenauer-Epoche besonders aus. In den

Augen dieser Generation bestand die Vätergeneration hauptsächlich aus Kriegsverbrechern und Nazis. Unter dem Motto: *Unter den Talaren steckt der Muff von 1000 Jahren* zeigte sich der Protest insbesondere an den Hochschulen. An der Freien Universität Berlin begann der hochschulinterne Streit, in dessen Sog auch die Universitäten von Hamburg bis Heidelberg gerieten. Es kam immer wieder zu **Demonstrationen**, auch motiviert durch den Vietnam-Krieg. Doch blieben sie gewaltfrei.

Erst mit dem Staatsbesuch des Schahs von Persien, dessen Gewaltregime die freiheitlichen Studenten ablehnten, kam es im Juni 1967 zur Katastrophe. Im Lauf der Protestdemonstration gegen diesen Besuch wurde der 26-jährige Student Benno Ohnesorg von einer Polizeikugel tödlich getroffen. Das war der Auslöser für die **Studentenrevolte**. Von antibürgerlichen Aktionen wie der Anti-Springer-Kampagne unter der Parole: *Enteignet Springer!* steigerten sie sich zu bürgerkriegsartigen Zuständen.

Auf diesem Nährboden entwickelte sich die RAF. Sie rechtfertigte ihre Mordbereitschaft mit der von Herbert Marcuse stammenden These, dass *Gewalt gegen die Repressionen des Staates* legitim sei. Der Kampfruf der Jungen Linken lautete: *Macht kaputt, was euch kaputt macht!* Nun zündeten junge Menschen Kaufhäuser an (in ihren Augen waren dies „Tempel der Konsum-Fellachen"), störten Vorlesungen und Schulstunden und erschreckten die Bürger allein schon durch ihr antizivilisatorisches Auftreten. Ihre Art Sozialismus fand jedoch überhaupt kein Verständnis bei der Arbeiterschaft.

In die kriminelle Phase trat der deutsche Terrorismus durch die gewaltsame Befreiung von Andreas Baader 1970 aus der Haft unter Einsatz von Schusswaffen. Auf das Konto der Verbrechen des linken Terrorismus in Deutschland gingen der Mord an Kammergerichtspräsident von Drenkmann, die Entführung des CDU-Fraktionschefs des Berliner Abgeordnetenhauses Peter Lorenz, die Ermordung von zwei Mitarbeitern der deutschen Botschaft in Stockholm, die Morde an Generalbundesanwalt Siegfried Buback und Bankchef Jürgen Ponto. Höhepunkt war die Ermordung von Arbeitgeberpräsident Hanns-Martin Schleyer, der nach qualvoller Geiselhaft erschossen wurde. Später fiel ihren Schüssen auch der Bankier Alfred Herrhausen zum Opfer.

Der Beihilfe zu all diesen Mordtaten machten sich die Funktionäre des Staatssicherheitsdienstes der DDR und ihre Mitarbeiter schuldig. Erst nach der deutschen Wiedervereinigung konnten einige der RAF-Täter, die sich unter neuer Identität in der DDR verborgen gehalten hatten, ihrer Strafe zugeführt werden.

- Um die **Wende zum 20. Jahrhundert** bekommt die **Kriegsführung** ein völlig **neues Gesicht**. Das Zeitalter der **Ferngeschütze**, **U-Boote** und **Panzer** bricht an. Auch die **Rolle des Zivilisten** wird neu bestimmt. Er wird Mitwirkender am **totalen Krieg**.

- Im **Zweiten Weltkrieg** findet eine Ausweitung der **Perfektionierung der Mittel** und der **Totalisierung** des Krieges in **alle Lebensbereiche** statt.

- Die Entwicklung der **Atombombe** hat einen unmittelbaren Einfluss auf die Diplomatie und **Kriegsführung** während des **Kalten Krieges**, z.B. im Konflikt zwischen **Indien und Pakistan**.

- **Ethnische Konflikte** werden in **Bürgerkriegen** ausgetragen, wie z.B. im zerfallenden **Jugoslawien**. Sie zeigen sich als **Begleiterscheinung** der **Entkolonialisierung in Afrika**, z.B. in **Kenia**, **Biafra**, **Mozambique**, **Ruanda** und im **Kongo**.

- Die **Guerillakriege** der zweiten Jahrhunderthälfte sind als Aktionen **sozialer Befreiung** zu verstehen, von Fidel Castros **Revolution** in **Kuba** bis zu den **Tupamaros** in **Uruguay**.

- Die **Eskalation** des **irredentistisch-sezessionistischen Terrorismus** zeigt sich z.B. an der **baskischen Untergrundorganisation ETA** und an der **irisch-republikanischen Freiheitsbewegung** der **IRA**.

- Der **religiös-fundamentalistische Terrorismus** der **Palästinenser** gegen den staatlich-zionistischen Behauptungswillen der **Israelis** im **Nahen Osten** hat sich zum **weltweit** wirksamen **Terror** mit stark **antiamerikanischer Stoßrichtung** entwickelt. (Beispiele: **Geiseldrama von Teheran, 11. September 2001**)

- Der **befreiungspsychologische Terrorismus** der **Roten Armee Fraktion** hatte als Ausgangslage **Schüler** und **Studenten**, die von **psychologisierenden**, **neomarxistischen** und **psychoanalytischen Ideen** getragen wurden. Diese **Neue Linke** wollte die alten Strukturen durch **Entführungen** und **Ermordungen** abschaffen.

Aufgaben zur Lernkontrolle

Den folgenden Brief schrieb Albert Einstein in dem Wissen, dass die deutschen Atomphysiker Otto Hahn und Fritz Strassmann mit der Kernspaltung weit fortgeschritten waren und die Deutschen an einer Atombombe arbeiteten:

Mein Herr: 2. August 1939
Eine neue Arbeit (...), die mir im Manuskript zugeschickt wurde, erweckt in mir die Hoffnung, daß der Grundstoff Uran in unmittelbarer Zukunft in eine neue, bedeutsame Energiequelle umgesetzt werden könnte. Bestimmte Gesichtspunkte der entstandenen Lage scheinen mir die Wachsamkeit und nötigenfalls rasches Handeln der Regierung zu erfordern. Deshalb halte ich es für meine Pflicht, Ihre Aufmerksamkeit auf folgende Tatsachen und Empfehlungen zu lenken:
Im Laufe der letzten vier Monate hat die Arbeit (...) in Amerika es wahrscheinlich möglich gemacht, eine nukleare Kettenreaktion in einer großen Menge Uran hervorzurufen, die gewaltige Energien und große Mengen neuer radiumähnlicher Elemente erzeugen würde. Es scheint nun beinahe gewiß, daß dies in naher Zukunft erreicht werden kann.
Dieses neue Phänomen kann auch zum Bau von Bomben führen und es ist denkbar, (...) daß äußerst wirksame Bomben eines neuen Typs gebaut werden können. Eine einzige Bombe dieses Typs, die zu Schiff in einen Hafen befördert und dort zur Explosion gebracht würde, könnte gut den ganzen Hafen sowie einen Teil der benachbarten Gebiete vernichten. Indessen könnten sich solche Bomben für den Lufttransport als zu schwer erweisen.
Die Vereinigten Staaten besitzen nur mäßige Mengen sehr wenig ergiebiger Uranerze. Ziemlich viel gutes Erz gibt es in Kanada und in der früheren Tschechoslowakei, doch liegen die wichtigsten Uranvorkommen in Belgisch-Kongo.
Bei dieser Lage werden Sie es vielleicht für wünschenswert halten, eine ständige Verbindung zwischen der Regierung und der Gruppe von Physikern aufrechtzuerhalten, die in Amerika an Kettenreaktionen arbeitet. Sie (könnten) diese Aufgabe jemanden übertragen (...), der Ihr Vertrauen hat und der dieser Aufgabe vielleicht in nicht amtlicher Eigenschaft dienen könnte. (...)

a) Er müßte an die Ministerien herantreten, sie über die weitere Entwicklung auf dem laufenden halten und Empfehlungen für die Regierungsmaßnahmen ausarbeiten, wobei er seine besondere Aufmerksamkeit auf das Problem zu richten hätte, wie eine Versorgung der Vereinigten Staaten mit Uranerz sichergestellt werden kann.

b) Er müßte die Versuchsarbeiten beschleunigen, die gegenwärtig im Rahmen der zur Verfügung gestellten Haushaltsmittel von Universitätslaboratorien durchgeführt werden, und zwar dadurch, daß er erforderlichenfalls durch seine Beziehungen zu Privatpersonen, die willens sind, zu dieser Sache beizutragen, Kapital beschafft und vielleicht auch dadurch, daß er Laboratorien zur Mitarbeit gewinnt, die hierfür die nötige Ausrüstung haben. Wie ich höre, hat Deutschland jetzt den Verkauf von Uran aus den von ihm übernommenen tschechoslowakischen Minen eingestellt. Daß es diesen Schritt so früh unternommen hat, erklärt sich vielleicht daraus, daß der Sohn des deutschen Unterstaatssekretärs v. Weizsäcker dem Kaiser-Wilhelm-Institut in Berlin angehört, wo einige der amerikanischen Versuche mit Uran zur Zeit gerade wiederholt werden.

*Ihr sehr ergebener
A. Einstein*

Herzschlag der Zeiten – Europäische Briefe aus 8 Jahrhunderten. Hrsg. Johanna Zimmermann, München 1967, S. 345f.

1. Bringen Sie das Datum des Briefes von Einstein und die in ihm angesprochenen Zusammenhänge in Bezug zu den Ereignissen in Europa.

2. Aus welcher strategischen und politischen Situation heraus entschloss sich die Regierung Truman zum doppelten Atombombenabwurf?

11. Giganten in Fernost

Auf dem heutigen Technologiemarkt sind Namen wie Yamaha, Sony oder Mitsubishi nicht mehr wegzudenken, obwohl Japan erst gegen Ende des 19. Jahrhunderts aus einer mittelalterlich agrarischen Wirtschaftsverfassung in die moderne Welt trat. Mitsubishi, heute einer der größten Konzerne vom Versicherungs- und Bankenwesen bis zum Flugzeugbau, war 1870 von den Mitsus gegründet worden. Damals bestanden der deutsche Konzern Krupp und der amerikanische Konzern Dupont bereits seit 60 bzw. 70 Jahren. Japans gigantisches Wirtschaftswachstum in der zweiten Hälfte des 20. Jahrhunderts ist bislang beispiellos. Allerdings präsentiert sich seit Beginn des 21. Jahrhunderts auch China als neuzeitliche Wirtschaftsmacht des Fernen Osten.

1904	Beginn des russisch-japanischen Krieges (08./09.02.)
1911	Revolution in China gegen die kaiserliche Regierung, China wird Republik (10.10.)
1919	Ausbruch der chinesischen Nationalbewegung 4. Mai (04.05.)
1921	Gründung der Kommunistischen Partei Chinas (KPCH) in Shanghai (01.07.)
1925	Errichtung einer chinesischen Nationalregierung unter Chiang Kai-shek (01.07.)
1927	Beginn der Kommunistenverfolgung in China (12.04.)
1931	Mandschurischer Zwischenfall (18.09.)
1932	Ausrufung des unabhängigen Staates Mandschukuo durch Japan (18.02.)
1936	Militärputsch und Beginn der japanischen Militärherrschaft (16.02.); Annäherung Japans an die Achse Rom-Berlin mit Beitritt zum Antikominternpakt (25.11.)
1937	Beginn des zweiten Chinesisch-Japanischen Krieges durch Zwischenfall an der Marco-Polo-Brücke nahe Peking (07.07.)
1941	Überfall der Japaner auf die Pazifik-Flotte der USA in Pearl Harbor (06.12.)
1942	See-Luft-Schlacht zwischen Flugzeugträgerflotten der USA und japanischen Fliegerverbänden bei den Midway-Inseln. (03./04. und 06./07.06.)
1943	Konferenz von Kairo mit Roosevelt, Churchill und Chiang Kai-shek (22.–26.11.)
1945	Landung der USA auf Iwojima (19.02.); Eroberung von Okinawa (01.04.–21.06.)
1947	Ausbruch des chinesischen Bürgerkrieges (März)
1949	Ausrufung der Volksrepublik China durch Mao Tse Tung (01.10.)
1950	Ausrufung der Republik China auf Taiwan durch Chiang Kai-shek (01.03.)
1951	Rückgabe der Souveränität an Japan (08.09.)
1964	Zündung der ersten Atombombe der VR China (16.10.)
1966	Beginn der chinesischen Kulturrevolution (16.05.)
1971	Aufnahme der VR China in die UNO (25.10.)
1972	China-Besuch Präsident Nixons und Treffen mit Mao Tse Tung (21.–27.02.)
1989	Massaker auf dem Platz des Himmlischen Friedens in Peking (03./04.06.)

11.1 Ostasien an der Schwelle zur Moderne

Mit 1,3 Mrd. Einwohnern ist **China** der bevölkerungsreichste Staat der Erde und nach leidvoller Geschichte auf dem Weg zu einer Führungsrolle in der Welt. Die andere fernöstliche Großmacht mit 127 Mio. Einwohnern ist **Japan**.

Im 19. Jahrhundert gerieten beide Länder in den Sog des euro-amerikanischen Imperialismus. Das chinesische Kaiserreich löste sich auf. Die Begehrlichkeiten fremder Mächte und ihre „Politik der offenen Tür" – was de facto unkontrollierte Handelsfreiheit bedeutete – ruinierte China. Japan, anfangs antiwestlich, ergriff die Chance, politisch und wirtschaftlich aus der Kommunikation mit den aufstrebenden Industrien Europas und Amerikas zu profitieren.

Der Zusammenbruch des chinesischen Reiches

Im 19. Jahrhundert standen Chinas Regierungen ohnmächtig sowohl der Ausbeutung durch die westlichen Imperien als auch deren territorialer Expansion gegenüber. Diese Länder bemächtigten sich mehr und mehr der Staaten, die China tributpflichtig waren. Russland griff nach der **Mandschurei** und **Mongolei**, Großbritannien errichtete 1886 über **Burma** ein britisches Protektorat und nahm **Peking** ins Visier, **Vietnam** wurde Frankreichs Kolonie und 1887 wurde **Macao** portugiesisch. China war ein halbkolonialer Staat geworden. Trotz der Militärreformen und dem Aufbau einer Flotte verlor es 1894/95 den ersten Chinesisch-Japanischen Krieg. Es musste die Unabhängigkeit **Koreas** anerkennen und **Taiwan** sowie die Inseln an der Formosa-Straße an Japan abtreten. Das Ende des Kaisertums 1911 besiegelte den Zusammenbruch dieses chinesischen Reiches.

Japans Aufstieg und die russisch-japanische Konfrontation

Jahrhunderte hindurch isoliert, öffnete sich das Land Mitte des 19. Jahrhunderts den Einflüssen der westlichen Welt. 1853 boten die USA einen Handelsvertrag an. Nach Aufkreuzen eines US-Kanonenbootes kam der Vertrag zustande. Es folgten Verträge mit Russland, den Niederlanden, England, Preußen und Frankreich.

Ein Wechsel der Dynastie im Jahre 1867 brachte Veränderungen. Tokio wurde die neue Hauptstadt. Technische Errungenschaften kurbelten die japanische Industrie an, ihre Seidenspinnereien nahmen sich die englische Baumwollfabrikation zum Vorbild und es entstanden Konservenfabriken nach amerikanischem Muster.

Japans Wirtschaft expandierte und die Bevölkerung wuchs von 33 Mio. 1872 auf 53 Mio. 1892. Es war ein maritimes Land, eine mit 50% an der Weltproduktion beteiligte Fischereination. Die 1885 gegründete Reederei für Handelsschiffe Mitsubishi gelangte an die Weltspitze. Moderne Kommunikationswege waren 1870 mit der Einführung des Telegraphen und der ersten Tageszeitung schon beschritten worden. Ihren wissenschaftlich-industriellen Fortschritt verdankten die Japaner den Investoren privaten und staatlichen Kapitals sowie dem Erwerb des Know-how in Europa.

Nach Japans Sieg über China stellte es sich der Expansion Russlands in Asien entgegen, vor allem seiner Besetzung der Mandschurei und Koreas. Als Russland nach dem wichtigen eisfreien Hafen **Port Arthur** griff, kam es im Februar 1904 zum **Russisch-Japanischen Krieg**. Ein Überraschungsangriff auf Russlands Flotte in Port Arthur führte zu Russlands Niederlage. Außenpolitisch suchte Japan jetzt Anlehnung an England. Wegen der russisch-britischen Rivalitäten im Mittleren Osten stieß das fernöstliche Freundschaftsangebot in London auf Wohlwollen.

Japans Rolle als führende Wirtschaftsmacht hatte sich inzwischen noch mehr gefestigt. Zwischen 1895 und 1914 stieg das Geschäftskapital von 300 Mio. auf nahezu 8.000 Mio. Yen.

11.2 Japan und China nach dem Ersten Weltkrieg

Der Ferne Osten im Ersten Weltkrieg

Auch Deutschland besaß in Ostasien Kolonien. Als 1914 der Erste Weltkrieg ausbrach, eroberten sie die Japaner. Dadurch erhielt Japan chinesische Gebiete, was in China den Wunsch erweckte, ebenfalls am großen Krieg gegen Deutschland teilzunehmen.

Doch die Konstrukteure des Versailler Vertrags gaben nach ihrem Sieg Japan die deutschen Kolonien am Gelben Meer, China ging dagegen leer aus. Japan erhielt die Herrschaft über die ursprünglich chinesischen Gebiete Shandong, Mandschurei und Innere Mongolei. Wären alle Wünsche Japans auf Gebietsvergrößerung erfüllt worden, hätte Japan das Protektorat über China wahrgenommen. Ein Teil der Ansprüche ließ sich jedoch abwehren.

Die 25 Jahre nach der Ausrufung der chinesischen Republik waren ein von Wirren erfüllter Abschnitt in der Geschichte des Landes. Eine funktionierende Zentralregierung hielt sich nicht über längere Zeit.

Als die geheimen Verabredungen der Versailler Mächte mit Japan über den deutschen Kolonialbesitz in China bekannt wurden, brach dort ein nationaler Sturm der Entrüstung aus. Es bildete sich die **4.-Mai-Bewegung**, eine Sammlung nationaler Kräfte. Sie rief zum Boykott japanischer Waren und zum Bestreiken japanischer Firmen auf.

Das nationalchinesische Bekenntnis des 4. Mai 1919 bedeutete zugleich die Abwendung von den westlichen Demokratien. Unter dem Eindruck des Betruges Frankreichs und Englands und abgestoßen von deren Schacher wandten sich viele chinesische Intellektuelle der marxistischen Sowjetunion zu. Der Nachfolgestaat des russischen Imperialismus hatte 1918/19 auf alle Vorrechte aus den ungleichen Verträgen verzichtet, die das Zarenreich China abgenötigt hatte.

Zu Beginn der 20er Jahre war die Nationale Volkspartei **Kuomintang** Chinas beherrschende Kraft. Ihre Regierung verweigerte die Unterschrift unter den Versailler Vertrag. Der Schulterschluss mit der UdSSR fand statt, als 1923 die Kuomintang und die **Kommunistische Partei Chinas** (KPCH) ein Bündnis eingingen.

Der Norden Chinas war zu dieser Zeit beherrscht von mächtigen regionalen Militärbefehlshabern. Um sie auszuschalten, begann Präsident Chiang Kai-shek im Juli 1926 seinen Nordfeldzug. Obwohl die Kommunisten der Kuomintang-Regierung dabei zur Seite standen, wuchsen die Spannungen zwischen ihnen. Sie endeten mit einem Massaker, das Chiang Kai-shek unter den Kommunisten anrichtete.

Das zerrissene China

Um 1930 sahen die Herrschaftsverhältnisse in China verworren aus. Stalin hatte zur Bildung militärischer Verbände aufgerufen. Nach deren erfolglosen Aufständen zogen sich die Reste der bewaffneten Kommunisten unter Führung von **Mao Tse Tung** in die Provinz Jiangxi zurück und errichteten dort ein sowjetisches Herrschaftsgebiet. Chiang Kai-shek blieb Herr über die reichen Provinzen am Jangtse. War Lords beherrschten immer noch kleinere, dazwischen liegende Territorien. Die Kommunisten des Mao-Regimes teilten den Großgrundbesitz unter Kleinbauern auf. Im Kuomintang-Staat modernisierte Chiang Kai-shek die Verwaltung und Armee, ließ Straßen und Eisenbahnen bauen und förderte die industrielle Entwicklung.

Mao Tse Tung hatte seine Sowjetrepublik in Jiangxi vor den Truppen Chiang Kai-sheks räumen müssen und war 1934 zum **Langen Marsch** aufgebrochen, der bis 1935 andauerte. Er führte ihn und seine kommunistischen Gefolgsleute durch den Westen Chinas und endete in der Provinz Shaanxi. Dabei wurde Mao zum unumstrittenen Führer.

Mit einem militärischen Zwischenfall an der **Marco-Polo-Brücke** im Sommer 1937 begann der **zweite Chinesisch-Japanische Krieg**. Die Japaner eroberten Peking und Tientsin und drangen weiter nach Süden vor. Sie blockierten die chinesische Küste und eroberten Kanton. Im Dezember besetzten sie Nanking.
Die japanische Erstürmung **Nankings** wurde zum Trauma und Wendepunkt der chinesischen Geschichte. Sieben Wochen lang war die Zivilbevölkerung Martyrien und Mordorgien ausgesetzt. 300.000 Tote und 20.000 bis 80.000 Vergewaltigungsopfer bildeten die schreckliche Bilanz. Die im 19. Jahrhundert begonnene Demütigung durch den Nachbarn war zu einem Exzess geworden. Der Leidensdruck, dem die Chinesen ausgesetzt waren, schlug in verbissene Gegenwehr um. In dieser höchsten Not bildete sich eine vaterländische Einheitsfront der Nationalchinesen unter Chiang Kai-shek mit den Kommunisten. Als 1939 die Kampfhandlungen in einem Stellungskrieg erstarrten, brach in Europa der Zweite Weltkrieg aus.

Japan nach dem Ersten Weltkrieg

Die seit 1894 für Japan erfolgreich verlaufenen Kriege hatten einen betont militaristischen Chauvinismus zur Folge. Nach 1930 begann eine als die **Neue Ordnung** bezeichnete faschistoide Epoche. Die Unterzeichnung des nachteiligen Londoner Flottenabkommens durch die demokratische Regierung löste eine Welle nationaler Empörung aus.
Im Herbst 1931 inszenierten japanische Offiziere einen bewaffneten Zusammenstoß, den sie **Mandschurischen Zwischenfall** nannten und zum Anlass nahmen, in die Mandschurei einzumarschieren. Sie riefen einen unabhängigen Staat **Mandschukuo** aus, der – völlig von Japan beherrscht – 1934 zum Kaiserreich erhoben wurde. Japans Entschlossenheit zu weiterer Kriegsführung zeigte sich, indem es aus dem Völkerbund austrat, das Washingtoner Flottenabkommen kündigte und die Vertreter seines Landes aus der Londoner Abrüstungskonferenz abberief. Japans Hinwendung zu einem faschistischen Radikalismus fand Ausdruck im Bündnis mit Hitler und Mussolini. Im Sommer 1937 überfiel Japan den chinesischen Nachbarn.

Der Zweite Weltkrieg in Fernost

Die USA als potentieller Gegner der Achsenmächte standen auf Seiten der bedrängten Chinesen und verlegten im Mai 1940 ihre Schlachtflotte nach Hawaii, 2.000 Seemeilen näher an Japan gelegen. Sie lieferten China Waffen und verhängten ein Embargo gegen Japan. 1941 setzten sich die Japaner in Französisch Indochina fest. Daraufhin erweiterten die USA das Embargo und froren Japans Auslandsguthaben in den USA, Großbritannien und den niederländischen Kolonien ein. Zum ersten Mal stand der Wirtschaftsriese am Rande des Ruins.
Trotz Japans Einbindung in den Anti-Sowjetismus der Achsenmächte (Antikominternpakt) trat es nicht an Hitlers Seite bei dessen Überfall auf die UdSSR. Obwohl Japan wirtschaftlich und technisch auf einen großen Krieg gut vorbereitet war, gab es langfristig keine Sicherheit einer ausreichenden Versorgung. Schon in Friedenszeiten war es auf **Importe** angewiesen (z.B. Nahrungsmittel: 50%, Eisenerz und Rohöl: 90%, Gummi: 100%). Daher erschien es vordringlich, **Rohstoffgebiete** zu erobern. Japans Griff auf Malaya und Indonesien bot die Aussicht auf wirtschaftlichen Gewinn und ein kompaktes Verteidigungsgebiet. Inzwischen hatte sich aber auch die Schlagkraft der US-Navy verdoppelt und auf den Philippinen waren die Abwehrkräfte wesentlich verstärkt worden.

11.3 Der Kampf im pazifischen Raum

Die Pläne japanischer Imperialisten liefen darauf hinaus, gewaltige Zonen des Festlandes und der Inseln des Fernen Ostens ihrer Herrschaft zu unterwerfen. Der Zusammenstoß mit den USA war dadurch vorprogrammiert. Mit einem Präventivschlag griffen am frühen Morgen des 6. Dezember 1941 350 japanische Flugzeuge **Pearl Harbor** an, den Ankerplatz der US-Pazifikflotte. Die US-Marine war demoralisiert, ihre Kampfkraft nahezu vernichtet. Der Weg für japanische Landungen in Südostasien war frei. Sie nahmen Hongkong ein, Manila, Singapur, Niederländisch-Indien und Burma. Von den Erfolgen berauscht, steckten sie ihre Ziele noch weiter: Die Aleuten, Hawaii, Australien und Ceylon gerieten in ihr Visier.

Der Seesieg der USA in der Schlacht bei den **Midway-Islands** im Juni 1942 brachte jedoch die Wende im pazifischen Krieg. Die erfolgreiche Verteidigung von Guadalcanal und Neuguinea sicherte Amerika außerdem die Wege nach Australien und Neuseeland. 1943 gingen die USA zur Gegenoffensive über. Auf der Konferenz von Kairo 1943 zwischen Roosevelt, Churchill und Chiang Kai-shek erhielt China die Zusage, der Gebietsstand vor der japanischen Aggression würde wiederhergestellt und Formosa (Taiwan) und die Pescadoren-Inseln zurückgegeben werden. Korea sollte seine Selbständigkeit erhalten.

Das Jahr 1944 brachte den Anfang vom Ende des japanischen Weltmachttraumes. Im Sommer eroberten die US-Streitkräfte die Marianeninseln und Sapian. Im Oktober eröffnete General MacArthur mit der Landung auf der Insel Leyte die Rückeroberung der Philippinen. In der dreitägigen Seeschlacht bei den Philippinen verlor Japan den Kern seiner Flotte. Anfang des Jahres 1945 gewannen die Alliierten Manila und die Felseninsel Corregidor zurück. Die im November 1944 begonnenen schweren Luftangriffe auf Tokio und andere japanische Großstädte wurden währenddessen fortgesetzt. 1944 hatte Japan die letzte große Offensive unternommen und dabei weite Gebiete Chinas unter seine Herrschaft gebracht.

Mit dem sich abzeichnenden Ende des Krieges in Europa verstärkten die alliierten Streitkräfte ihre Angriffe auf das japanische Festland. B-29-Bomber der US-Luftwaffe zerstörten 58 japanische Städte, 395.000 Zivilpersonen kamen ums Leben. Das japanische Mutterland betraten amerikanische Streitkräfte mit der Eroberung von Iwojima und Okinawa. Bei der Einnahme beider Inseln fielen über 60.000 US-Soldaten. Japanische **Kamikazeflieger** griffen die US-Landungsflotte an. Die Besatzungen dieser zur Selbstaufopferung entschlossenen Freiwilligen stürzten sich auf feindliche Schiffe, um die Landung auf dem „heiligen japanischen Boden" zu verhindern. Diese Selbstmordangriffe forderten mehr als 2.000 Opfer.

Um den verlustreichen Krieg schnellstens zu beenden, plante Amerika die Operation Olympic, einen Einsatz von 14.000 Flugzeugen und 100 Flugzeugträgern. Doch man entschied sich für einen den Krieg entscheidenden Schlag, den Abwurf der Atombombe über Hiroshima (6. August 1945), und Nagasaki (9. August 1945).

11.4 Nachkriegsordnungen im Fernen Osten

Japan

Zwischen den USA und Japan war nach den schweren Schlägen, die beide Völker einander beigebracht hatten, eine rasche Rückkehr zur Normalität unmöglich. Hiroshima und Nagasaki wogen zu schwer. Die noch nie besiegten Japaner empfanden die Annexion Okinawas als US-Stützpunkt und den Verlust der Souveränität als Schändung der nationalen Ehre.

Der Weg zur Demokratie war den Japanern, die im autoritären Kaiserreich des zur Gottheit erhobenen **Tenno** (himmlischer Herrscher) aufgewachsen und dort tief verwurzelt waren, wesensfremd. Deshalb war die Reeducation, wie die Amerikaner sie auch den Deutschen zuteil werden ließ, hier ein sehr schwieriges Vorhaben. Doch waren die USA entschlossen, das Inselreich von seinem 100-jährigen Irrweg, Herr über Ostasien zu werden, auf den Boden der Vernunft zu holen. Aus amerikanischer Sicht konnte das nur durch eine demokratische Stabilisierung des Landes geschehen. Im Mai 1947 erhielt Japan eine Verfassung. Materielle Hilfe für das völlig zerstörte und in seiner Bevölkerung dezimierte Land erschien den Amerikanern ebenso dringlich geboten wie für Europa.

Vor dem Hintergrund des **Koreakrieges** und der Bedrohung Japans durch den Sowjetkommunismus stand auch hier die Frage der Wiederbewaffnung an; für Japan war dies insofern eine besonders heikle Sache, als auf den Anklagebänken des Tribunals in Tokio überwiegend Militärs zum Tode verurteilt wurden.

Durch den Koreakrieg und den darin sichtbar werdenden gemeinsamen Feind kam es zum Schulterschluss der USA mit Japan. Es erhielt seine staatliche Souveränität im September 1951 mit dem Friedensschluss von San Francisco zurück.

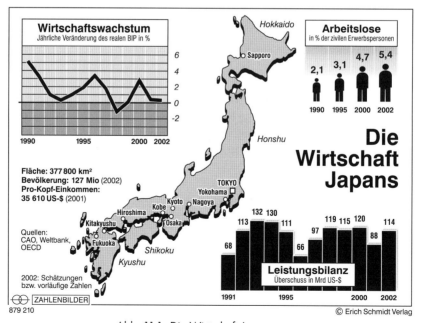

Abb. 11.1 Die Wirtschaft Japans

Japans **wirtschaftlicher Aufstieg** begann Anfang der 50er Jahre. 1955 hatte sich die Industrieproduktion gegenüber der Vorkriegszeit verdoppelt. Der Umsatz an Industrieerzeugnissen betrug 1960 noch vier Milliarden Dollar, zehn Jahre später das Fünffache. 1980 stand Japan mit einem Verkaufserlös von 130 Mrd. Dollar auf Platz eins der Weltrangliste. Außer den wichtigen Automobil- und Elektronikmärkten in den USA und Europa entwickelte Japan auch einen regen Handel im fernöstlichen Umfeld der ASEAN-Länder*, des wirtschaftlichen Zusammenschlusses Südostasiens.

Ein großes Problem Japans war seine geopolitische Situation. Der gleich bleibenden Größe des Landes stand eine Bevölkerungsexpansion gegenüber. Die Verknappung besiedelbaren Bodens ließ die Bodenpreise um 30% innerhalb zweier Jahre steigen, so dass die Regierung ein Gesetz gegen Bodenspekulation erlassen musste.
1973/74 geriet auch Japans Wirtschaft in den Sog der internationalen Energiekrise. Die Seifenblasenwirtschaft (bubble economy) der Aktien- und Immobilienspekulationen zerplatzte. Damit verschärfte sich auch die Lage auf dem Geldmarkt.
Die Rezession der japanischen Wirtschaft begann 1996 (Asienkrise) mit ihren bedrohlichen Begleiterscheinungen. Der Yen verlor ein Drittel seines Außenwertes, die Zahl der Arbeitslosen stieg unaufhaltsam an und damit auch die sozialen Probleme. Japan wurde zum Industriestaat mit der höchsten Verschuldung.

Historische Altlasten

Die mit schweren Verbrechen belastete Epoche des Halbjahrhunderts japanischen Imperialismus' wurde nie aufgearbeitet. Wohl gab es halbherzige Beileidsbekundungen von Politikern gegenüber den Opfern japanischer Aggressionen. Die große Mehrheit aber sah keine moralischen Erblasten. Auch die Hypotheken auf dem Verhältnis zu den ehemaligen Feindstaaten wurden nicht abgetragen.
Am stärksten belastet blieb das Verhältnis zu **China**. Trotz der positiven Entwicklung der Handelsbeziehungen zwischen Kaiserreich und Volksrepublik stehen noch Konfliktpotentiale im Weg. Solange auch die Koreaner aus Japan kein Wort des Bedauerns über begangene Kriegsverbrechen hörten, kam es trotz intensiver Wirtschaftsbeziehungen nicht zu einer Harmonie mit Südkorea.

Das **russisch-japanische Verhältnis** normalisierte sich erst ab 1956, als die japanischen Kriegsgefangenen freikamen. Sie waren nach der späten Kriegserklärung der Sowjets an Japan am 8. August 1945 in den noch wenigen Tagen des gerade begonnenen Krieges in russische Gefangenschaft geraten und dort elf Jahre festgehalten worden.
Bis heute erheben die Japaner gegenüber dem Nachfolgestaat der Sowjetunion Anspruch auf die Zurückgabe der Kurilen, einer nördlich Japans gelegenen Inselgruppe, die im 18. Jahrhundert dem zaristischen Russland gehörte, 1875 japanisch wurde und 1945 sowjetisch.

Die anfänglich gute Partnerschaft zwischen den **USA** und Japan trübte sich im Verlauf der Beziehungen der USA zu den Staaten Ostasiens ein. Als Präsident Nixon, um Entspannung bemüht, sich dem China Maos näherte, missfiel das den Japanern. Auch wirtschaftlich verkomplizierte sich das japanisch-amerikanische Verhältnis.

---

* ASEAN = *A*ssociation of *S*outh-*E*ast *A*sian *N*ations

China

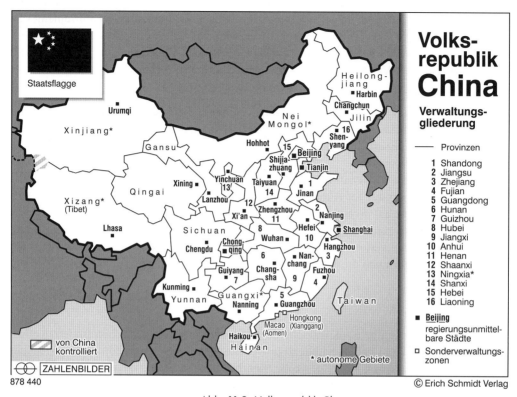

Abb. 11.2 Volksrepublik China

Nach der jahrelangen japanischen Aggression hätte China nach dem Zweiten Weltkrieg Frieden haben können. Doch die aus der Not geborene Einheitsfront aus Kommunisten und Nationalchinesen zerbrach.

Obwohl Chiang Kai-shek die vom Kommunismus auf seine Regierung zukommende Gefahr erkannte und Gegenmaßnahmen einleitete, konnte er deren Erstarken nicht verhindern. Schon im Frühjahr 1945 verfügte die KPCH über 1,2 Mio. Mitglieder und kontrollierte ein Volk von nahezu 100 Mio. Menschen. Am Ende des Krieges standen hinter Mao Tse Tung eine reguläre Armee von über einer Million Soldaten und über zwei Millionen Dorfmilizionäre.

Es war zu erwarten, dass es zu einer Kraftprobe zwischen Mao und der Kuomintang kommen würde. Mitte März 1947 brach der **Chinesische Bürgerkrieg** aus. Militärtechnisch von der UdSSR unterstützt, eroberte die Volksbefreiungsarmee Nordchina. Bis Ende 1949 wurde das ganze Land eine **Volksrepublik**. Chiang Kai-shek floh mit dem Rest seiner Truppen nach **Taiwan**. Dort nahm er für sich in Anspruch, das legitime China zu repräsentieren. Mit Unterstützung seiner westlichen Verbündeten des Zweiten Weltkrieges behauptete er noch lange international diese Position. Das „Nationalchina" Taiwans sprach für alle Chinesen in der Generalversammlung und im Weltsicherheitsrat der Vereinten Nationen. Erst 1971 verlor Taiwan diesen internationalen Rang. Die USA hatten sich mit den Realitäten abgefunden und die UNO-Repräsentanz der Volksrepublik überlassen.

Die Regierung Maos basierte auf strenger Ausführung **marxistisch ideologischer Grundsätze**. Darum ging zuerst eine Säuberungswelle durch die Partei. Zehn Millionen „Abweichler" wurden liquidiert.
Der Kommunismus realisierte eine Bodenreform sowie die Verstaatlichung des Außenhandels und der Schwerindustrie. Bei der Industrialisierung wurde China nachhaltig von der Sowjetunion unterstützt mit dem Bau von 300 Fabriken, woran 10.000 technische Berater beteiligt waren.

Die von 1958 bis 1960/61 dauernde Aktion **Großer Sprung nach vorn** sollte besonders durch agrarische Höchstleistungen zu überdurchschnittlichem Wirtschaftswachstum führen. Sie lag in den Händen von **Volkskommunen**. Eine Verschmelzung von Chinas agrarischer Grundstruktur mit modernem Industrialisierungswillen sollte durch die Errichtung Tausender ländlicher Industriebetriebe bewirkt werden. Das Vorhaben misslang.
Zwischen dem marxistischen Mutterland und seinem fernöstlichen Schüler entstanden nach und nach Verstimmungen. Zu der grundsätzlichen Differenz über ideologische Fragen kamen die konkreten Ursachen, unter anderem die Weigerung der UdSSR, die Mongolei an China zurückzugeben.

Maos Kulturrevolution

Um das revolutionäre Feuer noch einmal zu entfachen, brauchte Mao Tse Tung eine das ganze Volk erfassende Bewegung. Er nannte sie **Kulturrevolution**. Im August 1966 rief er dazu auf, die Reste feudalen und bürgerlichen Denkens durch eine große proletarische Kulturrevolution hinwegzufegen. **Rote Garden** zerstörten alles, was vorangegangene Generationen an Überlieferung, Sitte und Kultur in hohen Ehren gehalten hatten.
Diese so genannte Kulturrevolution war in Wirklichkeit ein Rückfall in tiefe Primitivität. Unersetzbare Kulturgüter fielen der Barbarei zum Opfer. Eine erschreckende Proletarisierung des öffentlichen Lebens griff um sich. Das Schlimmste aber war die grauenvolle Blutspur, die diesem Exzess folgte. Die Zahl der Ermordeten lag Schätzungen zufolge zwischen 400.000 und 1 Mio.
Dem grassierenden Vandalismus und dem Wüten kommunistischer Totschläger widersetzten sich Arbeiterschaft und Armee. Im Sommer 1967 kam es zu schweren Auseinandersetzungen zwischen Roten Garden und regulären Truppen. Im Oktober war der Spuk zu Ende. An den Schulen und Universitäten begann man wieder mit „kultivierten" Unterrichtsveranstaltungen. Zehn Millionen der Verdummung ausgesetzt gewesener, ideologisch verführter junger Menschen aus den Roten Garden wurden in Lagern einer Umerziehung unterworfen. Um die Mao-Bibel, die „Sammlung der höchsten Erkenntnisse des Zeitalters", wurde es still in China. Mao selbst trat in der Öffentlichkeit immer weniger in Erscheinung, galt aber weiterhin als höchste Autorität. Die Bereitschaft, sich stärker nichtkommunistischen Staaten zu öffnen, bewies auch sein Abrücken von der Radikalität seiner großen proletarischen Kulturrevolution.
Über den in China selbst angerichteten Schaden hinaus wirkte sich die Kulturrevolution auch in den westlichen Ländern aus. In der Jugend galt die **Mao-Bibel** als Kultgegenstand.

Im eigenen kommunistischen Lager lehnte man diese Kulturrevolution ab. Die **Selbstisolation** der KP Chinas im Weltkommunismus schritt voran. Die Entfremdung des chinesischen Lagers vom sowjetischen zeigte sich auch am Entsetzen, die der Wasserstoffbombentest Chinas 1967 im Ostblock auslöste. Und umgekehrt waren die Kommunisten Chinas empört darüber, dass die Sowjets mit Truppen des Warschauer Pakts Prag überfallen hatten.

Seinen Höhepunkt erreichte das nun schon zur Feindschaft gewordene chinesisch-sowjetische Verhältnis bei den **Grenzstreitigkeiten** an Amur und Ussuri in der Mandschurei. (Vgl. Lektion 7.3.) Der chinesisch-sowjetische Streit bot den USA Gelegenheit, dem im Ostblock isolierten China Gespräche anzubieten. Beide Seiten hatten Belastendes auszuräumen, bevor Unterredungen in Gang kamen. Mao Tse Tung musste seine Kulturrevolution vergessen, und US-Präsident Nixon durfte Taiwans Sicherheit nicht aus den Augen verlieren. 1972 ergab sich für Nixon Gelegenheit zu einem Besuch bei Mao Tse Tung, der den beiderseitigen Entspannungsbemühungen im Kalten Krieg nützlich wurde.

Die Ära des Deng Xiaoping

Im September 1976 starb Mao. Sein Nachfolger **Deng Xiaoping** wollte China reformieren. Das Agrarland sollte sich zu einer Industrie- und Dienstleistungswirtschaft entwickeln. Dem rigiden Kommunismus einer verstaatlichten Wirtschaft traten Privatisierungstendenzen in allen Marktbereichen an die Seite. Neben Volkskommunen gab es Bauern und selbständige Kleinunternehmer. Erste Erfolge zeigten sich. Eine zunehmend stärkere marktwirtschaftliche Orientierung setzte große Wachstumskräfte frei. Ende 2004 verzeichnete Chinas Wirtschaft ein Wachstum von 9,5%. Inzwischen ist China die sechstgrößte Volkswirtschaft der Welt. Sie wächst am schnellsten und intensivsten. Der 2001 erfolgte Beitritt Chinas zur **WTO*** zeigt deutlich den Willen zu weltweiter Kooperation. Seit 2004 belegt es den dritten Platz der Handelsnationen. Exporte und Importe haben jeweils um 30% zugenommen.

Es gibt aber auch Schattenseiten. Bei der Geschwindigkeit, mit der die Industrialisierung betrieben wurde, kamen Maßnahmen zum Schutz der Umwelt zu kurz. Auch die sozialen Verhältnisse der mehrheitlich auf dem Land lebenden Bevölkerung (800 Mio.) befinden sich auf rückständigem Niveau, weil der Gewinnanteil der Bevölkerung am Bruttoinlandsprodukt extrem unterschiedlich ausfällt. Die Landwirtschaft trägt nur 15% bei, dagegen liegt der Anteil der Industrie bei 53% und der des Dienstleistungssektors bei 32%.

Ein dunkles Kapitel chinesischer Zeitgeschichte blieben die **Menschenrechte**. Deng Xiaoping, von der Jugend als Liberaler eingestuft, ließ 1989 auf dem Platz des Himmlischen Friedens in Peking demonstrierende Studenten niederschießen. Chinas Regime zeigte wieder, was Staatskommunismus ist: Regierung ohne Menschenrechte.

---

* WTO = *W*orld *T*rade *O*rganization (Welthandelsorganisation)

Auf einen Blick

- **Japans** Öffnung nach **Westen** bietet die Chance des **wirtschaftlichen Aufstiegs**. **China** wird im Sog der imperialistischen **Politik der offenen Tür** Opfer euro-amerikanischer Ausbeutung.

- Der **Russisch-Japanische Krieg** dient als Basis für **Japans Aufstieg**. Die ungerechte **Verteilung** der ehemaligen **Kolonialgebiete** durch den **Versailler Vertrag** schafft eine **günstige Ausgangslage** für Japans **Vormachtstellung** in Fernost.

- Im Wechsel der **Regierungen** der **Chinesischen Republik** setzt sich die **Kuomintang der Nationalisten** durch.
  Mit der **Bewegung 4. Mai** stellt sich ein **chinesisches Selbstbewusstsein** ein.
  Die Kuomintang **Chiang Kai-sheks** verbündet sich mit den **Kommunisten**, um die **verworrenen Herrschaftsverhältnisse** in China zu ordnen, aber der Bruch des Bündnisses hat **blutige Verfolgungen** der **Kommunisten** zur Folge.

- Nach dem **Ersten Weltkrieg** prägt sich in **Japan** ein **militaristischer Nationalismus** aus. Der **Mandschurische Zwischenfall** führt zur Gründung des Staates **Mandschukuo**. Der Zwischenfall an der **Marco-Polo-Brücke** verstärkt durch den zweiten **Chinesisch-Japanischen Krieg** den **Konflikt** zwischen beiden Ländern.
  Nachdem **Japan** einen **Siegeszug** durch **Südostasien** geführt hatte, **verliert** das Land nach **verlustreichen Kämpfen** mit dem Einsatz der **Atombombe** den **Zweiten Weltkrieg**.

- Während **Japan** nach dem Krieg unter **Schwierigkeiten** eine **Demokratie** etabliert und zur **Wirtschaftsmacht** aufsteigt, verfällt **China** unter dem kommunistischen Führer **Mao Tse Tung** in einen **Bürgerkrieg**. Auch bei Maos **Kulturrevolution** müssen **zahlreiche Menschen** ihr **Leben lassen**.

- In dem gleichen Maße, wie sich **China** seit den 60er Jahren **wirtschaftlich** und **politisch** von der **Sowjetunion** entfernte, **näherte** es sich **gleichzeitig** den **USA** an. Doch trotz seines **Wirtschaftswachstums** werden die **Menschenrechte missachtet**.

Aufgaben zur Lernkontrolle

Der hier auszugsweise wiedergegeben Artikel von Klaus W. Bender, Wirtschaftskorrespondent des Handelsblatts in Tokio, gibt Einblicke in Japans Wirtschaftsleben der 70er Jahre.

<u>Das Supermanagement – umstritten wie sein Produkt</u>

(...) Ferngesteuert von einer kleinen Clique superreicher Kapitalisten, hocken sie in ihren glitzernden Palästen aus Edelstahl und Glas und planen die wirtschaftliche Eroberung der Welt. (...) Soziales Prestige und die damit verbundene Sicherheit findet der junge Mann jedoch am schnellsten in den großen Unternehmen, deren Namen um die Welt gehen. Erste Voraussetzung ist das Studium an der „richtigen" Universität. (...) Erst der Abschluß an einer dieser Universitäten bietet eine reale Chance, zu den „Aufnahmeprüfungen" bei einer der großen Firmen zugelassen zu werden, der zweiten Hürde zum Erfolg. (...) Die größte Hürde zum Besuch der Universität ist daher nicht das Abschlußexamen, sondern die Aufnahmeprüfung. Sie besteht man – von Ausnahmen abgesehen – am sichersten, wenn man vorher, für ein oder mehrere Jahre, eine private „prep-school" (eine Art Repetitorium) zur Vorbereitung besucht. (...) Hat man (...) einen Studienplatz bekommen, (...) gehört man zu den „Auserwählten" (...) und besetzt später automatisch die Spitzenpositionen in Regierung und Wirtschaft. (...) Die Zaibatsus der Vorkriegsjahre, beherrscht vom Großkapital einiger weniger Familien, sind nicht mehr. Die großen Namen der Mitsui, Yasuda oder Iwasaki sind zurückgetreten in das Halbdunkel der Geschichte. (...) Der kalte und der heiße Krieg in Korea retteten die japanischen Konzerne vor der Auflösung, denn die amerikanische Angst vor der kommunistischen Weltrevolution war größer als der Wunsch nach Wirtschaftsdemokratie. Aber die (...) Riesenkonzerne Mitsubishi, Mitsui und Sumitomo unterstehen nicht mehr einer allmächtigen Familienholding. Sie bilden nur mehr einen losen Verbund unabhängiger – nicht selten miteinander konkurrierender – Unternehmen (...)

Es gibt in Japan keinen Arbeitsmarkt. Hat ein Bewerber den Sprung in einen Großbetrieb geschafft, so wird er bis zur „Pensionierung" (bereits mit 55 Jahren wird er pensioniert und erhält eine kleine Abfindung) die Firma nicht wechseln. In Zeiten einer Wirtschaftsrezession wird er nicht entlassen, notfalls schleppt man ihn mit einer realen Lohnkürzung durch. Scheidet er aus, so ist ihm der Weg zu einem Unternehmen der gleichen Branche oder gleicher Größe verbaut. Es bleibt (...) der (...) soziale Abstieg. (...)

Tritt er als junger Mann in ein Unternehmen ein, so kann er schon am ersten Tag ungefähr abschätzen, wo er mit 55 Jahren aufhören wird. Sein Gehalt ist nur zu einem verschwindend kleinen Teil leistungsbezogen. Seine Entlohnung richtet sich nach der Werkszugehörigkeit (...) Dies gilt besonders für seinen „Bonus", einen jährlich zweimal gezahlten Zuschlag zu seinem Gehalt in Höhe mehrerer Monatslöhne. Früher als Sonderleistung geboten, ist dieser heute längst fester Bestandteil der Lohnkosten und hat nur noch den Zweck, dem Unternehmer für sechs Monate zwangsgesparte Löhne zinslos zur Verfügung zu stellen; auch hält er die Pension, die auf dem Grundlohn basiert, niedrig. (...)

Das System gibt Sicherheit, hat aber zugleich direkte Auswirkungen auf das innerbetriebliche Verhalten. (...) Oberstes Prinzip in jedem japanischen Betrieb ist (...) die Aufrechterhaltung der innerbetrieblichen Harmonie; (...) Das (...) zwingt (...) zur Konformität und hemmt die Entfaltung besonders fähiger und dynamischer Kräfte.

Aus: Merian Monatsheft Februar, 1972, S. 29ff.

1. Was erscheint Ihnen an den Funktionsmechanismen des asiatischen Wirtschaftswunders bemerkenswert und wogegen würden Sie kritische Einwände erheben?

2. Die Nachkriegsgeschichte des geschlagenen Japans zeigt deutliche Parallelen zu der Westdeutschlands. Wann begann diese gleichlaufende Entwicklung und worin war sie begründet?

12. Die unaufhaltsame Globalisierung

1950 beförderte man weltweit 25 Mio. Fluggäste. 1996 fertigte allein der Chicagoer O'Hare-Airport nahezu 70 Mio. Passagiere ab – Ergebnis einer über den ganzen Globus sich ausbreitenden Wirtschaftsverflechtung. Zu Beginn des 21. Jahrhunderts wurden 70% aller ökonomischen Transaktionen unter nur zehn Nationen getätigt, und das in unvorstellbarer Geschwindigkeit. Innerhalb von Sekunden werden per EDV Milliardenbeträge zwischen den Finanzzentren transferiert. Die Welt, so scheint es, ist zu einem Dorf geschrumpft.

1886	*Vorführung des ersten Automobils von seinem Erfinder und Konstrukteur Carl Benz in Mannheim (03.07.)*
1900	*Aufstieg des ersten Luftschiffs des Grafen Zeppelin, LZ 1 (02.07.)*
1903	*Erster Motorflug der Gebrüder Wright (07.12)*
1927	*Erste Atlantiküberquerung von Charles Lindbergh im Alleinflug (20./21.05)*
1945	*Abkommen über Errichtung der internationalen Bank für Wiederaufbau (IBRD) und Gründung des Internationalen Finanzierungsfonds (IMF) (27.12.)*
1947	*Unterzeichnung des GATT-Abkommens von 23 Staaten (23.10.)*
1948	*Annahme der Havanna-Charta von 54 Nationen als Grundsätze für den internationalen Handelsverkehr (24.03.)*
1960	*Zusammenschluss der Erdöl exportierenden Länder zur OPEC (14.09.)*
1962	*Wirtschaftskonferenz blockfreier und Entwicklungsländer in Kairo zur Durchsetzung ihrer Interessen gegenüber den wohlhabenden Nationen (09.–18.07)*
1974	*Welternährungskonferenz der UN-Sonderorganisation FAO mit der Forderung eines internationalen Nahrungsmittelsicherheitssystems (05.–16.11.)*
1976	*Zweiter Weltwirtschaftsgipfel mit erstmals sieben westlichen Industrienationen (27./28.06.)*
1986	*41. Jahrestagung der IMF und Weltbank: Forderung eines inflationsfreien Wirtschaftswachstums (30.09.–03.10.)*
1992	*UN-Umweltkonferenz, Abgabe der Erklärung von Rio für einen globalen Umweltschutz (03.–14.06.)*
1997	*Europäische Ministerkonferenz über globale Informationsnetze, Verabschiedung der Bonner Erklärung über die positiven Aspekte globaler Info-Netze (06.–08.07.)*

12.1 Globalisierung – ein Begriff und sein Bedeutungswandel

Der Begriff **„Globalisierung"** hatte bis zu Beginn der 1990er Jahre eine nur finanzwirtschaftliche Bedeutung. Er bezeichnete das weltweite Entstehen direkt kommunizierender Finanzmärkte. Seit den 70er Jahren hatten internationale Finanzmärkte neben den nationalen mehr und mehr an Bedeutung gewonnen. Der dort stattfindende Transfer in großen Dimensionen bedurfte einer Voraussetzung, nämlich des Höchstmaßes an schnellem und reibungslosem **Nachrichtenaustausch**.

Die **Internettechnologie** wurde dem gerecht. Doch ihr Nutzen blieb nicht auf das Finanzgeschäft beschränkt. An der Wende zum 21. Jahrhundert machte sich die Globalisierung in allen Lebensbereichen bemerkbar. Paradoxerweise ist dabei die schnelle weltumspannende Verbindung Ursache und Folge der Globalisierung zugleich.

Die Entwicklung der **Nachrichtenübermittlung** zwischen den Kontinenten begann mit dem Seekabel der transatlantischen Telefonleitung, setzte sich im Funkverkehr fort und vollzog einen Quantensprung zur Satellitentechnik.

Den Höhepunkt erreichte die weltweite Kommunikation mit der **Computertechnik**. 1973 initiierte das US-Verteidigungsministerium ein Forschungsprojekt für den Aufbau eines Computerverbundnetzes. Anfang der 80er Jahre wurde es allgemein zugänglich. Die direkte und in Sekunden sich vollziehende Kommunikation war an keinen festen Standort mehr gebunden.

Mit Beginn des 21. Jahrhunderts hatte die Globalisierung somit vielfältigere Bedeutungen angenommen. Wohl verstand man darunter weiterhin den transkontinentalen Kapitalverkehr. Hinzu kam aber noch all das, was sich mit der Lösung aus der nationalen Fixierung der Wirtschaftsstandorte ergab: die Suche nach günstigeren Produktionsbedingungen und das gleichzeitige Erschließen neuer Marktchancen.* Die Globalisierung wurde aber erst zu dem Problem heutigen Ausmaßes, als sich die moderne Weltwirtschaft vollends entwickelt hatte. Denn die zweite industrielle Revolution am Ende des 19. Jahrhunderts und die in ihr realisierbar gewordenen Erfindungen schufen für die Regionen, Staaten und Kontinente gänzlich neue Lebensbedingungen.

12.2 Voraussetzungen für das Entstehen der modernen Weltwirtschaft

Die 50 Jahre vor 1914 veränderten die Welt in ihren Kernzonen Europa und Nordamerika radikaler als die Jahrhunderte zuvor. Afrika, Südamerika und große Teile Asiens blieben bei ihrem archaischen Erwerbsleben, dem Ackerbau und der Viehzucht. Die moderne Weltzivilisation entstand als Ergebnis einer Wirtschaft, deren Träger Europa, die seit 1867 aufstrebenden USA und das zur Industrie- und Handelsnation mutierende Japan waren.

Gleichzeitig vollzog sich eine erstaunliche demographische Entwicklung. Im 19. Jahrhundert war die Weltbevölkerung von 900 Mio. auf 1,6 Mrd. Menschen gewachsen, am Ende des 20. Jahrhunderts überschritt sie die Marke von sechs Milliarden. In Europa hatte sie sich im 19. Jahrhundert verdoppelt, von 123 auf 267 Mio. Menschen, in den einzelnen Ländern Großbritannien, Deutschland und den USA sogar verfünffacht. Das lag auch an der expandierenden Großstadtentwicklung, wie das Beispiel New York zeigt. Dort stieg die Einwohnerzahl von einer Million um 1870 auf drei Millionen 1914; mit Außenbezirken waren es 5,5 Mio.

---

* Vgl. hierzu auch TELEKOLLEG MULTIMEDIAL Sozialkunde, S. 125ff.

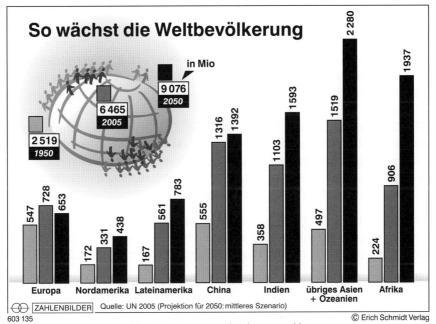

Abb. 12.1 Demographische Entwicklung

Amerika zog Wellen von Auswanderern aus dem alten Europa an. Die Wanderungen wiesen auf einen Bruch im Verhalten der Generationen hin. Es galt nicht mehr als Normalität, dass der Mensch dort, wo er geboren war und sein Leben verbracht hatte, auch starb. In die Sesshaften war Bewegung gekommen. Sie zogen der Arbeit nach in die Fabriken der überall entstehenden Industriezentren. Ein neues **Raum-Zeit-Gefühl** entstand, das die Wanderbereitschaft psychologisch unterstützte.

Zu Beginn des Eisenbahnzeitalters betrug die Entfernung, in der sich ein Mensch allgemein bewegte, zehn Kilometer, 1870 waren es 100 km, und 1920 kam ein Durchschnitt von 1.000 km heraus. In neuester Zeit ist der persönliche Aktionsradius in den Regionen der Erde sehr unterschiedlich. Für ein europäisches Land kommt man auf 10.000 km, wobei es auch hier gravierende Unterschiede gibt, zum Beispiel zwischen dem Manager eines Pharmakonzerns in der Schweiz und einem Schafhirten in den Ostbeskiden. Wie es zu einer solchen Entwicklung kam, verdeutlicht ein Blick in die Technikgeschichte moderner Fortbewegungsmittel.

Die Entwicklung des modernen Verkehrswesens

Die Lösung aus der Enge und einen bescheidenen Radius **persönlicher Mobilität** brachte das **Fahrrad**, das etwa ab 1890 mit Kettenantrieb, Kugellager und den mit Luft gefederten Dunlop-Reifen zum Fortbewegungsmittel für jedermann wurde.

Als das geschah, war die Revolution in der Ortsunabhängigkeit, die **Eisenbahn**, schon über ein halbes Jahrhundert alt. Deutschland baute sein Eisenbahnnetz zwischen 1870 und 1910 so weit aus, dass es das ganze Land überzog.

Die Bahn veränderte nachhaltig die wirtschaftlichen, politischen und gesellschaftlichen Strukturen ganzer Kontinente. Ein Beispiel dafür ist der Wandel **Sibiriens** von der Strafkolonie zum Wirtschafts- und Industrieland. Entscheidend dabei war der Bau der **Transsibirischen Eisenbahn** (1892–1905). Mit ihr begann dort der Wirtschaftsaufschwung. Zwischen 1896 und 1914 gab es vier Millionen Zuwanderer.

Ähnliches ereignete sich in Amerika. Die Union-Central-Pazifik-Bahn von Chicago nach San Francisco war 1869 fertig, die Süd-Pazifik-Bahn von Los Angeles nach New Orleans 1883; im gleichen Jahr wurde die Nord-Pazifik-Bahn eröffnet, die von Washington durch die Berge von Montana nach Minnesota führte.

Für ein effizientes Transportsystem waren unterschiedliche Waggonausführungen erforderlich. Zum Transport verderblicher Waren bedurfte es des **Kühlwagens**; 1875 wurde der erste in Dienst gestellt. Auf den oft langen Fahrten musste man den Passagieren auch Schlafgelegenheiten bieten. Der Pullman-Schlafwagen von 1864 mit wohnlicher Innenausstattung diente dazu, den Geschäftsreisenden ihren beruflichen Alltag erträglicher zu machen.

Das Schienenfahrzeug blieb nicht die einzige Errungenschaft der neuen Mobilität. Das Auto, das heute im Bewusstsein jedes zivilisierten Menschen im Nah- und Fernverkehr selbstverständlich ist, durchlief eine Anfangsphase, die mit der Fließbandproduktion der Ford-Werke 1909 abschloss.

Es war das gleiche Jahr, in dem auch die kommerzielle **Flugzeugproduktion** ihren Anfang nahm. War bereits 1900 das erste Luftschiff unterwegs, so fand der erste Motorflug der **Gebrüder Wright** nur drei Jahre später statt. In den folgenden vier Jahrzehnten gelangte die Luftfahrttechnologie – befördert durch die in den Weltkriegen entstandene waffentechnische Entwicklung – qualitativ und quantitativ zu ungeahnter Reife. Das erste Ganzmetall-Verkehrsflugzeug für vier Fluggäste, die Junkers F 13, erschien 1919. Im Mai 1927 überquerte Charles Lindbergh zum ersten Mal im Alleinflug den Atlantik und brauchte dafür rund 33 Stunden.

Zu Beginn der 50er Jahre verdrängten Maschinen mit Düsenantrieb das traditionelle Propellerflugzeug. Die Comet des amerikanischen Konstrukteurs de Havilland von 1953 war das erste Düsenverkehrsflugzeug der Welt. Mit der Boeing 747 begann 1970 die Ära der Großraumflugzeuge.

Sensationell und in ihren Folgen weitreichend blieb die Erfindung des **Fernsprechers**. Was der deutsche Physiker Phillip Reis 1864 einem kleinen Kreis von Wissenschaftlern vorstellte, reifte in Amerika bei Bell und Edison zum Telefon. Die 1885 gegründete American Telephone and Telegraph Company begann mit dem systematischen Aufbau von Fernsprechnetzen. Bis zu ihrer Entflechtung 1984 betrieb sie ein Jahrhundert lang den überwiegenden Teil des inneramerikanischen Telefonbetriebes, das größte Fernschreibnetz und den überseeischen Fernsprechverkehr. Der als „Bell Company" bekannte Konzern beschäftigte zuletzt über eine Million Menschen.

Durch Eisenbahn und Flugzeug ließen sich die Entfernungen zwischen Ländern und Kontinenten leichter überbrücken. Der interkontinentale Reise- und Güterverkehr und damit auch der Welthandel waren aber erst durch eine weltumspannende Schifffahrt möglich. Das in der zweiten Hälfte des 19. Jahrhunderts technisch ausgereifte Dampfschiff, das 1902 mit einer Kolbendampfmaschine den Höhepunkt seiner Entwicklung erreichte, wurde der Repräsentant des ozeanischen Verkehrs. Die großen Ladekapazitäten der Schiffe gewährleisteten Rentabilität. Allein von 1870 bis 1910 stieg die europäische Dampfschiffstonnage von 1,5 auf 20 Mio. Tonnen.

Namen, die mit der **Schifffahrt** verbunden bleiben, waren die **Cunard-Steam-Ship-Company**, deren Gründer Sir Samuel Cunard schon 1840 einen regelmäßigen Personen- und Frachtverkehr zwischen Europa und Nordamerika betrieb. Was Samuel Cunard für England, war Albert Ballin, seit

1899 Generaldirektor der **HAPAG**, für Deutschland. Sechs Wochen nach der Titanic-Katastrophe ließ er das größte Schiff der Welt vom Stapel laufen mit 1.180 Besatzungsmitgliedern für 4.500 Passagiere. Mit 194 Ozeandampfern (1,36 Mio. BRT) war die HAPAG vor 1914 die größte Reederei der Erde. Sie fuhr regelmäßig 400 Häfen an. Die großen unter ihnen wurden die Kreuzungspunkte der beginnenden Globalisierung.

Geistige Offenheit für eine neue Dimension der Wirtschaft

Die klassische Nationalökonomie beruhte auf den Ideen des **Wirtschaftsliberalismus**, wie sie im 18. und 19. Jahrhundert von **Adam Smith** (1723–1790) und **David Ricardo** (1772–1823) entwickelt wurden. Diesen Ideen zufolge war es für jede Wirtschaft das Gedeihlichste, wenn sie sich im „freien Spiel der Kräfte" entfalten konnte. Antriebskraft sollte der gesunde Egoismus sein, der jeden an der Wirtschaft Beteiligten dazu anhielt, nach so viel Gewinn wie möglich zu streben. Das funktioniert aber nur in Wirtschaftsordnungen mit unbeschränkter Konkurrenz, also frei von Monopolen, Konzernen und Kartellen. Nach Ricardo war ein lebhafter **Außenhandel** das geeignete Mittel, um den Wohlstand zu steigern. Darum lehnte er Zollschranken ab und plädierte für Freihandel.

Die Welt hatte im Laufe des 19. Jahrhunderts ihr Gesicht verändert: Alte Handelswege waren verkürzt worden, neue hinzugekommen (wie z.B. die großen Kanäle Suez- und Panamakanal) und die Kommunikationsmöglichkeiten hatten sich unerwartet vervielfacht. Dies waren ideale Bedingungen für das freie Spiel der Kräfte. Vor diesem Hintergrund hatte die klassische Nationalökonomie von Smith und Ricardo zwischen 1870 und 1930 an Aktualität gewonnen und wesentlich den Außenhandel der Staaten bestimmt.

Doch gab es auch immer schon Widerspruch gegen den Geist unbeschränkten Freihandels. Das Argument heutiger Globalisierungsgegner, ein freies Spiel der Kräfte ginge zu Lasten der Schwachen, war zum Beispiel ein Argument gegen die ruinöse „Politik der offenen Tür" seitens der imperialistischen Mächte in China um 1900. (Vgl. Lektion 11.1)

Die sich entfaltende globale Wirtschaft bedurfte neben des freihändlerischen Unternehmertums und der tief greifend gewandelten Kommunikationsmöglichkeiten vor allem des Kapitals und der Wege, um einen internationalen Handel aufzubauen. Als entscheidendes Element der Wirtschaftsordnung hatte sich im 19. Jahrhundert die **Goldwährung** durchgesetzt. Sie wurde erstmals 1816 in Großbritannien eingeführt. 1873 übernahm sie das Deutsche Reich, 1897 folgte Russland und 1900 die USA. Der Goldstandard bot das Fundament der weltumspannenden ökonomischen Ordnung. Er verbürgte durch längerfristige Wechselkurse **stabile Weltmarktpreise**.

All das trug seine Früchte: Zwischen 1880 und 1913 stiegen die In- und Exporte rund um den Globus von sieben Milliarden Dollar auf 40 Mrd. Zu diesem enorm gewachsenen Außenhandel hatten vor allem auch politische Faktoren beigetragen. Die USA, deren Hochindustrialisierungsphase begann, rückte in den Kreis der führenden Industriestaaten auf. In der Entstehungszeit des Deutschen Reiches zwischen 1867 und 1871 hatte die industrielle Revolution eine Intensität angenommen, die **Deutschland** zur führenden Industrienation auf dem Kontinent werden ließ. Besonders die Entwicklungen im rheinisch-westfälischen Industriegebiet Preußens, dem Hegemonialstaat des deutschen Zollvereins, waren hierfür verantwortlich. **Großbritannien** und **Frankreich** investierten überall in der Welt große Vermögen. Und mit **Japan** als Wirtschaftsmacht trat auch Ostasien in das rotierende Weltwirtschaftsgeschehen ein. (Vgl. Lektion 11.1)

12.3 Industrialisierung und Kommerzialisierung der Welt

Rohstoffquellen und Absatzmärkte

Im letzten Drittel des 19. Jahrhunderts war der Kolonien-Ausverkauf seinem Ende nahe gekommen. Es gab kaum noch weiße Flecken auf der Weltkarte, um deren Erwerb nach 1880 der Wettlauf der Großmächte noch einmal einsetzte. 1914 waren 90% Afrikas und große Teile Asiens im Besitz fremder Mächte. Mit den Kolonien und den Ländern des **British Commonwealth of Nations** war England die führende Kolonialmacht. Uneingeschränkt herrschte es über die Weltmeere und sicherte seinen Ozeanverkehr durch Stützpunkte, denen einerseits eine militärische, andererseits aber auch eine handelspolitische Bedeutung zukam: Singapur, die Falklandinseln, Aden und Hongkong.

Schwerpunkt des britischen Kolonialreiches war **Indien**. Das dort lange geltende Herrschaftssystem der aufeinander folgenden Faktoreien (Handelsniederlassungen) verschiedener europäischer Länder hatte zuletzt der Herrschaft Großbritanniens weichen müssen. Es beherrschte schon über 60% Indiens, als es sich 1858 den Subkontinent als Dominion einverleibte und die Schifffahrtsrouten im Indischen Ozean unter seine Kontrolle brachte.

Aus Englands Kronkolonie British Columbia entstand 1867 das Dominion **Kanada**. Der **Australische Bund** wurde 1901, **Neuseeland** 1907 Mitglied des Commonwealth. Die größten Reibungsflächen in der Konkurrenz um Besitz und Ausbeutung der Kolonien ergaben sich für England mit **Frankreich**, vor allem in Afrika.

Zwei weitere kleine europäische Länder erlangten durch überseeischen Besitz großen Reichtum: die **Niederlande** und **Belgien**. Holländische Handelsgesellschaften hatten die Kolonien in der Inselwelt des Indischen Ozeans schon im 17. Jahrhundert erworben. Um 1900 erweiterten die Niederländer sie zu ihrem großen ostindischen Kolonialbesitz.

Nicht allein Staaten, auch Privatpersonen erwarben Kolonien von größter Ausdehnung und unermesslichem Reichtum. 1877 nahm König Leopold II. von Belgien den Afrikaexperten Henry Morton Stanley in seine Dienste. Wie David Livingstone hatte auch er das Kongobecken erforscht. Der belgische König erwarb es, gründete darauf 1885 den Kongostaat, wurde dessen Herrscher und schenkte ihn 1908 seinem Land als **Belgisch-Kongo**.

In der zweiten Hälfte der 1880er Jahre begann der Wettlauf unter den Großmächten, den Restbestand der noch nicht zu Kolonien gewordenen Territorien unter sich aufzuteilen. Das **Deutsche Reich** konnte 1884/85 vereinzelte Länder in Afrika und ein paar Inseln im Pazifik als Kolonien erwerben.

Nur wenige der überseeischen Erwerbungen lohnten die darum geführten Kriege und die staatlichen und unternehmerischen Investitionen ihrer Mutterländer. Doch der Krieg Großbritanniens gegen die Buren (1899–1902) in Südafrika erwies sich mehr als des Einsatzes wert. Sein Dominion, die **Südafrikanische Union** (ab 1910), wurde zum Gold- und Diamantenreservoir des britischen Empire.

Ebenso war **Belgisch-Kongo** eine Quelle des Reichtums für das Königreich Belgien. Nach der ersten Phase der Kautschuk- und Elfenbeinlieferungen betrieb man dort den Abbau von Kupfer, Gold, Diamanten und anderen Bodenschätzen. Deutschland hingegen brachte sein Kolonialbesitz außer beträchtlichen Kosten und militärischem Engagement wenig ein.

Der Aufstieg der USA zur führenden Wirtschaftsmacht im 20. Jahrhundert

Die jüngere Geschichte der USA bietet ein Bild unaufhaltsamer Expansion. Der Eisenbahnbau hatte das Innere des Landes erschlossen, Bodenschätze waren entdeckt worden, und zwischen 1865 und 1900 kamen 15 Mio. europäische, zur Karriere in der Neuen Welt entschlossene Einwanderer in die Vereinigten Staaten. Die Politik des freien Spiels der Kräfte gab ihnen Entfaltungsmöglichkeiten. Amerikas Eisen- und Stahlindustrie erlebte einen mächtigen Aufschwung nicht zuletzt auch wegen des Eisenbahnbaus. Die industrielle Produktion überstieg 1887 die agrarische, und die Bevölkerung betrug inzwischen 76 Mio. Menschen. Der Aufschwung der Industrie begann, als mit Ablauf der europäischen Patente auf die Stahlproduktion die US-Fertigung anlaufen konnte. Die Zahl der dort Beschäftigten verfünffachte sich in der zweiten Hälfte des 19. Jahrhunderts.

Ein interessantes Beispiel dafür, wie um 1870 die Weichen gestellt wurden zu einer Entwicklung, die 100 Jahre später unter dem Schlagwort „Energiekrise" als zentrales Problem der globalisierten Wirtschaft in Erscheinung treten wird, war die **Gleichzeitigkeit** des Beginns von **Erdöl- und Autoproduktion** in den USA. Als Carl Benz 1885 in Deutschland das erste Auto baute, lag die Serienproduktion dieser Erfindung in den USA nicht mehr fern. 1907 begann mit dem **Ford-Modell T** eine Mobilisierung anderer Art und von einer viel weiter reichenden Bedeutung, als sie durch die an ihr Streckennetz gebundene Eisenbahn gegeben war.

Zur gleichen Zeit fanden die ersten Erdölbohrungen in den USA statt. (Vgl. Lektion 9.4) Die künftige ureigene Bestimmung des Erdöls, Treibstoff der globalen Motorisierung zu werden, mussten seine Produzenten noch finden.

Das mit Benzin betriebene Auto wurde zum Mittel der wachsenden Mobilität. Zum einen gewann man dadurch Freiheit und eine Vergrößerung des individuellen Aktionsradius, zum anderen aber geriet man auch in eine Fülle von Abhängigkeiten, von der die noch gegenwärtig spürbarste die vom Benzin blieb.

Ohne die Verbindung von Erdölförderung und Autoindustrie wäre diese Art der Mobilität nicht möglich gewesen. Die riesige Erdölproduktion der USA entstand im letzten Viertel des 19. Jahrhunderts. 1865, sechs Jahre nach den ersten Bohrungen, verlegte man eine Pipeline. Ein Jahr darauf rollten die ersten Tankwagen auf den Eisenbahnstrecken. Zu jener Zeit war Erdöl schon ein gefragter Exportartikel, bestimmt für Petroleumlampen und Schmierstoffe. Die USA führten allein im Jahr 1871 150 Mio. Barrel nach Europa, Asien und Südamerika aus.

Einige Persönlichkeiten zeichnen für den Aufstieg der amerikanischen Wirtschaft besonders verantwortlich. Die ungestüme Entwicklung des Erdölgeschäfts voraussehend, gründete **John D. Rockefeller** 1870 die Standard Oil Company of Ohio. Bis 1882 hatte er alle Ölraffinerien aufgekauft und den Standard Oil Trust gegründet. Das war die Firma, in deren Händen 95% der gesamten Erdölindustrie Amerikas lag. Rockefeller, Monopolist im Erdölgeschäft, war einer der Großen der US-Wirtschaft. Gleichrangig stand neben ihm **John P. Morgan**, der Bankier, dessen gigantisches Vermögen mit dem Eisenbahnbau verdient war. Sein Bankhaus finanzierte spezielle Unternehmenszusammenschlüsse, so die General Electric Company und die International Marine Co. Sein Nachfolger vermittelte die Staatskredite zur Finanzierung des Ersten Weltkrieges. Der Stahlindustrielle **Andrew Carnegie** beschäftigte in seinen Fabriken 400.000 Menschen und Tausende weiterer Arbeiter in Kohle- und Eisenerzgruben. Er unterhielt eine eigene Eisenbahn und Handelsflotte.

Was aber den USA einen besonderen Rang in der Startphase der Globalisierung verschaffte, war das vor allem qualitativ hohe Potential innovativer Erfindungen, für das vor allem der Name

Thomas Alva Edison (1847–1931) steht. Er hatte entscheidenden Anteil am Zusammenwachsen der Welt, das in seinem Zeitalter begann. Seine ebenso zahlreichen wie bahnbrechenden Erfindungen waren besonders dadurch erfolgreich, weil sie sich leicht in die Praxis umsetzen ließen und damit einen reellen Nutzeffekt für die Menschen hatten. Zu seinen wichtigsten Erfindungen zählen die Glühbirne, die Schreibmaschine, der Phonograph, der Kinematograph sowie der 35-mm-Film, dessen Maße bis heute internationale Norm blieben.

Der **Erste Weltkrieg** bescherte Amerika ein immenses Wirtschaftswachstum. Die Lieferungen an die europäischen Alliierten machten die USA zum Gläubigerland. Damit begannen 1919 die Jahre der Prosperität. Das vom Weltkrieg zerstörte Europa brauchte US-Kredite. Die internationale Finanzsituation förderte den amerikanischen Export und überhitzte die Situation am Geldmarkt. **1929** kam die **Krise** mit dem Verfall der Aktienwerte und einer weltweiten Arbeitslosigkeit. (Vgl. Lektion 2.4) Begründet war sie auch in der Funktionsunfähigkeit des multinationalen Handelssystems, dem mit dem Krieg der Goldstandard seiner Währungen verloren gegangen war.
Präsident Roosevelts 1933 verkündeter **New Deal** vollzog mit der Abwendung vom Weltmarkt eine Umkehr der US-Wirtschaftspolitik. Ähnlich verhielten sich Schweden und Hitler-Deutschland, wo die Wirtschaft unter dem Gebot der Abkopplung von den Außenmärkten und der Autarkie stand.

Im und nach dem **Zweiten Weltkrieg** spielten die USA die Rolle der wirtschaftlichen Führungsmacht. Den Sieg verdankten ihre Alliierten in West und Ost dem US-Engagement mit dem Leih- und Pachtgesetz. (Vgl. Lektion 7.1) Nach dem Krieg verbreiterten die Vereinigten Staaten ihre **Wirtschaftshilfen** und verhalfen den Europäern – inklusive dem besiegten Deutschland – zu wirtschaftlicher Gesundung und dazu, den Anschluss an die Weltwirtschaft wieder zu finden. Der Wille der führenden Industriestaaten, die globalisierte Finanz- und Handelspolitik zu harmonisieren, ließ 1976 die **G 7** entstehen, den **Weltwirtschaftsgipfel** der sieben einflussreichsten Industrieländer, der nach dem Ende der UdSSR zur **G 8** erweitert wurde. Gegenstand seiner Beratungen sind der Welthandel sowie die Währungs- und Entwicklungspolitik.

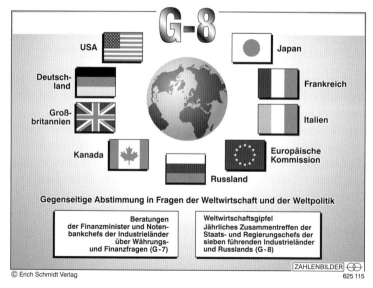

Abb. 12.2 G-8

Die 1947 gegründete Welthandelsorganisation **GATT**, später die **WTO** und der Internationale Währungsfonds IWF waren die Zentralinstanzen in der Regulierung des internationalen Finanzwesens. Ein bezeichnendes Beispiel für das Tätigwerden des Währungsfonds war die schwere Wirtschafts- und Finanzkrise der ASEAN-Länder 1996/97. Der IWF schnürte mit anderen Kreditgebern ein Rettungspaket von 17,2 Mrd. US-Dollar für Thailand, 40 Mrd. für Indonesien und 57 Mrd. für Korea.

12.4 Standortfragen und kulturelle Aspekte der Globalisierung

Weltweite Wirtschaftsmärkte

Die Erfordernisse des globalen Wirtschaftens brachten es mit sich, dass die Geldmärkte sich dort niederließen, wo der **Finanzplatz** die besten Bedingungen bot. Schon die streng dirigistische Wirtschaftspolitik des Merkantilismus im 17. Jahrhundert, wie sie der Finanzminister Ludwigs XIV. (Jean-Baptiste Colbert) vertrat, bevorzugte grenzüberschreitende Finanzgeschäfte – wenn diese vorteilhaft waren.

Die Kriterien der modernen globalisierten Finanzwelt bei der Standortbestimmung sind unterschiedlich: finanztechnisches Know-how, schnelle Kommunikationskanäle, Beschränkungsfreiheit für ausländische Banken (Off-shore Zentren) und großzügige Steuergesetze. In Europa gehören zu dieser Art von Bankplätzen Liechtenstein und die Schweiz. Die Zentren des globalen Finanzhandels müssen dabei nicht immer die Hauptstädte sein. In Kanada ist es Toronto, nicht Ottawa, in der Schweiz Zürich, nicht Bern und in Deutschland ist Frankfurt das Finanzzentrum, nicht Berlin. Auf das Börsengeschehen wirkt sich die Globalisierung vor allem darin aus, dass die computergestützte Kommunikation weltweite Transaktionen ermöglicht.

Auch die **Produktionsstandorte** folgten der Tendenz der Entgrenzung. Alte Standorte verloren an Bedeutung aufgrund moderner Kommunikation, die räumliche Nähe überflüssig machte. Es entstanden einerseits Global-Cities als Steuerungszentren der globalisierten Wirtschaft, andererseits aber auch kleinräumige Kooperationen in innovativen Regionen wie dem Silicon Valley oder dem Großraum München.

Vermehrt kam gegen Ende des 20. Jahrhunderts die Tendenz zur Bildung transnational operierender Unternehmen auf. Das Entstehen **multinationaler Konzerne** war Ergebnis von „Übernahmeschlachten", die nationale Branchenführer gegen die anderer Länder begannen. Zu Beginn der 90er Jahre beschäftigten 37.000 multinationale Unternehmen 73 Mio. Menschen. Die 100 größten kontrollierten ein Drittel der gesamten Auslandsinvestitionen.

Schon mit der ersten Industrialisierung entstand das Problem der Mobilität des Arbeitsplatzes. Der bis dato in der Landwirtschaft tätige Saisonarbeiter trat damals als Wanderarbeiter und als Migrant auf. Ihnen gemeinsam war, dass sie ihrem Arbeitsplatz hinterherliefen.

Die globalisierte Fabrikation kennt die **Produktionsverlagerung**. Der alteingesessene Standort in einem Land wird unter Zurücklassung der Beschäftigten aufgegeben, weil ein anderer weit günstigere Bedingungen bietet. Dabei spielen Löhne, Lohnnebenkosten, staatliche Investitionshilfen, günstigere Transporttarife und vor allem Steuervorteile – wenn nicht sogar eine Befreiung von Unternehmenssteuern – die wesentliche Rolle. In den verlassenen Regionen bleibt Arbeitslosigkeit zurück, und wo ein Großbetrieb sich verabschiedet hat, sogar regionale Massenarbeitslosigkeit mit all ihren Nebenwirkungen. In diesem Zusammenhang wurde oft der Vorwurf erhoben, Länder, deren Industrien dem Trend der Globalisierung der Arbeitsmärkte folgen, steigerten die inländische Arbeitslosigkeit, um Unternehmer- und Aktionärsgewinne zu maximieren.

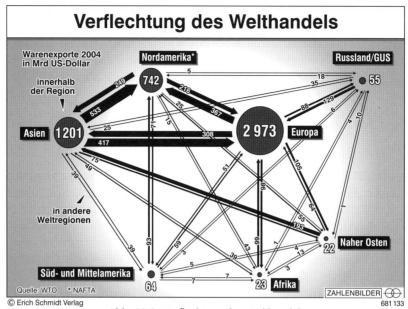
Abb. 12.3 Verflechtung des Welthandels

Verlierer der Globalisierung waren und sind die Länder der **Dritten Welt**. Für Afrika sah das wie folgt aus: Dürrekatastrophen, Epidemien, politisch instabile und oft despotisch regierte Staaten bilden den Rahmen. Ihre Wirtschaft blieb unterentwickelt, weil es wenig kultivierbares Land gibt; das Ausbleiben großer Erlöse aus eigenen Exporten zieht einen geringen Import von Grundnahrungsmitteln und Rohstoffen nach sich. Hieraus resultiert eine mangelhafte Arbeitssicherheit, die wiederum den Zufluss von Investitionskapital blockiert.

Die so genannten **Schwellenländer** hingegen nutzten die Chance, sich nach einer ersten gelungenen wirtschaftlichen Entwicklung den wohlhabenden Industriestaaten anzunähern. Es gibt rund 40 Länder dieser Kategorie, darunter die EG-Länder Portugal und Griechenland, zahlreiche arabische Öl exportierende Staaten sowie Israel, Südkorea und Taiwan. Dass sie Anschluss an die Weltwirtschaft fanden, war möglich durch niedrige Löhne bei geringen Lebenshaltungskosten.

Die Ausbreitung der Kulturen

Die Beeinflussung von Kulturen untereinander ist nicht erst eine Erscheinung im Zeitalter der Globalisierung. Ein historisches Beispiel dafür stellt die **französische Kultur** und Lebensart dar mit ihrer Wirkung auf das höfische Leben im Europa des 18. Jahrhunderts.

Schon in den 20er und 30er Jahren des 20. Jahrhunderts gab es eine Amerikanisierung Europas, besonders durch das neue Unterhaltungsmedium Film. Nach dem Zweiten Weltkrieg beeinflusste die US-Besatzung das tägliche Leben in Westdeutschland.

Auch der grenzüberschreitende Tourismus brachte in den 50er und 60er Jahren die Völker Europas einander näher. Der Ferntourismus, besonders in die Länder Südostasiens, nahm nach den 70er Jahren stetig zu. 1991 verzeichnete die Welttourismusorganisation 450 Mio. internationale Ankünfte. Ein Drittel davon fiel auf Europa. Lag die Zahl der Auslandsreisen von Deutschen 1969 bei 39,7%, so betrug sie 1985 63,5%.

Die hohen Erwartungen hinsichtlich des Kennenlernens fremder **Kulturen** und das Ziel der Völkerverständigung bei dieser Art des Reisens bleiben jedoch weitgehend unerfüllt. Kultur, Lebenswelt und materielle Verhältnisse eines Angehörigen des Ashanti-Volkes in Ghana oder die eines nepalesischen Bauern unterscheiden sich doch wesentlich von denen eines deutschen Büroangestellten.

Der **Ferntourismus** blieb nicht ohne erhebliche Schattenseiten. Mit einer weiteren Steigerung von Umfang und Intensität des damit verbundenen Flugverkehrs werden die dadurch verursachten ökologischen Schäden nicht ausbleiben.

Auch hinsichtlich gesundheitlicher Gefährdungen bestehen Vorbehalte. Die Verbreitung von Epidemien ist durch den unkontrollierten Verkehr zwischen allen Erdregionen erleichtert. Wirksame Gegenmaßnahmen sind noch nicht in Sicht. Als 1948 die **WHO*** gegründet wurde, waren viele tödliche Krankheiten überhaupt noch nicht bekannt. In der kleiner gewordenen Welt von heute verbreiten sich Infektionskrankheiten wie Aids oder die Vogelgrippe äußerst rasant.

Auf einen Blick

- Der Begriff der **Globalisierung** hat sich während des **20. Jahrhunderts** von seiner rein **finanzpolitischen Bedeutung** hin zu einem **weltumspannenden Austausch** von **Ideen**, **Informationen** und **Vermögenswerten** gewandelt.

- Die **Expansion** der **Nachrichtenübermittlung** spielt eine wichtige Rolle für die **moderne Kommunikation**. Ihre **wesentlichen Schritte** waren: **Telegraph – Seekabel – Funkverkehr – Telefon – computergestützte Kommunikation**.

- Der **Liberalismus** bildet die **geistige Grundlage** der **Weltwirtschaft** mit der **Stabilität** der **Währung** als ihr **Fundament**. Unterschiedliche **Produktionsbedingungen** führen zur Herausbildung von **unterschiedlichen Wirtschaftsstandorten**.

- Im **Zeitalter des Imperialismus** findet eine **ausbeuterische Besitzergreifung** jener Gebiete in **Afrika** und **Asien** statt, die noch keine **Kolonien** sind. Wichtige **Kolonialmächte** sind **England** und **Frankreich**.

- Die **fortschreitende Mobilität** führt zur **Ausweitung** des **individuellen Aktionsradius'**, zum **zunehmenden Tourismus** und neuen **gesundheitlichen Gefährdungslagen**.

- Im Zuge der **beiden Weltkriege** steigt die **USA** durch **Industrialisierung** und **Kommerzialisierung** zur **führenden Wirtschaftsmacht** auf.

---

* WHO = *W*orld *H*ealth *O*rganization

Aufgaben zur Lernkontrolle

Die moderne Gesellschaft begann sich nach der Französischen Revolution mehr und mehr auszuprägen. Dass sie den Keim zu weltweiter Gleichheit in sich trug, erkannte erstmals Alexis de Tocqueville. In seinem 1835 erschienenen Buch „Über die Demokratie in Amerika" – geschrieben nach den Erfahrungen eines in den USA verbrachten Jahres – legte er seine Vision der künftigen Weltgesellschaft nieder.

„Geht man die Blätter unserer Geschichte durch, so trifft man sozusagen auf kein einziges Ereignis, das sich (...) nicht zum Vorteil der Gleichheit ausgewirkt hätte (...) Die Erfindung der Feuerwaffen macht Gemeine und Adelige auf dem Schlachtfeld gleich; der Buchdruck bietet ihrem Geist die gleichen Hilfsmittel; die Post trägt die Aufklärung zur Hütte des Armen wie an das Tor der Paläste; der Protestantismus lehrt, dass alle Menschen in gleicher Weise imstande sind, den Weg zum Himmel zu finden. Das sich entdeckende Amerika öffnet dem Glück tausend neue Wege und bietet dem unbekannten Abenteuer Reichtum und Macht. (...)
Ich habe für die demokratischen Einrichtungen eine verstandesmäßige Neigung (...), aber ich mißtraue der Masse.

In dem Maße, in dem die Bürger sich einander angleichen und ähnlicher werden, verringert sich bei jedem die Neigung, einem bestimmten Menschen oder einer bestimmten Klasse blindlings Glauben zu schenken. Die Geneigtheit zum Glauben an die Masse nimmt zu und mehr und mehr ist es die öffentliche Meinung, die die Welt regiert. (...)
Wenn der Mensch (...) in (...) demokratischen Ländern (...) sich als Einzelner mit allen in seiner Umgebung vergleicht, empfindet er voller Stolz, dass er jedem von ihnen gleich ist; sobald er sich aber die Gesamtheit seiner Mitmenschen vor Augen stellt, und sich selbst neben dieser großen Gemeinschaft sieht, ist er auch schon von der eigenen Bedeutungslosigkeit und Schwäche überwältigt. (...)
Man frage nicht, welchen besonderen Reiz die Menschen demokratischer Zeitalter darin sehen, als Gleiche miteinander zu leben, noch welche besonderen Gründe sie haben können, sich so hartnäckig an die Gleichheit zu klammern, mehr als die anderen Güter, die die Gesellschaft ihnen bietet: die Gleichheit bildet das Wesensmerkmal der Epoche, in der sie leben; das allein erklärt zur Genüge, daß sie sie allem vorziehen.
Unabhängig von diesem Grund gibt es aber noch verschiedene andere. (...)
In demokratischen Zeitaltern bewirkt die gesteigerte Beweglichkeit der Menschen und die Ungeduld ihrer Wünsche, daß sie unaufhörlich ihren Standort wechseln und daß die Bewohner der verschiedenen Länder sich vermischen, sich sehen, sich anhören und nachahmen. Nicht nur die Angehörigen eines gleichen Volkes werden sich ähnlich; die Völker selber gleichen sich wechselförmig an und alle zusammen bilden für das Auge des Betrachters nur mehr eine umfassende Demokratie, in der jeder Bürger ein Volk ist. Das rückt zum ersten Male die Gestalt des Menschengeschlechts ins helle Licht. (...)
Auf die Dauer aber erscheint der Anblick dieser so betriebsamen Gesellschaft einförmig, und nachdem der Betrachter einige Zeitlang dieses so bewegte Bild angeschaut hat, langweilt er sich. In den aristokratischen Völkern verharrt jeder einigermaßen fest innerhalb seines Bereiches; die Menschen aber sind untereinander außerordentlich unähnlich: sie haben von Grund auf verschiedene Leidenschaften, Ideen, Gewohnheiten und Neigungen. Nichts rührt sich da, alles ist da ungleich. In den Demokratien hingegen gleichen sich die Menschen alle und sie tun ungefähr dasselbe. (...)
Als nun die Reichen Uhren besaßen, waren diese fast alle ausgezeichnet. Jetzt stellt man nur noch mittelmäßige her, aber alle besitzen welche. So drängt die Demokratie den menschlichen Geist nicht nur zu den nützlichen Künsten hin, sie veranlaßt die Handwerker, sehr rasch viele unvollkommene Dinge herzustellen, und den Verbraucher, sich mit diesen Dingen zu begnügen (...) Da man nicht mehr auf das Große zielen kann, sucht man das Gefällige und Hübsche; man geht eher auf den Schein als auf das Echte aus. Und auf das „Sensationelle", um die Gemüter zu beleben.
Ich erblicke eine Menge einander ähnlicher und gleichgestellter Menschen, die sich rastlos im Kreise drehen, um sich kleine und gewöhnliche Vergnügungen zu verschaffen, die ihr Gemüt ausfüllen. Jeder steht in seiner Vereinzelung dem Schicksal aller fremd gegenüber (...) Über diesen erhebt sich eine gewaltige, bevormundende Macht, die allein dafür sorgt, die Genüsse zu sichern und das Schicksal zu überwachen. Sie ist unumschränkt, ins einzelne gehend, regelmäßig, vorsorglich und mild ... Auf diese Weise macht sie den Gebrauch des freien Willens mit jedem Tag wertloser und seltener (...).

1. Welche Charakteristika der Moderne sah Tocqueville voraus?
2. Suchen Sie Beispiele, die das belegen und ergänzen Sie das aus heutiger Sicht.

13. Der geschundene Planet im 20. Jahrhundert

Zwei Beispiele des Auseinanderdriftens von Mensch und Natur: Das Leben an Flüssen ist zur Plage geworden. Wie in den vergangenen Jahren verwandelten sich auch im Frühjahr 2006 Flussläufe in riesige Seenplatten. Die TV-Nachrichten brachten Bilder überfluteter Dörfer und Städte. Wer noch mehr über die aus den Fugen geratene Natur sehen wollte, konnte das in einem Film tun, der ein Millionenpublikum fand: „We Feed the World", eine Dokumentation über die moderne Produktion von Lebensmitteln und des sträflichen Umgangs damit.

1963	*Erstflug einer Transall-Maschine (25.02.)*
1969	*Erstflug des Überschallflugzeugs Concorde (02.03.)*
1971	*Gründung von Greenpeace (15.09.)*
1975	*Erste Großdemonstration in Whyl gegen den Bau eines Atomkraftwerkes (20.02.)*
1977	*Zugunfall mit Brennelementen in Apach (04.02.)*
1979	*Schwerer Reaktorunfall in Harrisburg, Pennsylvania (28.03.)*
1980	*Gründung der Bundespartei Die Grünen (13.01.)*
1985	*Erstmalige Auslösung eines Smogalarms der Stufe III im Ruhrgebiet (18.01.); Versenkung eines Greenpeace-Schiffes durch den französischen Geheimdienst im Hafen von Auckland, Neuseeland (10.07.); Übernahme der Verantwortung für den Anschlag durch die französische Regierung (20.09.)*
1986	*Polizeieinsatz gegen Großdemonstration auf der Baustelle der Wiederaufbereitungsanlage Wackersdorf (31.03.); Reaktorkatastrophe von Tschernobyl (26.04.) Einrichtung des Bundesministeriums für Umwelt, Naturschutz und Reaktorsicherheit (06.06.)*
1987	*Wahlen zum 11. Deutschen Bundestag, großer Stimmenzuwachs für die Grünen (25.01.)*
1990	*Ende des radioaktiven Uran-Abbaus in der ehemaligen DDR (31.12.)*
1992	*UN-Konferenz über Umwelt und Entwicklung, Verabschiedung der Erklärung von Rio (03.–14.06.)*
1995	*Berliner Konferenz der Vertragsstaaten der Erklärung von Rio (28.03.–07.04.)*
1997	*UN-Weltklimakonferenz in Kyoto (01.–11.12.)*
1999	*Lawinenunglück im Jamtal (28.12.)*
2002	*Untergang des Tankers Prestige (19.11.)*
2004	*Tödlicher Unfall des Umweltaktivisten Sebastien Briat (07.11.)*

13.1 Schöne neue Welt – Illusion und Wirklichkeit

In dem 1932 erschienenen satirischen Roman von Aldous Huxley *Brave New World* („Schöne neue Welt") entfaltete der Autor die Anti-Utopie einer perfekten, dem unaufhaltsamen Fortschritt zu dankenden Welt. In dem späteren Werk *Brave New World Revisited* („Wiedersehen mit der schönen neuen Welt") stellte der Autor mit Erstaunen fest, wie schnell seine „schöne neue Welt" errichtet sein wird. Erstaunt waren auch die Fortschrittsoptimisten, als sie 1962 in Rachel Carlsons Sachbuch *Silent Spring* („Der stille Frühling") lasen, dass die Vögel verstummen, die Bäche nicht mehr rauschen und die Wälder sterben. Bald mehrten sich die Stimmen derer, die erkannten, dass die Menschheit sich auf Irrwegen befand. Den Rückweg zu finden, wird künftigen Generationen aufgeladen.

Seit Urzeiten versucht der Mensch, vom blinden Naturgeschehen frei zu werden und sich die Natur dienstbar zu machen. Dahinter steht der Wunsch, die Ernährungssicherung planmäßig zu gestalten. Eingriffe in die natürlichen Abläufe gab es dabei schon in der **Antike**. Ein Beispiel dafür bot Rom mit dem Abholzen großer Waldgebiete für den Schiffsbau und die Bewaffnung seiner Legionen. Zwischen dem 11. und 16. Jahrhundert wurde der Schwarzwald abgeholzt, um das Brennholz zur Verhüttung von Edelmetallen und Eisenerzen zu gewinnen. Ähnlich verhielt es sich im Gebiet der heutigen Lüneburger Heide, wo früher ein großer Eichen- und Birkenwald existierte. Um bei der Salzgewinnung die Sole einzudampfen, benötigte man Holz in großen Mengen. Durch das Ablaugen der Sole senkte sich in der Stadt Lüneburg der Untergrund so stark, dass 1860 die St. Lambertikirche abgebrochen werden musste.

Die naive Haltung des Menschen der Natur gegenüber veränderte sich in der zivilisierten Welt. Mit dem Fortschritt von Naturwissenschaft, Technik und Industrie entstand ein Bewusstsein für die **Umweltproblematik**, die dem Menschen weitgehend noch fremd gewesen war. Technische Errungenschaften wollten den Fortschritt fördern, ungeachtet naturhafter Gegebenheiten, die stärker sind.

Der Mensch griff **regulierend** in **Flussläufe** ein. Er veränderte die Fließgeschwindigkeit durch Begradigung und Befestigungen der Ufer, baggerte den Grund aus und baute Staustufen ein. Diese Veränderungen hatten schwerwiegende Folgen. In jüngster Zeit wurden zum Beispiel die Bewohner der Städte und Ortschaften an der Elbe und ihren Nebenflüssen Opfer von Hochwasserkatastrophen. Um Dresden, Dessau und Hitzacker bildeten sich Seenlandschaften. Und die sonst ruhig dahin fließenden Nebenflüsse Saale und Schwarze Elster wurden zu gewaltigen Wildwassern.

Genauso schwer wiegt die **Verunreinigung** der Flüsse. Die im Mündungsgebiet der Elbe festgestellten Schadstoffbelastungen – Schwer- und Buntmetalle, Chlorkohlenwasserstoffe, Phosphate und Nitrate – übertrafen noch weit die von Rhein und Werra.

Hinter der industriellen Ausbeutung der Natur stand der Druck durch das **Bevölkerungswachstum** und der Rückgang der Bodenerträge. Dies war eine Entwicklung, auf die der englische Nationalökonom **Thomas Malthus** (1766–1834) schon vor der Industrialisierung aufmerksam gemacht hatte. Nach dem Malthusschen Gesetz steigt die natürliche Bevölkerungszunahme exponentiell, die produzierte Nahrungsmittelmenge aber nur linear.

Zwischen 1800 und 1920 hatte sich Europas Bevölkerung von 150 Mio. auf 300 Mio. Menschen verdoppelt. Der Lebensraum konnte nur geringfügig erweitert werden. Der Kampf ums tägliche Brot ließ sich durch Rationalisierung sowie durch Einsatz technischer Geräte bei der Bodenbearbeitung und künstlicher Düngung mit chemischen Substanzen erfolgreich führen.

Schon nach der **Ersten Industriellen Revolution** – in Großbritannien etwa seit 1820, in Deutschland seit 1850 – traten **Umweltschäden** auf. Technisierung und Rationalisierung blieben nicht ohne Folgen für die organische Umwelt, die auf ihren puren Warenwert reduziert wurde.

Lebensraumfragen bekamen nicht nur machtpolitische Bedeutung. Es gab abenteuerliche Projekte auch friedlicher Natur, wie das der Landerweiterung in der Frühphase der Sowjetunion. Aus den Riesenflüssen, die man statt ins Eismeer nach Süden lenken wollte, sollte das „Sibirische Meer" von 250.000 km² Ausdehnung entstehen. Dabei hätte man riesige Energiemengen erzeugen und durch Bewässerung der zentralasiatischen Ebenen 100 Mio. Hektar Agrarland gewinnen können. Dieses Vorhaben unterblieb. Nach 1945, besonders aber nach 1971 wurden die Schätze Sibiriens extensiv gehoben. Die Ausbeutung der unerschöpflichen Lager fossiler Energieträger verursachte gewaltige Umweltschäden.

13.2 Das Jahrhundert der Umweltzerstörung

Nukleare Umweltzerstörung

Bald machte man Erfahrungen, die das strahlende Bild der alles ermöglichenden Wissenschaft und Technik verdüsterten. Erschütternde Beispiele dafür waren die Reaktorunfälle der jüngeren Zeit. Eine Vorahnung von künftigen Reaktorkatastrophen gab der Unfall im Kernkraftwerk **Harrisburg** (USA) am 28. März 1979; noch tief im Bewusstsein gegenwärtig ist der Unfall von **Tschernobyl** vom 26. April 1986, der folgenschwerste in der Geschichte. In der Region Tschernobyl und in Teilen Weißrusslands wurden Gebiete von 25.000 km² durch radioaktiven Fallout langfristig kontaminiert. Die Nahzone des Kraftwerks im Radius von fünf Kilometern bleibt unbewohnbar. Durch atmosphärische Ausbreitung wurde auch das angrenzende Europa stark radioaktiv belastet. In Deutschland traf die Kontaminierung die Pilze des Bayerischen Waldes genauso wie den Sandkasten auf dem Spielplatz in Köln.

Die ionisierende Strahlung, von **Conrad Röntgen** 1895 als X-Strahlen entdeckt und 100 Jahre hindurch in der Medizin dem Wohl der Menschheit dienend, zeigte 1945 (Hiroshima) und 1986 (Tschernobyl) ihr anderes Gesicht, das Menetekel der Zerstörung allen Lebens.

Die Umweltschädiger zu Land und in der Luft

Der **Siegeszug des Autos** war zugleich ein Vormarsch der Umweltschädigung. Das Kraftfahrzeug wurde nach 1948 ein Symbol des Aufstiegs. Der VW-Käfer war mit 21 Mio. verkauften Fahrzeugen das am meisten verbreitete Auto. Das Automobil wurde zum wichtigsten Transportmittel des Personen-, Last- und Lieferverkehrs. Als Verursacher von Stickoxyden, die bei der Erzeugung des „sauren Regens" die wesentliche Rolle spielen, ist der Autoverkehr für das Waldsterben ebenso verantwortlich wie für den Verfall von Baudenkmälern. Zu den Sekundärschäden des Autoverkehrs gehören unter anderem die Versiegelung des natürlichen Bodens mit dem Asphalt und Beton der Straßen und Autobahnen sowie die Berge von Schrott, deren Problematik sich beispielsweise bei der Entsorgung des Altöls zeigt.

In Konkurrenz zur Ausbreitung des Autoverkehrs, expandierte besonders in den 80er und 90er Jahren die Beförderung in der Luft, angeheizt sowohl durch den **Ferntourismus** als auch durch den **Luftnahverkehr** für Geschäftsreisende. Aufgrund des Zwangs zur maximalen Auslastung des teuren Betriebs der Flugverkehrsgesellschaften kam der Billigtarif auf. Die Stärke ihrer Flotten geben eine Vorstellung von den Mengen an Kerosin, das täglich in der Erdatmosphäre verbrannt wird.

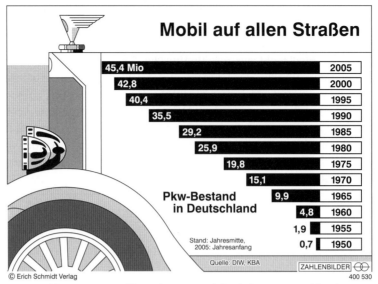

Abb. 13.1 Entwicklung des Automobilverkehrs in Deutschland

1989 flogen für die American Airlines 470 Maschinen mit 71.400 Beschäftigten. Für die Delta Airlines in Atlanta arbeiteten 55.000 Menschen und 362 Maschinen flogen in ihrem Dienst. Die Air France unterhielt 110 Flugzeuge, 22.800 Mitarbeiter besorgten den Betrieb. 150 Flieger hielt die Lufthansa bereit bei einem Personal von 44.500 Angestellten.
Mit der Einführung von **Großraumflugzeugen** hatte sich 1970 der Flugverkehr ausgedehnt. In einem Jumbo-Jet Boeing 747 oder Airbus A 300 B fanden über 300 Personen Platz. Auch die ohnehin schon großen Luftwaffen vergrößerten sich noch mehr. Mit der Transall, die 16 Tonnen fasste, begann Anfang der 60er Jahre auch in der militärischen Luftfahrt eine Expansion, die sich immer mehr steigerte.
Nimmt man diese Bilanz der Inanspruchnahme des Luftraumes durch den Flugverkehr in die Rechnung der ökologischen Gesamtbelastung auf und vergleicht sie mit Zahlen aus der Anfangszeit von 1926, dem Gründungsjahr der Lufthansa, erscheinen die ökologischen Sorgen gerechtfertigt.

Mit der Herstellung von **Lebensmitteln**, die Qualität durch Quantität ersetzten, endete die überlieferte Stellung des Bauern als Versorger, und es begann die Lebensmittelproduktion in den Hallen der Massentierhaltung und der künstlich klimatisierten Gemüsezuchtanstalten. Die Abnehmer in Gestalt der Groß- und Supermärkte diktierten dabei den Preis.

In der Landwirtschaft hatte nach dem Ersten Weltkrieg ein gewaltiger Technisierungsschub eingesetzt. In den USA senkte der Traktor die zum Pflügen benötigte Zeit für einen Hektar von 30 auf sechs Stunden. Das Ergebnis war der Gewinn von 16 Mio. Hektar Neuland, was die Gesamtanbaufläche Deutschlands zu jener Zeit um 50% übertraf. Dass sich die landwirtschaftliche Erzeugung nach 1950 erhöhte, lag in den **Ländern der EG** auch an wirtschaftspolitischen Entscheidungen. Mit Rücksicht auf die Landwirtschaftslobby gab es großzügige Subventionen. Dies förderte eine Wegwerfmentalität: Der Überschuss an Milch zum Beispiel ging auf direktem Weg in die Gullys oder kam zum „Butterberg" in die Kühlhäuser, wo schon der Überschuss an Eiern aus den Geflügelgroßproduktionen lagerte. Schlimm ist dabei zum Beispiel die Vorstellung, dass in Wien zwei Millionen Kilo Brot jährlich auf den Müllhalden landen.

Die Massentierhaltung brachte zudem panikartige Reaktionen mit sich, die bei Seuchenfällen zum Keulen Tausender Tiere führte, wie dies zum Beispiel bei der Maul- und Klauenseuche, der Schweinepest oder der Vogelgrippe der Fall war.

Schleichende Schädigungen: Klimawandel und sterbender Wald

Der Sachstandsbericht des **Intergovernmental Panel on Climate** prognostizierte für Europa merkliche Verschiebungen seiner kalten und heißen, feuchten und trockenen Regionen. Bei gleich bleibender Steigerung des Energieverbrauchs würde sich der CO_2-Gehalt der Atmosphäre bis zum Jahr 2030 verdoppeln. Daraus errechnet sich eine durchschnittliche Erwärmung von 1,5 bis 3 Grad Celsius. Der bisherige ökoschädigende Verlauf bietet folgende Auspizien für Europa: Eine feuchtere Nordzone mit verregneten Wintern und Überschwemmungen steht einer Südzone gegenüber, die in den Bodenlagen immer trockener wird. Dass es 2020 in der Loire noch Lachse gibt und in der Ägäis Touristen, bezweifeln die Forscher. Mitteleuropäische Ackerbauflächen versteppen und die Sommer auf den griechischen Inseln werden unerträglich heiß. Das wäre Ergebnis eines in den letzten 100 Jahren weltweit vollzogenen Prozesses mit dem Waldsterben als Folge des immensen Kohlenstoffdioxyd- und Schwefeldioxydausstoßes. Im Jahr 1983 waren in Deutschland 34% des Waldes durch den sauren Regen geschädigt.

Die Klimaveränderung ist aber auch dem Raubbau an den **tropischen Regenwäldern** am Amazonas, im Kongobecken und in der indomalayischen Inselwelt zuzuschreiben. Mindestens 50% aller auf der Erde vorkommenden Pflanzen und Tiere leben in diesen Ökosystemen. Es ist daher von globaler Bedeutung, den Regenwald als Regulativ des klimatischen Gleichgewichts zu bewahren.

Noch 1990 waren sieben Millionen Quadratkilometer der Erdoberfläche von tropischem Regenwald bedeckt. Die gleiche Waldfläche wurde in den drei vorangegangenen Jahrzehnten vernichtet. Etwa 20% der von Menschen verursachten klimatischen Veränderungen gehen zu Lasten der Kohlendioxydemissionen. Zu den weiteren, den Regenwald zerstörenden Ursachen gehören die großen Kahlschläge, die schnell zur Bodenerosion mit all ihren Folgen führen. Auch die Überbevölkerung spielt eine Rolle, insofern als die Waldareale als Industriestandorte Arbeitsplätze schaffen und als Weideland für Rinderherden zur Nahrungssicherung beitragen. Auch zunehmender Brennholzbedarf verschuldete die Abholzung. Moderne Technologie, verstärkte Nachfrage der Industrieländer nach Edelhölzern und technische Großprojekte beschleunigten diese Entwicklung.

Was den Regenwäldern in Südamerika im Großen geschieht, widerfährt denen der heimischen Regionen in einer entsprechenden Weise. An den Wäldern der **Alpenländer** wird eine spezifische Art zerstörerischen Verhaltens sichtbar. In der ersten Hälfte des 20. Jahrhunderts war die Welt hier noch in Ordnung. Es gab Fremdenverkehr, der sich in den Tälern abspielte, kaum Industrie und eine gemäßigte landwirtschaftliche Nutzung. Von den 50er Jahren an griff eine Massenbewegung um sich, die – angeheizt durch Geschäftsinteressen – beim Sportartikelhersteller begann und beim alpinen Warmbad nicht zu Ende war. Durch die extreme Ausweitung von Skigebieten mit Hotels, Lifts und Seilbahnen, Wochenend- und Ferienwohnanlagen, Vergnügungslokalen, Großparkplätzen und Straßen fiel das Gebiet oberhalb der Baumgrenze der Umweltzerstörung zum Opfer. Um Schneesicherheit zu garantieren, zog das Geschäft mit dem Wintersport immer mehr in die Höhe und die Autokarawanen in einem unablässigen Strom hinterher.

Innerhalb weniger Jahrzehnte forderte das Freizeitvergnügen seinen Preis. Die Zerstörung des **Bergwaldes** hatte die Häufung von Lawinen und Murenabgängen im europäischen Alpenraum zur Folge. Die **Lawinenunglücke** nehmen auch in ihren Ausmaßen zu, wie es das vom 28. Dezember 1999 im Jamtal mit über 150 Toten bewies. Der Wald ist jedoch nicht nur in alpinen Regionen gefährdet. Auch die industriell betriebene Forstwirtschaft im Flachland mit dem Einsatz von schwerem technischem Gerät zerstört das Ökosystem des Waldbodens.

Nicht erst in neuester Zeit erwies sich der Mensch als Feind der Natur. **Profitdenken** und **Gewinnmaximierung** hatten ihn dazu werden lassen. Modetrends in Europa und Amerika haben dazu geführt, dass ganze Tierpopulationen verschwanden. Ein Beispiel aus der früheren Geschichte ist die Elefantenjagd, die dem Elfenbein galt. In den 60er und 70er Jahren kamen Mützen und Winterstiefel aus weichem Seehundsfell in Mode. Das löste saisonale Jagden nach Babyrobben aus. Ein Musterbeispiel der Ausrottung um industrieller Verwertung willen war der Walfang. Der Wert von Walfisch-Öl (Tran) steigerte ständig die Produktion, zwischen 1925 und 1930 zum Beispiel um das 60fache. Trotz der Gründung einer **Internationalen Walfangkommission** im Jahre 1946 zum Schutz von Restpopulationen gingen die Walbestände weiterhin zurück.

Verantwortung und Versagen

Die Geschichte des 20. Jahrhunderts ist eine Kriminalgeschichte, in der fahrlässige Tötung und Umweltverbrechen die Hauptanklagepunkte sind: leichtfertig begonnene Kriege, „verbrannte Erde", der Betrieb von Kernkraftwerken, Ölpest verursachende Schiffshavarien.

Das 20. Jahrhundert war das **Jahrhundert der Kriege**, die unter Ausnutzung aller technischen Errungenschaften geführt wurden. Auch nach den verheerenden Weltkriegen dauern sie seit 1945 fort. So sind der Nahe und der Mittlere Osten seit 60 Jahren permanent Kampfplatz geblieben. Der extrem hohe Einsatz von Waffen, die alles Organische zerstören und das von Menschenhand Geschaffene pulverisieren können, war die unmittelbar auftretende Wirkung militärischer Forschung. Dazu kam die Kontamination der Natur mit den Schadstoffen der vernichtenden Waffensysteme, nicht nur der atomaren. Ein Beispiel aus jüngerer Zeit für eine weiter wirkende Umweltzerstörung liefert der Golfkrieg im Januar 1991. Als bei der Operation „Wüstensturm" der Irak eine Landung von US-Truppen an Kuwaits Küste fürchtete, setzte er die kuwaitischen Ölfelder in Brand – eine Umweltkatastrophe höchsten Ausmaßes.

Das Geschäft mit dem **Erdöl** enthält als Nebenerwerbszweig den Transport über die Meere. Als wegen sinkender Erdölpreise zwischen 1985 und 1991 große Tanker gebaut wurden, musste das bei sinkenden Preisen zu einem Überangebot an Frachtraum führen. Das wirkte sich auf die Qualität der Schiffe und auf die angeheuerten Mannschaften aus. Die Sicherheitsstandards wurden missachtet und die mit 300.000 m³ Rohöl und mehr beladenen Großtanker fuhren unter „Billigflaggen". Die Reedereien konnten vor allem aufgrund von Personal- und Kosteneinsparungen bei unterdurchschnittlichen Sicherheitsstandards ihre Dienste zu niedrigen Frachtsätzen anbieten.

Einer der ersten großen Tankerunfälle war 1967 die Havarie der **Torrey Canyon** vor der Küste Südenglands. Sie hatte 120.000 Tonnen Erdöl an Bord. 1959 war das Schiff mit einer ursprünglichen Ladekapazität von 60.000 Tonnen gebaut worden. Durch Umbau erhöhte man die Kapazität auf 120.000 Tonnen. Als die Torrey Canyon gegen ein Riff gefahren war, sah die Welt in den Medien die mit der zäh klebrigen Rohölmasse verpesteten Strände Südenglands und Frankreichs; 190 km der englischen und 80 km der französischen Küste waren auf Jahre ohne Leben, 15.000 Seevögel wurden getötet, ebenso die Vielfalt der Meeresorganismen. Die extrem giftigen Reinigungsmittel vergrößerten die Umweltschäden zusätzlich.

Übertroffen in seinen Auswirkungen wurde dieser Tankerunfall durch den bis dato größten angerichteten Schaden an der europäischen Küste, die Havarie des Öltankers **Prestige** im November 2002 mit der Ladung von 77.000 Tonnen Schweröl. Sein Rumpf zerbrach beim Bergungsversuch. 64.000 Tonnen Schweröl verpesteten 3.000 km der französischen und spanischen Küste, 250.000 Seevögel starben. 13.000 Tonnen Öl verblieben im Wrack.

Unbestritten ist das segensreiche Wirken der Chemie in der Bekämpfung von Krankheiten und der Linderung von Schmerzen. Doch wie alles von Menschen Erdachte kann auch die Chemie missbräuchlich angewendet und damit zerstörerisch werden. Chemische Kampfmittel sind nach dem Ersten Weltkrieg erst wieder von Saddam Hussein im Krieg gegen den Iran eingesetzt worden. Aber auch in friedlichen Zeiten ereigneten sich bei der Fabrikation von Chemikalien Unfälle. Am bekanntesten wurde der Dioxin-Unfall von **Seveso** 1976. Aus der Chemiefabrik in diesem italienischen Dorf gelangten Dioxinstaubwolken ins Freie und verseuchten weiträumig die Umgebung. Das Gift, bekannt geworden als „Seveso-Gift", bewirkt den Massenzerfall von Leberzellen und Chlorakne, eine lebenslange Hauterkrankung.

Große Umweltverschmutzer waren auch die Verantwortungsträger der **DDR**. Die Regierenden des Landes hinter Stacheldraht und Mauer empfanden sich auch in ihrem Umweltverhalten souverän. Wie in allem gab auch in Umweltfragen der Marxismus die Leitlinien vor. Danach sind Umweltschäden Erscheinungen des Kapitalismus und Folgen seiner Profitgier. Nach Marx ist die Natur an sich ohne Wert. Den erhält sie erst durch die Arbeit aller Werktätigen. Dennoch hatte die DDR den Umweltschutz in ihrer Verfassung verankert und gesetzliche Regelungen dazu erlassen.
Da **Braunkohle** die einzige primäre Energiequelle der DDR war, basierte die gesamte Energieversorgung des Landes hauptsächlich auf diesem Rohstoff. Der Abbau erfolgte dabei weitgehend nach veralteten Methoden und die Verwendung des Brennstoffes in den Haushalten sorgte für einen Brandgeruch, der in einigen Regionen permanent in der Luft lag. Im Jahr 1986 förderte das Land 311.000 Tonnen und war damit der größte Braunkohle-Produzent der Welt. Krebserkrankungen, vor allem Leukämie und Lungenkrebs, traten in manchen Bezirken der DDR gehäuft auf.
Auch der Abbau von **Uran** spielte in der DDR eine wesentliche Rolle. Im Zentrum des Uranbergbaus, im erzgebirgischen Aue, waren zwischen 1958 und 1990 weit über 5.000 Beschäftigte der Wismut AG an Lungenkrebs erkrankt. In den 70er Jahren – während der Abbau von Uran auf Hochtouren lief – erkrankten pro Jahr im Durchschnitt 200 bis 250 Arbeiter.

13.3 Erschrecken und Umkehr

Um 1900 hätte man bereits sehen können, dass Wälder und Flüsse von der Industrialisierung in Mitleidenschaft gezogen werden. Der Zeitgeist allerdings, der sich mit den wirtschaftlichen Erfolgen der Industrialisierung einstellte, ließ die Fabrikschlote rauchen und verzichtete auf eine Rücksichtnahme gegenüber der Natur. Es ging in erster Linie darum, Reichtum und Wohlstand zu erreichen.
Doch schon vor dem Ersten Weltkrieg entstand besonders in der Jugend ein neues Verhältnis zur Natur. Es gab erste Zusammenschlüsse zu **Naturschutzgemeinschaften**. Was dabei unter Natur

verstanden wurde, war weniger die Reinheit und Gesundheit von Erde, Wasser und Luft, sondern der Schutz einzelner Naturdenkmäler wie die Mammutbäume im Pfälzer Wald. Areale von besonderem landschaftlichem Reiz machte man zu Naturparks. Der erste war der 1920 gegründete Naturschutzpark Lüneburger Heide.

Erst im letzten Drittel des 20. Jahrhunderts, als die Umweltschäden weltweit unübersehbar wurden, gab es Ermahnungen, die Lebensräume und die sie erhaltenden Elemente zu schützen. Auf eine Formel gebracht, lautet die Devise: **Schutz des ökologischen Gleichgewichtes**.

Weltweiter Umweltschutz

Dieser Ruf erging vom **Club of Rome**, einem Zusammenschluss von Industriellen, Politikern und Wissenschaftlern aus über 30 Ländern, der sich 1968 in Rom konstituiert hatte. Das Ziel der Anstrengungen sollte sein, die Ursachen und Zusammenhänge dessen zu erforschen, was die gegenwärtige Situation und die Zukunft der Menschheit problematisch macht. Im Mittelpunkt stand dabei die Frage der Harmonie von Mensch und Umwelt. Der Bericht des Club von 1972 *The limit to growth* („Die Grenze des Wachstums") forderte zu einem gründlichen Umdenken über die Handlungsziele auf. Im Endeffekt lief es darauf hinaus, das wissenschaftlich-technische Denken neu zu begründen. Man wollte von einem rein technisch und kaufmännisch gesteuerten Nützlichkeitsdenken, in dem die Parole „Alles ist machbar" galt, zu einer in mehrfacher Hinsicht verantwortlichen Haltung gelangen, und zwar sowohl der Lebenswelt der eigenen Generation als auch derjenigen zukünftiger Generationen gegenüber.

Eine weltweit agierende Umweltbewegung ist **Greenpeace**. Sie war aus Protest gegen Atomtests der USA in Alaska 1971 in Kanada gegründet worden. Greenpeace profilierte sich als Anwalt der bedrohten Natur überall in der Welt. Ihr ziviler Ungehorsam äußerte sich in ebenso sensationellen wie wagemutigen, aber stets gewaltfreien Aktionen, wie zum Beispiel bei der Besetzung von Fabrikschornsteinen oder bei der Behinderung von Öltankern durch Greenpeace-Schlauchboote. Greenpeace setzt sich für das klimatische Gleichgewicht, für den Schutz der Wale und der Wälder, für nukleare Abrüstung und gegen Energieverschwendung ein. Die Organisation bekämpft Gentechnik und Gefährdungen durch die chemische Industrie.

Die ersten Aktionen in Deutschland in den 80er Jahren sollten verhindern, dass Dünnsäure in der Nordsee verklappt wird. Es gab Proteste gegen die Dioxinherstellung einer pharmazeutisch-chemischen Fabrik in der Bundesrepublik.

Politik für die Umwelt in Deutschland

Sollte das ökologische Engagement aus dem Stadium der Appelle und Diskussionen in das des realen Handelns eintreten, war die Politik gefragt. In Europa entstanden abseits der etablierten Parteien Gruppierungen, die dem **Umweltschutzgedanken** in der politischen Auseinandersetzung Gewicht geben wollten.

Deutschland hatte am Ende der 60er Jahre durch die Große Koalition und die APO politische Freiräume. 1975 erschien ein viel beachtetes Buch mit dem Titel *Ein Planet wird geplündert*. Der Verfasser war der seit 1954 der CDU angehörige Herbert Gruhl, von 1969 bis 1980 Mitglied des Deutschen Bundestages. In seiner Fraktion vertrat er vehement die Anliegen des Umweltschutzes, worüber er mit seiner Partei in Konflikt geriet. Er verließ die CDU und gründete auf Bundesebene 1978 die **Grüne Aktion Zukunft** (GAZ). Zwei Jahre später beteiligte er sich an der Gründung der

Partei **Die Grünen**. Sie verbanden mit ihren ökologischen auch soziale Ziele, die diese sehr junge Partei aus der APO-Zeit und ihrer Beteiligung an der Achtundsechziger-Bewegung mitbrachte. Das Neue war ihr basisdemokratischer Aufbau und ihre programmatische Ausrichtung. Sie wollten vom alten Parteitypus abkommen, dem Einzelnen mehr Gewicht geben und Fragen der Gesellschaftspolitik sowie des Eigentums von Grund, Boden, Naturschätzen und Kapital neu diskutieren. Ihr Hauptziel war der Abschied von der **Kernkraft** und ein absolut **pazifistischer Kurs**. Die nationalen Fragen, wie beispielsweise die der Wiedervereinigung, stuften sie als sekundär ein.

Offensichtlich sahen die Wähler die Notwendigkeit ein, mehr für die Umwelt zu tun. 1983 zogen die Grünen, denen 5,6% der Zweitstimmen gegeben worden waren, mit 27 Abgeordneten – darunter verhältnismäßig mehr Frauen als in den anderen Parteien – in den Bundestag ein. Der Slogan ihres Wahlkampfes war: „Alle reden von Deutschland. Wir reden vom Klima."

Der erklärte **Feind** der Grünen und ihrer Anhängerschaft war die **Atomenergie**. So heftig und ausdauernd wurde sie nirgends sonst in Europa bekämpft wie in der Bundesrepublik. Überall, wo Kernkraftwerke waren oder ihr Bau sich in Planung befand, formierte sich der **Widerstand** dagegen. Auch gegen Entsorgungszentren und Transporte der abgebrannten Brennstäbe gab es Großdemonstrationen und Belagerungen. Im badischen Whyl, am Nordrand des Kaiserstuhls, fand 1975 die erste Großdemonstration gegen den Bau eines Atomkraftwerkes statt. Die Polizei ging mit martialischer Gewalt gegen die Demonstranten vor. Auch am 31. März 1986 versprühten sie an der geplanten Wiederaufbereitungsanlage Wackersdorf statt Tränengas einen wesentlich intensiveren Reizstoff.

Zu welchen dramatischen Auswüchsen das Gegeneinander von Protestierenden und Ordnungskräften führen konnte, zeigen deutlich die Unfälle, die sich beim Widerstand gegen **Atommülltransporte** ereigneten. Am 4. Februar 1997 entgleiste ein Transportzug verbrauchter Brennelemente im französischen Grenzort Apach. Bei dem Versuch, einen Castortransport von La Hague ins Zwischenlager Gorleben zu blockieren, wurde der 23-jährige Sebastien Briat im November 2004 vom Zug überrollt und getötet. Im September 2005 stellte man an Behältern eines Atommülltransports aus einem Kernkraftwerk in das Zwischenlager Gorleben eine erhöhte Strahlung fest.

Wo immer die Umweltaktivisten bedrohende Eingriffe in die Natur und in das organische Leben staatlich geschützt sahen, gingen sie massiv dagegen vor. Das konnte auch die Erweiterung von Flughäfen oder die Anlage neuer Startbahnen sein, wie in Frankfurt, wo militante Umweltschützer zu Beginn der 80er Jahre Sturm liefen gegen den Bau der **Startbahn West**.
Da Umweltschutz und Pazifismus zusammengehören, gab es auch gegen Kriege, wo immer sie aufflackerten, die Massenproteste ökologisch-friedensbewegter, zumeist junger Menschen.
Schon lange ist dank des Engagements vieler Organisationen das Thema „Umwelt" auch in der Politik angekommen, und zwar auf regionalen, nationalen und zwischenstaatlichen Ebenen. 1986 wurde das **Bundesministerium für Umwelt, Naturschutz und Reaktorsicherheit** errichtet, zu dessen Aufgaben die wissenschaftliche Unterstützung der Politik und die Entwicklung von Strategien des Umweltschutzes gehören.

Die **Klimaveränderung**, die sich abzuzeichnen beginnt, ist Ergebnis des **Treibhauseffekts**, ihre Verhinderung die Aufgabe weltweiten politischen Handelns. Große Unsicherheit besteht über die Auswirkungen der prognostizierten Gefahren. Vorhergesagte Ereignisse, wie das Abschmelzen der Eismassen in den Polarzonen und Gletscherregionen der Hochgebirge, haben sich schon bemerkbar gemacht. Die Ernsthaftigkeit der Bedrohung wird daran ersichtlich, dass die Weltgemeinschaft sich entschloss, über gemeinsame Maßnahmen zum **Klimaschutz** zu beraten. Im japanischen **Kyoto**, dem Tagungsort der dritten Vertragsstaatenkonferenz, wurden aus Klimaschutzgründen Höchstgrenzen von CO_2-Emissionen festgelegt. Industrieländer mit hohem CO_2-Ausstoß machen ihre Ratifizierung jedoch durch die anderer Länder abhängig, so Australien von der Amerikas, das die weltweit höchsten CO_2-Ausstoßwerte verzeichnet. Die USA aber haben noch nicht unterschrieben.

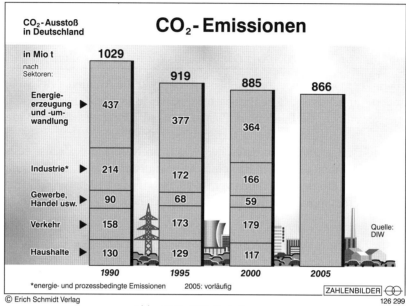

Abb. 13.2 CO_2-Emissionen

- Seit der **Antike** versucht der Mensch, durch **Eingriffe** in die **Natur** deren **Wert** für ihn zu **optimieren**.

- Da die **Bevölkerungsexplosion** eine **Ressourcenvermehrung** nötig machte, kam es nicht zuletzt auch wegen der **Erschließung** neuer **Lebensräume** zu **massiven Umweltschädigungen**.

- Die **Umweltzerstörung** ist vor allem zurückzuführen auf die **nukleare Gefährdungslage**, die **Expansion des Kraftfahrzeug-** und **Flugverkehrs** und die **Massenproduktion von Lebensmitteln**. Die **Gefahr** manifestiert sich u. a. in **Kernkraftwerken**, **Schiffshavarien**, **Chemiefabriken** und **Massentierhaltungen**.

- Der **Raubbau** im **tropischen Regenwald** und das **Waldsterben** heimischer **Wälder** zerstören nicht nur **wichtige Ökosysteme** mit ihrer **Artenvielfalt**, sondern rufen auch einen **schleichenden Klimawandel** hervor, der sich **verheerend** auf die **Menschheit** auswirken kann, z.B. durch die **Erhöhung des Meeresspiegels**.

- Mehrere **Unternehmungen** und **Organisationen** haben bislang zu einer **öffentlichen Wahrnehmung** der **Umweltproblematik** beigetragen, so z.B. der **Club of Rome** oder **Greenpeace**.

Aufgaben zur Lernkontrolle

In einem Interview mit dem Biologen und Geographen Jared Diamond über die Beziehungen zwischen Gesellschaft und Natur antwortete dieser auf entsprechende Fragen folgendermaßen:

<u>Weltgesellschaft in Gefahr</u>
*Jetzt machen wir uns auch Sorgen um den Klimawandel. Unser Präsident und der australische Präsident sind die einzigen, die es versäumt haben, die Realität des Klimawandels anzuerkennen. Mit der Katastrophe in New Orleans sind Ängste schnell hochgekommen. (...)
Es stellt sich jetzt heraus, dass in den späten neunziger Jahren der Regierungsausschuß in New Orleans gesagt hat, (...) die Dämme sind nicht mehr in Ordnung. Sie müssen erneuert werden, und das kostet zwanzig Millionen Dollar. Aber die Regierungen in New Orleans, Louisiana und die Bundesregierung (...) lehnten das als zu teuer ab. Jetzt haben wir die Kosten des Wiederaufbaus und die Versicherungskosten, und diese betragen drei Milliarden Dollar. (...)
Meinen Sie, dass man auf dem richtigen Weg ist, wenn man entschieden alle alternativen Energien fördert?
Ja! Das ist ein Schritt vorwärts und ein schönes Vorbild. (...)
Aber die Windenergie ist umstritten, weil es heißt, dass diese Windräder ohne staatliche Subventionen schwerlich wirtschaftlich effizient Strom produzieren können?
Das sagt man, aber es trifft nicht zu. Ich habe mich etwas mit den wirtschaftlichen Fragen dieser Energiegewinnung beschäftigt. Die Kosten liegen gegenwärtig zwar über denen der Kohlegewinnung, aber in einigen Jahren werden sie fast ohne Subventionen auskommen. Die Kosten der Windenergie werden dann also unter den Kosten der Kohlegewinnung liegen. (...)
In Europa und Asien dagegen wird gerade eine neue Atomkraftwerkgeneration gebaut. Atomkraftwerke sind, was die Emissionen angeht, für die Umwelt relativ unschädlich. Kann die Kernenergie also trotz allem eine Lösung der Energieprobleme der Zukunft sein?
Ich würde sagen, Kernenergie ist zu berücksichtigen. Ob das eine wirkliche Lösung ist, da bin ich mir nicht sicher. Es sind zwei Probleme damit verbunden: das Risiko eines Unfalls wie in Tschernobyl und die Frage der Entsorgung des atomaren Abfalls. (...) In den Vereinigten Staaten hatten wir unsere kleine Tschernobyl-Katastrophe mit dem Kernkraftwerk in Pennsylvania. (...) Seit diesem Unfall haben die Vereinigten Staaten keine neuen Kernkraftwerke mehr gebaut. (...)
Sie nennen in Ihrem Buch Faktoren, die darüber entscheiden, ob eine Gesellschaft erfolgreich ihr Überleben organisiert oder eben nicht.
Zunächst ging es um die chemischen Einwirkungen der Menschen auf die Umwelt, Wälder, Fischgründe, Wasser. (...) Hinzu kam aber der Klimawandel. Heute ist er durch die Menschen verursacht – aber in der Vergangenheit änderte sich das Klima auch. Es wurde mal wärmer, feuchter, kälter – die kleine Eiszeit zum Beispiel, die Trockenzeit. (...)
Schließlich politische, soziale, religiöse, kulturelle, ökonomische Gründe, die bestimmen, ob eine Gesellschaft ihre Probleme wahrnimmt und löst. (...)

Was wäre denn ein positives Beispiel?
Island. Dieses Land hat seine katastrophalen Probleme glänzend gelöst. (...) Die Isländer haben die Schäden bemerkt, die sie der Umwelt zugefügt haben: Abholzen des Waldes und Bodenerosion. Der Boden Islands ist vulkanisch, besteht aus Phosphor, der vom Wind hingetragen wurde. Wenn man den Wald abholzt, kann der Wind den Boden wieder abtragen. Im ersten Jahrhundert nach der Besiedelung Islands durch die Norweger sind etwa fünfzig Prozent des Bodens von Wind und Wasser abgetragen worden. Das haben die Isländer gemerkt und fingen schon im Mittelalter an, sich damit zu beschäftigen. Insbesondere haben sie die Zahl der Schafe, die auf der Weide grasten, reduziert. Heutzutage hat die Regierung eine ganze Abteilung für die Umwelt. Es gibt einen eigenen Minister für die Aufforstung der Landschaft. (...)

Gibt es in den Vereinigten Staaten einen Umweltminister?
Selbstverständlich nicht. (...)

In Ihrem Buch bringen Sie das überraschende Beispiel Montanas, einer Landschaft, von der man annimmt, sie sei von Umweltschäden verschont geblieben.
Hauptziel der Touristen in Montana ist der Glacier National Park, ein Naturschutzgebiet für Gletscher. Im neunzehnten Jahrhundert gab es hundertfünfzig Gletscher in dem Park, heutzutage sind es noch zweiundzwanzig, und wenn es so weitergeht, wird im Jahr 2020 der Glacier National Park keinen Gletscher mehr haben. Das ist ein Resultat des Klimawandels durch die globale Erwärmung. (...)

Es gibt in Ihrem Buch eine besonders spannende Stelle, wo Sie auf den kategorialen Unterschied zwischen Vormoderne und Moderne hinweisen. Könnten Sie noch einmal sagen, worin genau dieser Unterschied besteht?
Die Dinge laufen heute viel schneller als in der Vergangenheit, und zwar aus zwei Gründen: Erstens hat die Welt heute viel mehr Menschen, nämlich 6,5 Milliarden, in der Vergangenheit waren es nur etwa eine Million. Das ist der eine große Unterschied. Der zweite Unterschied ist die Globalisierung. Was heutzutage in einem Land passiert, beeinflusst auch andere Länder. Was jetzt zudem in der Welt fundamental neu ist, ist die weltweite Industrialisierung und das Bevölkerungswachstum. Die Einwirkungen auf die Umwelt sind stärker und schneller als in der Vergangenheit.*

Das Gespräch führte Michael Jeismann; FAZ, 19. Dezember 2005, Nr. 295, Seite 35

Setzen Sie sich kritisch mit den Ansichten des Autors auseinander und begründen Sie Ihre möglichen Einwände.

Lösungsvorschläge

Lektion 1

Aufgabe 1

Gegenstand sind die Konferenzen von Versailles, auf der Deutschlands Friedensvertrag vorgelegt wurde, und der Vertragsschluss von Saint Germain mit Österreich. Die Unterzeichnung des Versailler Vertrages unterwarf das Deutsche Reich schwersten Friedensbedingungen. Eine Nichterfüllung musste mit Sanktionen der Siegermächte rechnen, wie sie Frankreich 1923 dem Deutschen Reich auferlegte. Saint Germain entschied das Schicksal der Habsburgermonarchie, die auf einen deutschsprachigen Rest reduziert wurde.

Aufgabe 2

Das von Amerika angestrebte Ziel der Friedenskonferenzen war, Friedensstiftung nicht zum Racheakt werden zu lassen, sondern Gerechtigkeit durchzusetzen, so dass aus dem gewesenen kein künftiger Krieg mehr entstünde. In seinen 1918 verkündeten „14 Punkten" hatte der amerikanische Präsident Woodrow Wilson von einem „Frieden ohne Sieger und Besiegte" gesprochen.

Hingegen suchte Frankreichs Präsident Clemenceau, das Deutsche Reich als europäische Großmacht für alle Zeiten auszuschalten, es militärisch und wirtschaftlich zu lähmen und außenpolitisch zu isolieren. Letzteres sollte die Kleine Entente bewirken.
Großbritannien plädierte auf Wiederherstellung des europäischen Gleichgewichts. Der britischen Regierung war daran gelegen, Deutschland als Gegengewicht zu Frankreich zu bewahren.
Die große Schwierigkeit lag darin, die widerstreitenden Ansichten zu harmonisieren. Das misslang, was die Tatsache belegt, dass die USA weder den Vertrag von Versailles unterschrieben noch dem Völkerbund beitraten.

Aufgabe 3

Das „Russlandproblem" entstand, als anstelle des zaristischen Russland das bolschewistische trat, ein ganz neuer, in seinen Wirkungen nicht abzuschätzender Faktor in der Weltpolitik. In den westlichen Demokratien fürchtete man ein Überschwappen des Kommunismus in die bürgerliche Welt Westeuropas. Darum war der Cordon sanitaire geschaffen worden. Dem revolutionären Russland blieb der Völkerbund verschlossen. Territoriale Probleme entstanden durch Auflösungstendenzen innerhalb des Riesenlandes und durch Grenzstreitigkeiten an Russlands westlichem Rand.

Aufgabe 4

Schwerpunkt der territorialen Neuordnung waren die Länder der ehemaligen Donaumonarchie, das russisch-polnische und das deutsch-polnische Grenzgebiet. Die Balkanländer wurden ohne Rücksicht auf die tief greifenden ethnischen, religiösen, kulturellen und historisch sich fremden, oft feindlichen Staaten zum südslawischen Gesamtstaat Jugoslawien vereinigt. Ebenfalls aus kulturell, religiös und sprachlich unvereinbaren Volksgruppen – Tschechen, Slowaken, Deutsche, Ungarn und Polen – war die Tschechoslowakei gebildet worden.

Den baltischen Ländern gehörten Esten, Letten, Litauer und Deutsche an. Polen beanspruchte Gebiete, in denen schon seit Jahrhunderten fremde Völker (Deutsche, Tschechen und Slowaken) wohnten, woraus Polens Nachkriegsgeschichte lange blutige Kämpfe begleiteten.

Bis in die Gegenwart reicht das 1917 entstandene Nahost-Problem. Als die Araber 1916 gegen die Türken an Englands Seite kämpften, hatte Großbritannien ihnen einen palästinensischen Staat zum Lohn versprochen. Stattdessen aber entstand der Staat Israel. Hierin hat alle Zwietracht ihren Ursprung.

Lektion 2

Aufgabe 1

Stresemann hatte 1918 die DVP (Deutsche Volkspartei) gegründet. Er suchte die stabilisierenden Kräfte der Weimarer Republik in Koalitionen zu vereinigen und fand stets die Unterstützung der Deutschen Demokratischen Partei (DDP), der SPD und des katholischen Zentrum.

Seiner Überzeugung nach kam es in einer von linken und rechten Extremisten bedrohten Republik auf die verfassungstreuen politischen Kräfte an. Desgleichen sah er, wie entscheidend es war, dass er seine Außenpolitik den fremden Mächten gegenüber durchsetzte, überzeugt davon, dass die Mehrheit der Deutschen hinter einem starken Weimarer Staat stand.

Aufgabe 2

Das große Ansehen Stresemanns als des Repräsentanten eines demokratischen, friedliebenden Deutschlands bewies er als Außenminister. Vertrauensbildend erwies sich seine Art, wie er den Dawes-Plan zustande brachte. Ebenso gelang ihm die Verständigung mit den ehemaligen Kriegsgegnern im Vertrag von Locarno im Jahr 1925. Das friedliche Nebeneinander mit der UdSSR erneuerte Stresemann im Berliner Vertrag von 1926. Als Deutschland 1926 in den Völkerbund eintrat, bedeutete das die Krönung seines Wirkens. Mit der Vorbereitung des Young-Plans 1929 versuchte er, auf dem Weg der Revisionen in der Reparationsfrage voranzukommen.

Die fruchtbare Außenpolitik Stresemanns fand ihre Ergänzung durch eine ebensolche seiner Partner, von denen Aristide Briand und Frank Kellog, die Außenminister Frankreichs und der USA, vertrauensvoll mit dem deutschen Partner zusammenarbeiteten.

Aufgabe 3

Den Politikern der Weimarer Republik begegnete seit den Revolutionstagen von 1918 ein von rechts genährtes Misstrauen mit dem Vorwurf, sie erfüllten die Auflagen des Versailler Vertrages und schadeten damit dem deutschen Volk. Aus Leuten, die so dachten, rekrutierten sich die Feinde der Republik. Stresemanns sichtbare Erfolge und auch der wirtschaftliche Nutzen, den Deutschland aus seiner stetigen Politik zog, ließ die Kritiker verstummen. Die Mehrheit stand hinter der deutschen Außenpolitik. Nach Stresemanns frühem Tod im Jahr 1929 betrauerte ihn das ganze Volk als einen „um das Vaterland verdienten Mann".

Aufgabe 4

1926 und 1938 sind bemerkenswerte Jahre der deutschen Außenpolitik. In ihnen fanden jeweils internationale Begegnungen statt, in denen Weichen gestellt wurden. Im September 1926 war Stresemann mit der deutschen Delegation in den Völkerbund eingezogen. Ein Vertrauensbeweis der Welt gegenüber einem friedlichen, rechtsstaatlichen Volk und seinem Repräsentanten.

Im September 1938 stellte Hitler in der Münchner Konferenz die europäischen Mächte vor die Alternative, entweder seine Forderung auf Veränderung der territorialen Verhältnisse in Mitteleuropa bedingungslos anzuerkennen oder Krieg. Hier lernte die Welt ein anderes Deutschland als das des Außenministers Stresemann kennen, ein Deutschland brutaler Kriegsentschlossenheit.

Lektion 3

Aufgabe 1

Als Voraussetzung von Stabilität und sicherem Frieden in der Welt forderte George Marshall die „Wiederherstellung gesunder Verhältnisse". Die Zustände in den drei Zonen Westdeutschlands und – noch schlimmer – in der Ostzone waren absolut auf Null gesunken. Wie sah die Bilanz aus?

Die Kriegstoten (4 Mio. Gefallene und 1,5 Mio. Zivilopfer), die Kriegsgefangenen (12 Mio.) und 9,7 Mio. Flüchtlinge, dazu ein völlig zerstörtes Land – das war die eine Hinterlassenschaft des Krieges. Auf einer nächsten Ebene bewegte sich der deutsche Alltag in zertrümmerten Städten, durch Bomben beschädigten Wohnungen und Notquartieren, in denen Familien zusammengepfercht leben mussten, mit Hungerrationen und dem, was sich auf dem Schwarzmarkt mit der Zigarettenwährung erwerben ließ, denn die Reichsmark war völlig wertlos.

Aufgabe 2

US-Außenminister Marshall versprach Hilfe. Konkret hieß das Bereitstellung von Mitteln zum Wiederaufbau und Einfuhr von Nahrung und Gebrauchsgütern. Er warnte die Russen davor, den Gesundungsprozess zu behindern, wie das schon geschehen war, als die Sowjets der deutschen Ostzonenregierung und den anderen Ostblockländern verbot, die Marshallplanhilfe anzunehmen.

Lektion 4

Aufgabe 1

Martin Walser bekennt sich zu den ihm lange nicht zugänglich gewesenen Seelenlandschaften Thüringen und Sachsen, Schlesien und Ostpreußen, die in seinem Innern immer lebendig waren. Sein Bekenntnis zur deutschen Nation umgreift das ganze Deutschland. Darüber hinaus aber sieht er sich einem noch größeren Ganzen, nämlich Europa verpflichtet .

Aufgabe 2

Erst 1977 hatte Walser es zum ersten Mal gewagt, ein Bekenntnis zu einem Deutschland abzulegen, das nicht aus den Teilen Bundesrepublik und DDR besteht, sondern ein vereintes Deutschland darstellt.

Aufgabe 3

Der Ansicht Walsers, der 9. November 1989 wäre der glücklichste Moment in der deutschen Geschichte gewesen, ist zuzustimmen. Erst mit der deutschen Wiedervereinigung – eingeleitet durch den Mauerfall am 9. November 1989 war der Grundstein gelegt zu einem freiheitlichen, demokratischen Rechtsstaat.

Die Staatsgründung von 1871 war die eines monarchischen Ständestaates ohne Gleichheit der Bürger, wie es im Wahlrecht zum Ausdruck kam. Die Weimarer Republik von 1919 war ein Staat, der sich über weite Strecken seiner Geschichte mit Feinden der Demokratie im Innern (rechte und linke) auseinander setzen musste und den der ehemalige Kriegsgegner während der Anfangsjahre in seiner Existenz gefährdete.

Aufgabe 4

Die Aussage enthält Unrichtigkeiten: Am 9. November 1918 wollten nicht alle Deutschen die Republik. Starke monarchistische und konservative Kräfte – Reichswehr und Beamtenschaft – verweigerten dem Staat die Loyalität. Die von Russland gelenkten Kommunisten betrieben die Errichtung einer Sowjetrepublik.
Die Hitler-Marschierer vom 9. November 1923 in München waren eine verschwindende Minderheit, im übrigen Deutschland unbekannt. Erst der anschließende Prozess gegen Hitler – ein trauriges Beispiel von Justizblindheit – verschaffte dem Österreicher Aufmerksamkeit.

Die von Goebbels inszenierte „Reichskristallnacht" am 9. November 1938 nannte er selbst einen „spontanen Aufstand des empörten Volkes zur Abrechnung mit den Juden". In Wahrheit war es eine mehrheitlich von SA-Leuten durchgeführte Aktion. Die daran Unbeteiligten reagierten unterschiedlich: Die meisten Menschen schauten weg. Viele waren darüber empört, wagten es aber nicht zu sagen. Einige stellten sich der SA bei ihrem verbrecherischen Tun zur Verfügung.

Lektion 5

Aufgabe 1

Die von Coudenhove-Kalergi für das Jahr 1943 vorausgesagten Zustände waren eingetreten. Der Krieg war auf seinem Höhepunkt. Die Europäer töteten sich gegenseitig, nicht nur in den Grenzen ihres Kontinents, auch in Afrika, auf den Meeren und in den Lüften. Unter Flächenbombardements sanken die Städte Europas mit ihrer Kultur in Schutt.

Der Bolschewismus drang seit 1943 unaufhaltsam nach Westen vor. Polen, die baltischen Länder, der Balkan, Ungarn und Mitteldeutschland fielen ihm zum Opfer.

Europas Wirtschaft war zerstört, Industrie- und Handelsbeziehungen zerrissen. Sie hatte ihren Daseinszweck verloren. Statt Güter für das Leben zu schaffen, produzierte sie in allen Ländern nur mehr das, was der Vernichtung diente.

Aufgabe 2

Am Beginn des Weges zu einem Vereinten Europa standen Schumann-Plan und Montanunion (1950/51). Ein weiterer Schritt zur Wirtschaftsgemeinschaft waren 1957 die Römischen Verträge. Zu diesem Zeitpunkt gewann das mit den Supermächten USA und UdSSR als Ganzes in Beziehung tretende Europa schon eigene Konturen. Mit dem Inkrafttreten des Vertrages von Maastricht am 1. November 1994, kam der Euro, die künftige Währung von ganz Europa. Damit hatte sich auch das Verhältnis der bisher isoliert den Handelsgroßmächten USA und Japan gegenüberstehenden Europäern zu ihrem Vorteil verändert. Die Neuordnung im russischen Raum war noch im Gange, und ehemalige COMECON-Länder suchten den Anschluss an die Europäische Gemeinschaft. Das geschah 2004 mit der Osterweiterung der Europäischen Union.

Aufgabe 3

Europa verfügt mit seinen Institutionen über eine viel weitere und wirksamere welthandelspolitische Aktionsfähigkeit als die früheren europäischen Staaten. Die wichtigsten sind die Gemeinschaft für Kohle und Stahl (EKGS), auch „Montanunion" genannt. Aus der Europäischen Wirtschaftsgemeinschaft (EWG) entstand mit der 1967 geschaffenen Europäischen Gemeinschaft (EG) ein einheitlicher Binnenmarkt. Vom gemeinsamen Binnenmarkt kam die EG zu einer gemeinsamen Außenhandels- und Agrarpolitik. Die mit dem Euro funktionsfähig gemachte Wirtschafts- und Währungsunion (WWU) bedurfte eines einheitlichen Bankwesens. Mit der Errichtung der Europäischen Zentralbank war auch dieser Schritt getan.

Lektion 6

Die Verurteilung zu Kriegsverbrechern erklärter Repräsentanten Krieg führender Mächte nach deren Niederlage durch die Strafjustiz der Sieger war stets problematisch. Schon der englische Generalstaatsanwalt, der 1918 den deutschen Kaiser Wilhelm II. wegen „Verbrechen gegen die Menschlichkeit" anklagen wollte, befand sich in einem Dilemma. Er lehnte die Klageerhebung ab, weil „wir (England und seine Alliierten) nicht wünschen einer genauen Untersuchung der Geschichte der vergangenen Jahre gegenübergestellt zu werden".
Die objektive Prüfung des Schuldanteils am Ersten Weltkrieg beteiligt gewesener Mächte hätte Schuld auf jeder Seite festgestellt, wie auch nach dem Zweiten Weltkrieg der alles verdunkelnde Schuldanteil der Deutschen die Kriegsverbrechen auch anderer Kriegsteilnehmer aus dem Blick rückte (Katyn). Der Nürnberger Prozess erhob den Anspruch, dass eine für die Zukunft nützliche, „ordnende Kraft" von ihm ausgehe. Das hätte so sein können, wäre die Mahnung des amerikanischen Anklägers Robert Jackson ernst genommen worden, der für Strafprozesse von völkerrechtlichen Dimensionen die Geltung der gleichen Maßstäbe für alle Nationen forderte.

„Amerikas Kampf gegen den Internationalen Strafgerichtshof", wie er sich in jüngster Zeit vor der Weltöffentlichkeit abspielte, missachtet mit der Forderung, US-Bürger von der Strafverfolgung freizustellen, die Grundthese des US-Hauptanklägers im Prozess von Nürnberg: gleiches Recht für alle.
Auf eine prägnante Formel brachte diesen Grundsatz internationaler Gerichtsbarkeit der ebenfalls amerikanische Ankläger Telford Taylor mit dem Satz: „Das Kriegsrecht ist keine Einbahnstraße."

Lektion 7

Aufgabe 1

Alle kommunistischen Machtergreifungen im Ostblock verliefen nach ähnlichen Grundmustern. Bekamen die Sowjets von vornherein von ihren Alliierten die Herrschaft über ein Land zugebilligt – wie 1945 über Polen –, so verlief der Machtantritt ohne Komplikationen. Sollte es demokratisch zugehen, wie nach 1945 in der Tschechoslowakei, sah die UdSSR freien Wahlen dann gelassen entgegen, wenn der Erfolg sicher schien. Eine große Zahl Tschechen, dankbar für die Befreiung von Nazideutschland durch die Rote Armee, wählte bei den demokratischen Wahlen von 1946 die Kommunisten; und damit war die tschechische KP in der Regierung.

Der zweite Schritt kommunistischer Machtergreifung in solcher Lage war stets der, die demokratischen Regierungsmitglieder zu verdrängen. Dafür gab es eine Vielfalt von Methoden. In der Tschechoslowakei boten die Differenzen zwischen den Landesteilen genug Gelegenheit. Beim dritten Schritt durchsetzten die Kommunisten Polizei und Behörden mit ihren Leuten. Wenn die Demokraten daraufhin Widerstand erkennen ließen, wurde eine „Konterrevolution" inszeniert: Arbeiter bewaffnet, Bürgerkriegsstimmung erzeugt und die Rote Armee zu Hilfe gerufen.

Im vorliegenden Fall kommunistischer Machtergreifung lief das nach einem ähnlichen Schema ab. Als die demokratischen Parteien der Unterwanderung entgegentraten, begingen sie den Fehler, den kommunistischen Innenminister zum Rücktritt zu zwingen, in dem sie ihre Minister aus der Regierung abzogen. Die KP erpresste den Präsidenten. Der hielt die bürgerlichen Minister von der Rückkehr ab. Die KP streute Bürgerkriegsgerüchte aus. Mit bewaffneten Arbeitern und an der Grenze stationierten Sowjettruppen vollzogen sie den letzten Schritt, die gewaltsame Eroberung der Macht im Staat.

Aufgabe 2

Die Europäer allein vermochten sich nicht wirksam gegen sowjetische Übergriffe zu schützen. Es bedurfte der geballten Verteidigungsbereitschaft der westlichen Demokratien. Darum schlossen sich die Streitkräfte der USA, Kanadas und Westeuropas im Nordatlantikpakt (NATO) zu einem starken Verteidigungsbündnis zusammen. Dessen Bestimmung bestand in einer abwehrenden Präsenz. Von früheren Militärbündnissen unterschied sich die NATO darin, dass sie nicht dem Zweck diente, außenpolitisch opportun erscheinende Ziele durchzusetzen. Nur wo ein Volk gegen den mehrheitlichen Willen seiner Freiheit beraubt wurde, sollte sie aktiv werden. Wenn die Bevölkerungsmehrheit eines Landes kommunistisch wählte, war das kein Grund zum Eingreifen.

Aufgabe 3

Die NATO hatte den Charakter einer Schutzfunktion, um die demokratischen Prinzipien westlicher Nationen zu erhalten. Die US-Demokratie musste sich deshalb so sehr im eigenen Land für das

Bündnis einsetzen, weil Amerika sowohl am Ersten als auch am Zweiten Weltkrieg trotz beachtlichen Widerstandes der Isolationisten unter großen Opfern teilnahm. Durch das Schutzbündnis der NATO sollte eine Wiederholung dessen zukünftig unmöglich gemacht werden.

Lektion 8

Aufgabe 1

Mit den hier wiedergegebenen Auszügen aus der Charta der Vereinten Nationen sollten Sie so vertraut sein, dass Sie über Ziele und Grundsätze der Weltorganisation kurz referieren und über die Funktionen von Generalversammlung, Sicherheitsrat und Generalsekretär ebenfalls mündlich oder in kurzer schriftlicher Form Auskunft geben können.

Aufgabe 2

Erfolge der UNO: 1950 war es dem Einsatz der UNO zu danken, dass der kommunistische Angriff auf Südkorea durch ein unter dem Kommando der Vereinten Nationen stehendes Expeditionsheer abgewehrt wurde.
Bei der Bewältigung der Suezkrise von 1956 hatte die Präsenz von UNO-Truppen an der israelisch-ägyptischen Grenze die hochexplosive Situation entschärft.
Im März 1964 trug die UNO ganz wesentlich zur Beilegung des in Zypern ausgebrochenen Bürgerkrieges durch Entsendung einer Friedenstruppe bei.
Das Ende der Feindseligkeiten zwischen Indien und Pakistan 1965 darf ebenfalls als Verdienst der UNO gewertet werden.

93% eines jeden Dollars aus der Kasse der UN werden für wirtschaftliche, soziale und technische Aufgaben eingesetzt. UNO-Sonderorganisationen leisteten Großes, um das Weltgesundheitsniveau zu verbessern und das Analphabetentum zu bekämpfen, Wasserversorgung für Trockengebiete sicherzustellen und Programme gegen Überschwemmungen zu entwickeln.

Leider blieben die idealistischen Erwartungen, die von den Erfindern der One World verkündet wurden, auf weite Strecken unerfüllt. Der Nationalismus bewies sich stets stärker als die größten Anstrengungen der UNO. Die Vereinten Nationen waren machtlos gegenüber den sowjetischen Aggressionen in Osteuropa, ebenso wie gegenüber denen Indonesiens in Malaysia. Ihre Friedensaktivitäten zeigten weder im Kongo noch in Vietnam Erfolg. Im arabisch-israelischen Konflikt blieben ihre Interventionen – abgesehen von kurzzeitigen verbalen Friedensbeteuerungen beider Krieg führender Seiten – seit 60 Jahren wirkungslos. Die UNO ist nicht einmal in der Lage, ihre Blauhelmsoldaten vor mörderischen Attacken zu schützen, wie im Sommer 2006 im Libanon geschehen.

Lektion 9

Aufgabe 1

Die tiefe Zerrissenheit der Nation wurde in der erwähnten Demonstration von 200.000 Israelis am 2. Jahrestag der Ermordung von Itzhak Rabin sichtbar. In ihm, dem Friedensnobelpreisträger, sahen die von Humanität, Vernunft und Gerechtigkeit inspirierten liberalen Zionisten den Mann, der Juden und Araber zu einem dauerhaften und friedlichen Nebeneinander hatte führen wollen und dabei ein Stück des Weges schon vorangekommen war. Mit ihm, so meinten sie, hätte der Teufelskreis von Attentaten und Selbstmordattentaten auf der einen und blutigen Vergeltungsschlägen auf der anderen Seite durchbrochen werden können. In ihren Augen war der Mord an Rabin „der folgenschwerste politische Mord in der 50jährigen Geschichte" des Staates Israel. Einer Lösung des Konflikts war nicht ohne beiderseitige Zugeständnisse näher zu kommen. Das wussten auch Rabins Anhänger, von denen zwei Jahre nach seiner Ermordung 200.000 Menschen sich dazu bekannten.

Die gegenseitige Position folgte der Denkweise des Mörders und fand in Israel auch Zustimmung. Den Kampf bis aufs Messer wollten die Ministerpräsidenten Netanjahu und Sharon. Sie sahen sich als Verteidiger des von ihren Feinden unablässig angegriffenen Lebensrechts ihres Volkes in seinem Staat. Die Anerkennung eines Palästinenserstaates, die Rückgabe eroberter Gebiete, die Aufgabe israelischer Siedlungen – das alles waren und blieben für die Regierenden in Israel indiskutable Themen. Die konservativ-religiösen Koalitionäre hatten sich bedingungslos der Vorwärtsverteidigung verschrieben.

Aufgabe 2

Aus der Perspektive des Sommers 2006 befindet sich der nicht endende Nahostkonflikt wieder in der Sackgasse. Mit der durch Sharon ausgelösten islamischen Intifada nahm der schwelende Konflikt auf beiden Seiten an Schärfe zu. Sharons zaghafte Versuche, durch Abbau jüdischer Siedlungen zur Beruhigung beizutragen, stießen auf heftige Ablehnung der betroffenen Siedler. Der Sieg der Hamas bei den Wahlen zur Palästinenser-Regierung verschärfte die Aggressionsbereitschaft auf arabischer Seite und gab Terroristen und der schiitischen Hizbullah-Miliz Auftrieb. Öl ins Feuer goss die iranische Regierung, mit der Androhung, Israel auslöschen zu wollen. Auch dem im Irak um sich greifenden Bürgerkrieg steht die US-Besatzung hilflos gegenüber.

Lektion 10

Aufgabe 1

Nachdem Otto Hahn 1938 die Kernspaltung gelungen war, experimentierten deutsche Physiker an der Freisetzung von Atomkraft, auch für den Einsatz als Kriegswaffen. Das zur Herstellung einer Atombombe notwendige Uran war ihnen bei der Annexion der Tschechoslowakei im März 1939 in die Hände gefallen. Kurz darauf begann sich die politische Lage gefährlich zuzuspitzen. Unter dem Eindruck von Hitlers letztem Territorialraub in Europa und angesichts seiner Anti-Polen-Propaganda hatten England und Frankreich der polnischen Regierung ein Garantie- und Beistandsversprechen gegeben. Zu diesem Zeitpunkt war Hitler zum großen Krieg entschlossen.

Aufgabe 2

Während der Potsdamer Konferenz (7.07.–2.08.1945) war der Kalte Krieg schon in vollem Gang. Die UdSSR dehnte ihren Machtbereich immer weiter und rücksichtsloser aus, und die westlichen Verbündeten begannen die Brüchigkeit der Anti-Hitler-Koalition einzusehen. Um die Hände frei zu bekommen, mussten die USA den pazifischen Krieg schnell beenden. Der geplanten langwierigen „Operation Olympic", einer Invasion von Bodentruppen, vorbereitet von 14.000 Flugzeugen und 100 Flugzeugträgern, und den damit einhergehenden hohen Verlusten amerikanischer Soldaten zogen sie einen einmaligen Vernichtungsschlag vor, die Atombombenabwürfe von Hiroshima (06.08.) und Nagasaki (09.08.).

Lektion 11

Aufgabe 1

Der Artikel vermittelt den Eindruck einer Volkswirtschaft, die in einem starren System sich auf eingefahrenen Gleisen nach überlieferten Funktionsmustern bewegt, Ausdruck einer in Traditionen verankerten Kultur. Die japanische Wirtschaft – im 19. Jahrhundert verwurzelt und im 20. stets auf den vordersten Rangplätzen – hat in ihrem Erscheinungsbild keine einschneidenden Veränderungen erfahren und erst in jüngster Zeit auch von der weltwirtschaftlichen Stagnation etwas mitbekommen.

Kritische Einwände an ihren Funktionsmechanismen sind aus europäischer Sicht nur eingeschränkt möglich. Ein Haupteinwand richtet sich gegen das die wirtschaftlichen Abläufe bestimmende Harmoniebedürfnis als oberstes betriebswirtschaftliches Prinzip. Eine aus kontroversen Meinungen entstehende Diskussion kann so nicht aufkommen, Weiterentwicklungsmöglichkeiten bleiben ungenutzt.

Kritisch wäre zudem anzumerken, dass Bildungs- und Berufschancen einer Automatik unterliegen, die der Eigeninitiative kaum Spielraum gibt. Auch der Umgang der betrieblichen Führung mit den Arbeitnehmern verläuft nach Mustern, die wenig Persönliches zulassen.

Aufgabe 2

Der von der UdSSR angezettelte Koreakrieg im Sommer 1950 führte den vom Zweiten Weltkrieg erschöpften Westmächten die akute Gefahr eines Dritten Weltkrieges vor Augen. Sie brauchten Ruhe und Sicherheit. Deshalb suchten sie den Schulterschluss mit den ehemaligen Feinden.

Japan wie Westdeutschland bekamen dadurch die Möglichkeit des wirtschaftlichen und machtpolitischen Wiederaufstiegs. Für die USA waren sie wertvoll als Verbündete gegen den Bolschewismus im pazifischen wie im atlantischen Raum.

Lektion 12

Aufgabe 1

Als entscheidendes Wesensmerkmal der anbrechenden neuen Zeit sah Tocqueville die Gleichheit mit all ihren „demokratischen Einrichtungen". Auch machte er auf die Bedeutung aufmerksam, die der öffentlichen Meinung im Zusammenleben der Menschen zukam.

Ein ganz besonderes Gewicht schrieb Tocqueville der Mobilität zu, die in sich die Tendenz trägt, die Menschen zu einer Menschengemeinschaft werden zu lassen.

Ebenfalls als Symptom im Verhalten moderner Menschen erkannte Tocqueville die Langeweile als Folge der Gleichmacherei. Individuelle Willensentscheidungen weichen der wachsenden Neigung zu Scheinwerten und Sensationen. Am Ende bleibt die herdenhafte Masse.

Aufgabe 2

Am Uhrenbeispiel wird deutlich, wie die Gleichmacherei und die Ungeduld der Wünsche Bedürfnisse wecken, die eine kulturelle Einebnung zur Folge haben. Das handwerklich – oft auch künstlerisch – verfertigte Einzelstück wurde durch Manufaktur – später auch Fabrikware – ersetzt. Unsere Gegenwart kennt den Begriff der Produktpiraterie. Teuerste Markenprodukte (z.B. die Rolex-Uhr) werden durch eine nur äußerlich täuschend ähnliche Kopie zum Billigpreis angeboten.

Lektion 13

Das Interview mit dem Autor eines Bestsellers über Umweltgefährdungen ist ein Beleg dafür, wie wenig der Umwelt dadurch gedient ist, wenn außer der bekannten Tatsache der fortgeschrittenen Umweltzerstörung die gegebenen Beispiele am Problem vorbeigehen. Der mit Zahlen belegte Gletscherschwund in Montana macht zwar das Ausmaß und die Geschwindigkeit fortschreitender Umweltzerstörungen anschaulich. Dagegen aber taugt das Beispiel der Dammbrüche in New Orleans wenig: Man meint herauszuhören, dass nicht der Primärschaden (Umweltzerstörung), sondern der Sekundäreffekt (Kosten des Wiederaufbaus und Versicherungsleistungen) den eigentlichen Schaden ausmachen.

Auch beim Beispiel „Windräder" geht es nur um die Kosten-Nutzenabwägung, im Grunde also wieder um die Frage: Was ist auf Dauer preiswerter? Auf Umweltprobleme, die durch den Bau von Windräder-Parks überhaupt erst entstehen, wird nicht eingegangen.

Im Beispiel der Bevölkerungsexplosion ist ein Vergleich angestellt, zwischen der gegenwärtigen Menschheit (6,5 Mrd.) und einer Bevölkerung in der „Vergangenheit": etwa eine Million. Wann war diese Vergangenheit?

Register

4.-Mai-Bewegung 139
11. September 2001 133

A

Achse Berlin-Rom 24
Achtundsechziger 133
ADENAUER, KONRAD 38, 68
Afghanistan 98, 120
Afrika 130
Al Fatah 117
Al Quaida 120
Algerien 128
Allgemeine Erklärung der Menschenrechte 106
allgemeine Wehrpflicht 38
Antikomintern-Pakt 24
Antisemitismus 28, 74, 114
Antiterror-Resolution 109
Apartheid 83
Appeasement-Politik 24
Arabische Gipfelkonferenz 15
ARAFAT, JASIR 117
Armenier 74f.
ASEAN *(Association of South-East Asian Nations)* 143
Asienkrise 143
Atlantikcharta 90, 104
Atombombe 90, 127
Atommülltransporte 169
Atomwaffensperrvertrag 51
Aufbauhilfe 58
Auschwitz 30
Auschwitz-Prozess 84
außerparlamentarische Opposition 41
Automobil 163
Autoproduktion 155

B

Bahrain 122
Balance of Power 62, 101
Balfour Declaration 10, 114
BALFOUR, ARTHUR JAMES LORD 114
Balkankonflikte 74, 108
BARAK, EHUD 118
Bartholomäusnacht 74
Bayerische Volkspartei (BVP) 15
Belgisch-Kongo 108
Bergwald 166
Berlin-Blockade 36, 95
Besuchserlaubnis 51
Bevölkerungswachstum 162
Biafra 130
BIERMANN, WOLF 53
Blauhelmsoldaten 106f.
Bolschewismus 88
Bonner Außenpolitik 40
Boykott-Tag 28
BRANDT, WILLY 41f., 51
Braunkohle 167
BRESCHNEW, LEONID 52
Breschnew-Doktrin 52, 97
BRIAND, ARISTIDE 65
British Commonwealth of Nations 154
BRÜNING, HEINRICH 18
Bundesministerium für Umwelt 169
Bundeswehr 38
Bürgerkriege 130
Bürgerrechtsbewegung 53
BUSH, GEORGE W. 120
BYRNES, JAMES F. 92

C

Camp David 117
CARNEGIE, ANDREW 155
Casablanca-Konferenz 27
CASTRO, FIDEL 131
Charta der Vereinten Nationen 82, 105
Checkpoint Charly 50
CHIANG KAI-SHEK 139, 144f.
China 77
Chinesisch-Japanischer Krieg 140
Chinesischer Bürgerkrieg 144
Christlich Demokratische Union (CDU) 33, 37
Christlich Soziale Union (CSU) 37
CHRUSCHTSCHOW, NIKITA SERGEJEWITSCH 45, 96
CHURCHILL, WINSTON 66, 91
CLAUSEWITZ, CARL VON 125
CLEMENCAU, GEORGES 6
Club of Rome 168
CO_2-Ausstoß 170
Comecon 93
Containment-Politik 92
Cordon sanitaire 8
COUDENHOVE-KALERGI, RICHARD N. 64
Curzon-Linie 8

D

demographische Entwicklung 150
DENG XIAOPING 146
Deportationen 76
Deutsche Arbeitsfront (DAF) 21
Deutsche Demokratische Partei (DDP) 15
Deutsche Demokratische Republik (DDR) 38, 49, 53ff.
Deutsche Partei (DP) 37
Deutsche Volkspartei (DVP) 15
Deutschlandnote 39, 96
Deutschnationale Volkspartei (DNVP) 15, 19
Die Grünen 169
Dolchstoßlegende 17
Dominotheorie 95
Doppelstrategie 97
Dritte Welt 158
DUBCEK, ALEXANDER 97
DUTSCHKE, RUDI 41

E

EBERT, FRIEDRICH 15
EDISON, THOMAS ALVA 156
Eisenbahn 151f.
EISENHOWER, DWIGHT D. 98
Eiserner Vorhang 91
Elysée-Vertrag 40
Emigration 81
Endlösung 30, 77ff.
Entkolonialisierung 108, 128ff.
Entnazifizierung 35
Entspannungspolitik 42
Erdöl 121f., 166
ERHARD, LUDWIG 36, 41
Ermächtigungsgesetz 21
Erster Golfkrieg 119
Erster Weltkrieg 6, 125ff.
ERZBERGER, MATTHIAS 17
ETA *(Euskadi Ta Askatasuna= Baskenland und Freiheit)* 131
Ethnische Säuberung 74
Europa 62ff.
Europäische Atomgemeinschaft (Euratom) 67
Europäische Verteidigungsgemeinschaft (EVG) 67
Europäische Wirtschaftsgemeinschaft (EWG) 67
Europäische Zahlungsunion 66
European Free Trade Association (EFTA) 69
Euthanasie 82
EU-Verfassung 70

F

Faschismus 12
Feindstaatenklausel 105
Fernsprecher 152
Ferntourismus 159, 163
Finanzplatz 157
Flächenbombardements 127
Flüchtlingsschiffe 81
Flugzeugproduktion 152
FNLC *(Frontu di Liberazione Naziunale Corsu/ Front de libération nationale de la Corse = Nationale Front zur Befreiung Korsikas)* 131
Fortschrittspartei 15

Französische Revolution 74
Freie Demokraten (FDP) 37
Freie Deutsche Jugend (FDJ) 45
Freikorpsverbände 15
Frieden von Dayton 109
Frieden von Utrecht 101
Fulbright-Resolution 104
Fünfprozentklausel 37

G 7/G 8 156
GADDAFI, MUAMMAR AL 122
GALEN, CLEMENS AUGUST GRAF VON 82
Gaskammern 79
GASPERI, ALCIDE DE 67
GATT *(General Agreement on Tariffs and Trade =*
　　Allgemeines Zoll- und Handelsabkommen) 157
GAULLE, CHARLES DE 40, 68
Geheimes Zusatzprotokoll 25, 89
Genozid 74
GEORGE, DAVID LLOYD 6
Gesamtkapitulation 27
Ghetto 29
Giftgas 126
Glasnost 52
Gleichschaltungsgesetze 21
Globalisierung 150, 158
Godesberger Programm 39
Goldwährung 153
GORBATSCHOW, MICHAIL SERGEJEWITSCH 52, 98
Greenpeace 168
Großer Sprung nach vorn 145
Großer Vaterländischer Krieg 89
Großraumflugzeuge 164
GROTEWOHL, OTTO 44
Grüne Aktion Zukunft (GAZ) 168
Grundgesetz 36
Grundlagenvertrag 42, 51
Grundrechte 15
Gruppe Ulbricht 91
Guatemala 131
Guerilla 130f.
GUILLAUME, GÜNTER 42
GURION, DAVID BEN 115

Hallstein-Doktrin 40, 49
Handelsmissionen 50
Hanse 62
HARRIS, ARTHUR 27, 127
Harrisburg 163
Heilige Allianz 10, 101
Hereros 75
HERZL, THEODOR 114
HEUSS, THEODOR 38
HEYDRICH, REINHART 77
HIMMLER, HEINRICH 77
HINDENBURG, PAUL VON 17
Hiroshima 90, 141
HITLER, ADOLF 16, 20, 28
Hitler-Stalin-Pakt 25
HO CHI MINH 95
Hochschulen 62
Holocaust 28ff., 74f., 115
HUGENBERG, ALFRED 19
HUSSEIN, SADDAM 119

Indien 128
Indochina 95
Indonesien 107
Industrielle Revolution 163
Interkontinentalraketen 50, 128
Internationale Walfangkommission 166
Internationaler Gerichtshof 85
Internationales Kriegsverbrechertribunal 109
Internationalisten 88
Internet 150
Intifada 118
IRA *(Irish Republican Army = Irisch-Republi-*
　　kanische Armee) 131
Irak 83, 119, 121
Iran 92, 118f., 121
Isolationisten 88
Israel 115
ius ad bellum *(Das Recht zum Krieg)* 125
ius in bello *(Das Recht im Krieg)* 125

Jom-Kippur-Krieg 117
Juden 78
Jugoslawien 82, 130

Kalter Krieg 88ff., 93
Kambodscha 77, 82
Kamikazeflieger 141
KANT, IMMANUEL 64, 102
KAPP, WOLFGANG 16
Katar 122
Katyn 76
Kellog-Pakt 17
Kenia 130, 133
KENNEDY, JOHN F. 50
Kernkraft 169
KHOMEINI, AYATOLLAH 118f.
KIESINGER, KURT GEORG 41, 50
Kleine Entente 7, 10
Klimaveränderung 169f.
Klimawandel 165f.
Koexistenz 93
KOHL, HELMUT 43
Kollektivschuld 35
Kolumbien 131
Kommunistische Partei Deutschlands (KPD) 15, 33, 37
Kommunistische Partei Chinas (KPCH) 139
Kommunismus 12
Kommunistische Weltrevolution 76
Kommunistisches Informationsbüro (Kominform) 110
Konferenz für Sicherheit und Zusammenarbeit in Europa (KSZE) 69
Konferenz von Jalta 105
Kongo 83, 130
Konquistadoren 74
Kopenhagener Gipfeltreffen 69
Korea 95, 138
Koreakrieg 107, 142
KRENZ, EGON 55
Kriegsgefangene 80

KSZE-Schlussakte 51
Kuba 131
Kubakrise 50, 97
Kulturrevolution 145
Kuomintang 139
Kuwait 119

LADEN, OSAMA BIN 120, 133
Langer Marsch 139
Lebensmittelproduktion 164
Leih- und Pachtgesetz 89
Liberale Demokraten (LDPD) 33
Libyen 122
LIEBKNECHT, KARL 15
Locarno-Pakt 17
Lockerbie 133
Londoner Sechsmächtekonferenz 36, 94
Long Telegram 92
LUDENDORFF, ERICH 19
Luftbrücke 36, 95
LUXEMBURG, ROSA 15

Maastricht-Vertrag 69
Macao 138
Machtergreifung 20
MAIZIÈRE, LOTHAR DE 56
MALTUS, THOMAS 162
Mandschukuo 140
Mandschurei 138
Mandschurischer Zwischenfall 140
MAO TSE TUNG 139, 144
Mao-Bibel 145
Marco-Polo-Brücke 140
Marshall-Plan 93
Marshallplanhilfe 35
Mauerbau 50
Menschenrechte 84, 146
Midway-Islands 141
MIELKE, ERICH 44
Mobilität 151

Modrow, Hans 56
Mongolei 138
Monnet, Jean 67
Montagsgebete 54
Montanunion 38, 67
Morgan, John P. 155
Morgenthau-Plan 34
Mozambique 130
Münchner Konferenz 25
Mussolini, Benito 16

Nagasaki 90, 141
Naher Osten 114
Nahostkonflikt 83, 114ff.
Nahostkrise 106
Nahost-Quartett 118
Namibia 75, 108, 130
Nanking-Massaker 74
Napalm-Bomben 127
Nasser, Gamal Abdel 115, 118
Nationale Befreiungsbewegungen 91
Nationale Volksarmee 44
Nationalsozialistische Deutsche Arbeiterpartei (NSDAP) 65
Naturschutzgemeinschaften 167f.
Netanjahu, Benjamin 118
Neue Linke 133
Neue Ordnung 140
Neues Forum 54
Nichtangriffspakt 89
Nordatlantikpakt (NATO) 67
Notverordnungen 18
Nürnberger Gesetze 28
Nürnberger Prozesse 35, 84

OEEC *(Organization of European Economic Co-operation)* 66
Ohnesorg, Benno 41
Oman 122
Omdurman-Schlacht 125
One World 104
OPEC *(Organization of the Petroleum Exporting Countries = Organisation erdölexportierender Länder)* 117
Orlando, Vittorio Emanuele 6
Osterweiterung 69
Ostverträge 42

Pakistan 128
Palästinenser 132
Paneuropa-Bewegung 64f.
Paneuropa-Union 64
Papen, Franz von 19
Pariser Vorortverträge 6f.
Parlamentarischer Rat 36
Parteiensystem 39
Passierscheinabkommen 51
Pax Britannica 62
Pax Romana 62, 101
Pearl Harbor 103, 141
Perestroika 52
Petersburger Abkommen 38
Pieck, Wilhelm 44
Pinochet, Augusto 83
PKK *(Partiya Karkerên Kurdistan = Arbeiterpartei Kurdistans)* 131
PLO *(Palestine Liberation Organization = Palästinensische Befreiungsorganisation)* 115
Polen 89
Politik der Stärke 96
Posen 96
Potsdamer Konferenz 33, 91
Prager Frühling 52, 97
Prestige 167
Preußenschlag 19
Produktionsstandorte 157

R

Rabin, Itzhak 117f.
Rapallo-Vertrag 17
Rassenhygiene 82
Räterepublik 15
Rathenau, Walther 17
Reagan, Ronald W. 52
Regenwälder 165
Reichskristallnacht 29, 80
Reichskulturkammer 21
Reichstagsbrand 20
Reichsverfassung 15
Reparationen 7
Reuter, Ernst 95
Ricardo, David 153
Road Map 118
Rockefeller, John D. 155
Röhm, Ernst 22
Röhm-Putsch 22
Römische Verträge 67
Röntgen, Conrad 163
Roosevelt, Franklin D. 88, 103
Rote Armee Fraktion (RAF) 42f., 133f.
Rote Garden 145
Ruanda 83, 108, 130
Ruhrgebiet 17
Russisch-Japanischer Krieg 138
russisch-japanisches Verhältnis 143

S

SA *(Sturmabteilung)* 22
SALT-Gespräche 98
San Salvador 131
Saudi Arabien 122
Scheidemann, Philipp 15
Schifffahrt 152
Schleicher, Kurt von 19
Schmidt, Helmut 42
Schumacher, Kurt 37ff.
Schuman, Robert 66
Schuman-Plan 67
Schwarzer Freitag 17
Schwellenländer 158

Sechstagekrieg 117
Selektion 79
Seveso 167
Sharon, Ariel 118
Sicherheitsrat der Vereinten Nationen 105
Sinti und Roma 78
Skandinavien 81
Smith, Adam 153
Solidarnosc 52
Somme-Schlacht 125
Sozialdemokratische Partei Deutschlands (SPD) 16, 33, 37ff.
Sozialistische Einheitspartei Deutschlands (SED) 33, 49
Sozialistischer Deutscher Studentenbund (SDS) 41
Spaak, Paul Henri 67
Srebrenica 83
SS *(Schutzstaffel)* 23
Staatssicherheitsdienst (STASI) 44, 49
Staatsvertrag 56f.
Stahlpakt 25
Stalin, Josef 39, 44, 90, 96
Stalinismus 44
Startbahn West 169
Stresemann, Gustav 17, 65
Studentenrevolte 134
Stuttgarter Rede 35, 92
Subventionen 70
Südafrika 83
Sudetendeutsche 33
Sudetenkrise 89
Suezkanal 108

T

Taiwan 144
Taliban 120
Tank 126
Tansania 133
Tenno 142
Terrorismus 131ff.
Theokratie 119
Thule-Gesellschaft 28
Tito, Josip Broz 82
Torrey Canyon 166
Treibhauseffekt 169f.
Treuhandanstalt 58

Truman-Doktrin 92
Tschechoslowakei 97
Tschernobyl 163
Tschetschenien 83

U-Boote 126
UdSSR 49f., 109
ULBRICHT, WALTER 44
Umweltproblematik 162
Unabhängigkeitskrieg 115
Ungarn 96
UN-Kommissionen 106
UNO *(United Nations Organization = Vereinte Nationen)* 66, 105
Uruguay 131
USA 50, 155

Verdun 125
Vereinigte Arabische Emirate (VAE) 122
Vereinigte Wirtschaftskonferenz 36
Verkehrswesen 151ff.
Vernichtungskrieg 125
Versailler Vertrag 6, 17, 23, 139
Vertrag von Münster und Osnabrück 101
Vertrag von St. Germain 6
Vertreibung 83
Vetorecht 105
Vier Freiheiten 84
Viermächteabkommen 51
Vietminh 95
Vietnam 95, 138
Vietnamkrieg 51
Völkerbund 7, 11f., 18, 64, 102
Völkermord 74f.
Völkerschlacht von Leipzig 125
Volksfrontregierungen 91

Waffentechnik 126
Wahlrecht 36
Währungskonferenz von Bretton-Woods 105
Währungsreform 36, 95
Wannseekonferenz 30, 77
Warschauer Ghetto 80
Wasserstoffbombe 128
WEIZMANN, CHAIM 81
Weltfriedensbewegung 111
Weltfriedenskonferenz 101
Weltfriedensrat 111
Westeuropäische Union (WEU) 67
WHO *(World Health Organization = Weltgesundheitsorganisation)* 159
Wiedervereinigung 38f.
WILSON, WOODROW 6, 10, 101
Wirtschaftsliberalismus 153
Wirtschaftswunder 40
Wolgadeutsche 83
World Trade Center 133
WTO *(World Trade Organization = Welthandelsorganisation)* 146, 157
WURM, THEOPHIL 82

Zentrum 15
Zigeunergrunderlass 78
Zionismus 114
Zionistenkongress 114
Züricher Rede 66
Zwei-Lager-Theorie 93
Zwei-plus-Vier-Verhandlungen 57
Zweiter Golfkrieg 107
Zweiter Weltkrieg 22ff., 126f.
Zyklon B 77, 79
Zypern 108

Bildnachweis

S. 9, S. 63: Photokart Klaus Becker, Gernlinden

S. 11: The Library of Congress, Washington, D.C.
S. 29, S, 43, S. 55, S. 97: dpa, Berlin
S. 41 li.: Keystone Pressedienst
S. 41 re.: Archiv für Kunst und Geschichte, Berlin
S. 45, S. 90: Süddeutscher Verlag, München
S. 52 re.: Lothar Kucharz
S. 53 li.: AP
S. 94: Nikolai Stscherbakow (in: *Neue Zeit Moskauer Hefte für Politik*, Nr. 33/August 1988, S. 19)
S. 103: Ullstein, Urusla Röhnert
S. 126: Archiv für Kunst und Geschichte, Berlin

Alle übrigen Bilder siehe am angegebenen Ort.